VU D'UN CERCLE

ÉDITIONS VERDIER
11220 LAGRASSE

Du même auteur

Compagnies tactiles
Verdier, 2009

Au bout des comédies
Verdier, 2011

Esquisse d'un pendu
Verdier, 2013

Yparkho
Verdier, 2014

Les Combarelles
L'Écarquillé, 2017

Denise au Ventoux
Verdier, 2017

L'Île aux troncs
Verdier, 2018

Intervalles de Loire
Verdier, 2020

Andrea de dos
Verdier, 2022

Constat d'estuaire
La Guêpine, 2022

Michel Jullien

Vu d'un cercle

NOUVELLES

Verdier

« Ceux des Cendres » est paru en mars 2019
dans *La Nouvelle Revue française,* nº 635.

www.editions-verdier.fr

ISBN : 978-2-37856-192-5

L'Ennuyé

Pour Jacques Jullien

« … il arrive qu'un rêve échappe longtemps à ce grand danger de s'évanouir aux pieds du rêveur. »
HENRI BOSCO

C'est une chose qu'Odette et Lucien soient nés dans la vallée de l'Ennuyé car rien dans leur existence ne s'apparente à de l'ennui ou du désœuvrement. L'Ennuye est une rivière avec laquelle, peut-être, ils ont en partage une discrète prévenance, l'unité de parcours, des remous sans façon, de petites cascades polies, quelques à-coups passables, aussi la modestie. Avec son lot de cailloutis, le cours mineur dépasse d'un rien l'exactitude comptable : sa distance touche vingt kilomètres, après quoi l'Ennuye gagne cent mètres de plus avant d'arroser l'Eygues à Curnier, comme si cette décimale de mieux donnait au ruisseau les prétentions d'une rivière. La rencontre froufroute, les alevins s'en payent un temps, puis l'amicale des deux lits va rincer le Rhône à Caderousse sans que cette affluence soit au fleuve d'apport crucial. Au collecteur, le partage de l'Eygues et de l'Ennuye se fait fêter par un rameau pendulaire couché vers leurs eaux. C'est toujours le noisetier officiel mais jamais la même branche, comme si l'arbre à la façon d'un maire se faisait garant du drapeau des feuillées hissé au fronton de la République des rivières. Une fois coulés dans le Rhône, l'Eygues, et donc l'Ennuye, en rabattent; ils sont comme des comiques troupiers de la Drôme, vite au pas. Lui, le Rhône à cet endroit, est travaillé d'autres poussées, son débit ressemble à une cariatide étendue, un Atlas d'eau. Il a le Léman dans son dos, on lui a fait boire les montagnes, leurs déjets de fonte, il s'est pris la Saône et la Durance, le Furans, le Doux, alors quand vient la chatouille des derniers ruisselets, l'Eygues ou d'autres, le guili-guili des affluents, sous les bras, le Rhône en est déjà à d'autres dilutions; il se prépare à la métaphysique de l'estuaire. Son jouir finit dans les mélancolies de la Camargue. Huit cents kilomètres terminés dans les drains du delta, ses profondeurs s'amenuisent, le Rhône s'humidifie dans une perfusion de marécages, il a maintenant des pattes de taureaux dans son lit, des roseaux plus grands que lui, il donne une sanguinité fluviale aux pousses de riz. Il y a quelque chose avec les trop longs fleuves, un saturnisme, l'hémorragie psychique de l'embouchure, une liquidation navrante. C'est vrai du Danube, de l'Amazone, du Mékong. L'anthropomorphisme des fleuves n'existe pas. Pourtant, s'ils le pouvaient, nombre d'entre eux feraient bien de s'allonger sur le divan d'un psychanalyste avant de rejoindre leur bassin.

L'Ennuye et l'Eygues sont de l'amont. Ils se paient à leur façon d'autorité toponymique. Le premier cours n'en espérait pas tant, il n'a rien demandé, il a donné son nom à la vallée. Les petites salives de l'Ennuye ont baptisé une parcelle du département « L'Ennuyé ». C'est peu, à la lettre même, un *e* chapeauté d'un accent et le val en est frappé, étiqueté d'une calme langueur. L'autre rivière a pris du galon, un matricule à deux lettres. Elle n'a pu le faire toute seule, on lui a révisé les voyelles. Voici que l'« Eygues » change d'orthographe aux limites de la Drôme, elle devient l'« Aigues » sitôt passée la bascule du Vaucluse, comme une licence notariale, une coquetterie mais, n'est-ce pas, Aigues, le mot pose, l'initiale du A fait fronton. Encore un peu, une circonscription de plus, son nom toucherait à la sémantique de l'Aigle.

L'Ennuye naît à Saint-Sauveur-Gouvernet, au pied des monts Grimagne et Grèle ; Odette naît en 1911, Lucien deux ans plus tard, à Sainte-Jalle, ici même. Un écart de deux ans que l'on dirait comblé par la poursuite des dates : Odette a pioché le 13 juin, Lucien a touché le 14 juin comme du jour au lendemain. Leur mère Mariette née Leclanché est nièce d'inventeur, celui à qui l'on doit le modèle des premiers prototypes de piles électriques, d'abord au carbonate de cuivre, au dioxyde de manganèse puis au chlorure d'ammonium. Des cathodes. Jeune fille, elle a soigné à Buis-les-Baronnies avant de se faire accoucheuse dans la vallée de l'Ennuyé. Après quatre ans d'une guerre tenue loin de la Drôme et dont l'écho des ratissages parvenait au village sous la forme de petites enveloppes décachetées, remises aux familles pour la perte du père ou d'un fils, Mariette voulut donner ses gestes d'obstétrique à d'autres meurtrissures, sur des épaules, des visages, sa gynécologie sur des aines masculines. Elle quitta Sainte-Jalle en mai 1917, pour peu de temps, l'affaire d'un mois, de trois peut-être. Sa sœur Apolline devint la mère momentanée d'Odette et de Lucien, six et quatre ans. Le nom de Mariette n'est pas des listes gravées au souvenir, sur la face des monuments, toutefois elle rendit veuf Auguste Lanfranc après les marmitages allemands de l'Aisne. Elle disparaît un mercredi, à Cœuvres, le 13 juin 1917.

Veuf, Auguste est de Sainte-Jalle. Il a le pied-bot de l'enfance, la grosse chaussure, un des tibias toujours à l'entresol de ses pantalons, désolée recrue dispensée des tueries. Il tient la ferronnerie de son père Évariste Lanfranc, une lignée aux signatures métallurgiques. À lever le nez on peut voir d'Évariste de beaux ouvrages renflés aux balcons des communes de la Drôme, du Vaucluse, jusqu'en Ardèche, dans le Gard, aussi à le baisser ; ses grilles en demi-lune donnent jour à des soupentes sur le bord des trottoirs, il y a de lui des colliers de fer aux platanes, des barreaux travaillés de fenêtre en fenêtre, tous les dix pas, des rues entières sous ses treillis de fonte, des kilomètres de main courante aux volées d'escaliers qu'il voulait courbes plus que brisées, d'un tenant. La fabrique d'Évariste Lanfranc passa aux mains du fils réformé pour son pied, Auguste. Lui ne sait pas faire. Artisan neurasthénique, de peu de constitution, hébété de veuvage, il élève Odette, Lucien, avec ses tours pédagogiques et de menues fantaisies. Il leur complète l'école à tous les deux. Il alterne, la pêche, les puzzles et le Larousse, les méthodes d'Auguste.

La pêche puise aux travaux pratiques, elle instruit, c'est une leçon de choses. Une quantité de gestes prévaut à la venue d'un goujon. On n'aura pas celui-ci d'un méandre ou d'une pierre plate sans quelques facéties d'éducation. Il faut couper les cannes aux arbres, prendre ses mesures de fil, tordre des crochets, tailler des bouchons, apprêter les lignes, refaire, montrer aux enfants, le canif, les lestes, élire l'asticot, les amorces de farine, appâter la veille, botter le chemin à la tombée du soir, émietter les graines de chènevis au pied des orties, revenir crotté. Auguste se forgeait des idées évasives sur la pédagogie. Selon lui, les choses prennent lorsque, après avoir ri, l'enfant se met à pleurnicher. Odette, Lucien, auront tâté de l'Eygues et de l'Ouvèze, du Méouge, on a vu leurs souliers patauger dans tous les ruisselets, ceux de Peyrouse et de la Merderie qui vont mouiller l'Ennuye au bas de Sainte-Jalle. Les cannes prêtes, Auguste se retirait sous un saule avec ses livres de Ménestrier. Les gosses sur la rive emberlificotaient les lignes assez longtemps pour qu'il puisse lire, tourner les chapitres. Lorsque Sisyphe roule son rocher, il charrie lourd ; on se dit que son âge vaudrait sa charge. Les deux petits Lanfranc ne poussaient pas de rocher mais plus que Sisyphe, comme enfants, ils redoublaient de peine aux récidives des ruisseaux : lancer l'amorce en amont, voir le flotteur indifférent, il descend le cours à la vitesse d'un bout de bois, puis il se couche dans le lit, en fin de course, à la perpendiculaire du courant, immobile dans le frisottis. Toute la rivière est suspendue à cette carotte de liège. Et il faut refaire la passe tant et tant, ne jamais se montrer déçu. À force les gamins s'avançaient sur les pierres, allaient dans l'eau, gaule tendue à quoi ils ajoutaient la dernière mesure de leurs bras. Le ferronnier lisait à côté d'eux, ils ramenaient la canne, constataient l'hameçon vide d'appât, essayaient la mie de pain, une sauterelle perforée. Lucien enfilait le croc, on entendait craquer la carapace, le ventre, puis la sauterelle par un bond inconnu se prenait dans les branches par défaut de lancer, les antennes basses, cuissots bandés, la livrée verte, les yeux mathématiques de la bestiole exorbités contre un bourgeon, un grappin dans l'abdomen.

N'empêche, il y eut des tanches, des barbots affolés de courts-circuits personnels, des brochetons ramenés au pied des godillots, une polka dans l'humus, des sandres aux branchies flagada. Alors Auguste quittait son livre de Ménestrier, il leur cognait l'ouïe. Aux enseignements de plein air s'ajoutaient l'observation des lois élémentaires, la résistance des lignes, la canne brisée sous la surface de l'eau – un phénomène optique qu'Auguste signalait aux enfants sans pouvoir en rien dire –, un peu d'arithmétique, la taille des prises mesurées au double décimètre, de la tête à la queue quand l'ablette n'avait plus toutes ses cabrioles. Et puis, pour arrondir la connaissance, de retour à Sainte-Jalle, le père touchait aux rudiments de l'anatomie sur la pierre à évier, il instruisait le cours de dissection alors qu'une brème se voyait travaillée à six mains dans un lit de papier journal, des doigts d'enfants, des incisions nombreuses à la lame. Auguste expliquait : là les intestins, une couvée d'œufs, la dentition, une vésicule et des humeurs. Il répétait les noms, répartissait les petits tas sur la planche en les tournant du couteau, aux enfants de redire l'autopsie.

« Et ça ?

— La cervelle ?

— Non, le foie. »

Encore Auguste restait gros d'une instruction qu'il n'aurait su traduire. C'est que la pêche recouvre aussi des conceptions pour lesquelles il n'avait pas les mots. Il les avait sans les oser, des images, des spéculations pour décrire les reflets sur la surface de l'eau, les scintillances du cours, la bougeotte des feuilles dans les arbres, la valeur des heures, les proportions d'indulgence qu'opposent le temps, la notion de l'aube, l'idée d'une journée. Des choses compliquées pour des enfants, des biais à l'édification touchant non plus au catéchisme de la nature mais à l'âme du monde. « Mes gamins, disait-il, écartez tous les bruits de la rivière, fixez une pierre, tenez votre attention dessus, essayez d'isoler un seul glouglou, un seul, celui de l'eau à cet endroit, ce n'est pas facile, essayez donc. » Ils essayaient, Odette et Lucien fermaient les yeux très fort, ils se demandaient surtout de quoi il retournait. Avec la pêche, les ruisseaux, s'il avait laissé la leçon continuer toute seule, Auguste aurait parlé de Mariette et de ses sentiments. Parfois en reniflant il terminait, « Ah, la vie ! » et c'était tout.

Ça pour la pêche. Le puzzle était sorti certains soirs, plusieurs soirs de suite, pour les révisions de géométrie. Auguste tirait une planche photographique qu'un camelot de Buis lui avait cédée, contrecollée sur un carton. L'image représente l'allée de Sainte-Jalle au bas du village, un 14 Juillet, 1907, jour de marché, avec des bestiaux, des tréteaux, des chevaux de bois, le théâtre d'un Guignol à l'enseigne de l'auberge, debout des pitres montés sur des tonneaux et quelques saltimbanques accrochés au bedon des platanes. Le tirage est à l'albumine, il mesure vingt-cinq centimètres sur dix-huit. L'image est plutôt nette pour tant d'agitation sinon quelques flous rapportés dans les angles, le ciel, les pavés du premier plan. Il y a en elle cette contradiction du temps ; chacun de Sainte-Jalle s'est figé à l'entrain, bateleurs, forains, les charlatans eux-mêmes ont dû suspendre leur bagou. Un vivant du village n'a pas compris, un chien. Il continue de traverser la scène après la mise au point. Il passe, lent comme plusieurs fois, on le remarque à ses pattes démultipliées, son museau effacé, un chien moins bon qu'un figurant. On dirait de sa truffe un éventail. Sa venue dans le cadrage témoigne du temps de pose. Auguste a pris soin de couper le cliché en trente-six triangles dont plusieurs isocèles ou équilatéraux, des rectangles, les autres simplement triangles. Il a taillé une trentaine de quadrilatères, de vrais carrés, des faux, des trapèzes. Le soir on mélange, on bat les morceaux, il faut remettre les pièces en ordre mais tout est difficile car les fragments sont d'abord retournés, l'image restera à l'aveugle jusqu'à son remontage. C'est la géométrie dans l'espace et en famille, la géométrie avant le sujet. On ne verra pas la scène de Sainte-Jalle avant que l'ensemble soit composé par le revers en révision des carrés, tous les triangles. Ils travaillent à trois, l'un après l'autre. Une première pièce est mise à l'envers et voici le tour d'Odette, puis celui de Lucien. On peut s'aider, se montrer les retailles sur la table. Tout commence par les bords, les morceaux s'accouplent sur un grand buvard teinte aubergine. La construction s'étend coup après coup, par le pourtour d'abord mais les difficultés sont ensuite, pour le remplir, et la partie s'accélère lorsqu'il ne reste que quelques pièces dans l'épargne. Une fois le dernier morceau enchâssé, après plusieurs soirs de verso, les enfants ont sous les yeux la surface du papier uniforme, le dos du cliché, beige. C'est une double jubilation, le rectangle au complet et la promesse de l'image bientôt révélée. Alors le ferronnier applique une planchette sur la partie, bascule les cartons, tire le buvard et l'on revoit le 14 Juillet en sépia. Chaque fois la fête de Sainte-Jalle est un renouveau car Auguste fait disparaître l'image des mois durant. Il la range au plus haut de l'armoire conjugale, celle où on ne va pas, sur l'étagère inaccessible.

Lucien y est allé, pour le fusil couché dans son manchon de feutrine, sur la dernière planche. Il a trouvé l'image plutôt que la crosse, il l'a montrée à Odette et l'un d'eux eut l'idée : tracer d'infimes marques au revers des pièces, corner quelques pointes de triangles en prévision du prochain jeu. La ruse fut dévoilée, le pot aux roses des encoches inscrites sur les bords de carton. Auguste eut les mots lourds, c'est-à-dire aucun, pas même une taloche, il fit brûler l'image aux pieds des lavandins. Après six mois de privation le ferronnier de Sainte-Jalle revint de Nyons porteur d'un tirage à la gélatine, cette fois un mariage, une scène bistre prise au porche d'une église avec une assemblée, une trentaine de moustaches sur les marches, des robes, des coiffes, la mariée floue. La scène fut découpée en quatre-vingts morceaux. Les leçons reprirent et, à l'instant de retourner l'image, Auguste estimait que la sévérité du sujet rappelait ses enfants à leur punition.

La pêche, les puzzles et le père en a d'autres, les leçons de vocabulaire sorties des frontispices du Petit Larousse. Chaque lettre s'ouvre par une capitale imprimée au milieu de la page avec, autour, une foultitude de dessins en désordre, de taille variable, un fatras saugrenu. Prenons le T. La lettre occupe le centre du rectangle, autour gravitent les vignettes, tout un monde s'invitant à la ronde, près du T. Les gravures n'ont entre elles aucun rapport apparent, elles ne sont là qu'en vertu de l'initiale et il s'en passe de drôles autour du T : une truelle aussi grande qu'une tornade, un tigre à côté d'un tonneau, une tulipe, là un thermomètre, la targette et la taupe, une timbale en compagnie d'un taureau, des animaux, des végétaux, des choses courantes et inaccoutumées, une tarte surmontée d'un trapéziste, une tortue au-devant d'un tison, un trident ami d'une trompette, un thon dans un théâtre avec des tenailles voisines d'un plant de tomates, au loin un train qui file à la rencontre d'un triton aussi gros que la locomotive. Et puis une truite coiffée d'un tambourin, une scène de tournoi butant sur un torrent bordé de tournesols avec, minuscule, un tire-clou sous les feuilles. Les enfants devaient désigner les dessins, pas de dispute et chacun son tour. Les mots tombaient vite au début, « table », « tuile », « tente », « tapis »…, l'image se vidait des termes les plus simples quand d'autres résistaient. Il y a ceci sur l'empattement du T, en bas, une araignée. Odette connaît le mot mais ce n'est pas à elle. Lucien dit « araignée » quand l'initiale ne s'enclenche pas au dessin. C'est compliqué. Sa sœur s'agite sur la chaise, elle voudrait dire mais Auguste a un doigt sur la bouche, les gros yeux pour elle. Alors Lucien trouve autre chose, « terrier », dans un angle, débarrassé de son tour quand Odette tout à trac donne le nom de l'araignée, « tarentule », et c'est encore à Lucien. Tonsure, tasseau, tilleul. Il n'en reste plus, la case est épuisée de vocabulaire. Deux vignettes indéchiffrables résistent encore dans le capharnaüm de l'imagier, perdues aux marges du cartouche, une bête et un soldat. Auguste sait pour le soldat, il donne la réponse. « C'est un tirailleur. » Pour la bête il hésite, confond les exotismes animaliers, tourne les pages, se reporte aux définitions, tamanoir ou tatou ?

Lorsque l'empan du T était à bout, le ferronnier reprenait la partie autrement. Il engageait ses enfants à des notions plus abstraites. Sur le seul « tirailleur » il pointait des détails lexicaux que l'image ne cherchait pas à désigner. De son gros doigt : « Regardez mieux le soldat, il porte aussi une "tête", il a des "talons", un "torse", deux "tibias". Il est contre un "talus" et sa capote est en "tissu". » Sur la table s'ouvrait le Larousse, sa raie à la reliure entre ses mille cinq cents pages. L'école fit le reste jusqu'au certificat d'études des deux petits Lanfranc.

Les mémoriaux de leur enfance tiennent à peu de moments. La communion, une excursion à Avignon, les voyages à Digne pour la tante Apolline, les pâtes de fruits d'Apolline, quelques crues de l'Ouvèze, la revenue d'un montreur d'ours dans les rues de Sainte-Jalle, le jour de la Fête-Dieu lorsque Auguste avait mal déguerpi de son pied raccourci devant un boulonnais. Un drôle de pied busqué de cuir duquel il disait à ses enfants, leur montrant, avec le doigt : « Attention soyez sages, celui-ci c'est le gendarme. » Odette et Lucien se méfiaient de cette chaussure grosse comme un pansement de goudron et surtout, là-dedans, sous les lacets, quel en était le pied ? Ils ne virent jamais Auguste déchaussé. Six et huit ans, Lucien et Odette dans leurs fables s'accordèrent sur l'énigme des pieds ; ils les personnalisèrent : celui-ci doit être papa, le plus court notre maman.

Il reste encore de leur enfance la fin d'Épinette, une demi-épagneule aux pis maladifs, suffoquant les derniers jours là où ses pattes n'eurent jamais le droit de se poser, sur les tomettes de la cuisine. Elle s'y lécha les tétins avec un zèle inquiet, une mine désolée, puis elle se reprenait devant les enfants, comme on se poudre, comme on se recoiffe. On ne la vit plus d'un coucher au matin. Comment s'y prit Auguste ? Et lorsque les deux gamins parlaient d'un nouveau chien, chaque fois, le père leur montrait le même arbre incliné en bordure de jardin. « Vous l'avez, voyez ce bouleau, regardez bien son tronc, c'est un dalmatien. »

Dix-huit ans Odette, seize ans Lucien. Pour les derniers jours de l'année 1929, Auguste décida d'un voyage à Digne, en plein hiver quand, d'ordinaire, tante Apolline recevait les Lanfranc vers la fin de l'été. Il devait moins à sa belle-sœur qu'à une idée pédagogique bien à lui brassant le temps et la géographie. Ainsi, les trois de Sainte-Jalle fêtèrent Apolline et la nouvelle année en Haute-Provence. Réveillés tôt le mercredi 1er janvier, sans premier appétit, Odette et Lucien se frottèrent aux grimpées des Préalpes à six heures du matin. Ils allaient dans les pas d'Auguste, lequel tirait sa grande chaussure, à son rythme, doutant de ses lubies matinales. L'ascension n'a rien d'ardu, elle est longue, morne. Elle se termine au sommet rond du Mourre de Chanier après mille mètres de dénivelé. Là-haut avant midi, Auguste distribua des barres de chocolat, pétrit l'épaule des siens avec comme seul commentaire, « Mes enfants, je tenais à ce qu'on y soit pour le calendrier et l'endroit. Nous commençons l'année 1930 et nous voici exactement à 1930 mètres d'altitude ». Ce ne fut pas tout, le père remit ça à la demande générale, la dent des Portes en 1932 (1932 mètres), et puis l'an d'après, celui du mariage d'Odette, le mont Granier, 1933 pour autant de mètres. Un coup de tête d'autodidacte, l'exacte concordance des altitudes et des années.

Ferronnier de Sainte-Jalle et maréchal-ferrant par défaut, Auguste finissait mal les fers. Les bêtes le montraient au pas. Pareil pour les grilles sans qu'elles eussent pu l'exprimer comme un cheval. Les volutes d'Auguste manquaient d'aise, les acanthes se regardaient de biais, les crosses d'évêque peinaient à la spirale, une indéniable déficience à l'entrelacs des fers signait ses conceptions de symétrie. Il éteignit la forge paternelle en 1931. L'enseigne sans disparaître prit l'allure d'un magasin, *Lanfranc, quincaillerie de l'Ennuyé* ; du détail à la vente, poulies et huisserie, tôles, limes, tringles, visserie et pointes, térébenthine au litre, etc., cordage au mètre, graisses, tout le nécessaire, de la brosse à chaussures aux tapettes à rongeurs. À l'heure d'ouverture, un rideau révélait des couvercles en devanture, dégressifs, se chevauchant. Leurs cercles concentriques offraient le chemin à un faitout de fonte, seul, neuf, avec autour un choix de canifs ouverts en ordre, de cintres, de chausse-pieds et toute une variété de tire-bouchons. Les métaux lourds remisés dans l'ancien atelier traversaient la cour sur un wagonnet qu'Auguste poussait, lui ou Lucien, puis Lucien seul quand son père se déchargea de l'affaire familiale pour s'adonner à sa furieuse marotte. C'est que l'homme passait le plus clair des jours plongé dans l'héraldique, il ressassait les vieux livres d'Hiérosme de Bara, de Joannis Guigard ou de Pierre Palliot, principalement de Claude-François Ménestrier, son maître. En plus de quoi il apprenait le latin, tous les après-midi, dans le texte, Catulle, Juvénal, les verbes rejetés en fin de phrase, les cas, les genres et locutions, Quintilien. L'héraldique et le latin rongeaient ses moments, la boutique souffrait des heures données à la bibliophilie regardant l'art des armes et emblèmes. Au mépris de la quincaillerie, Auguste dédiait des matinées entières à sa correspondance avec des sociétés savantes, des érudits du blason, peu de jours sans qu'il timbrât des lettres aux adresses très lointaines de Sainte-Jalle. Odette à sa façon explique les ardeurs de son père pour les énigmes, les armoiries et autres devises. Selon elle, ces toquades puisent dans les catalogues de gravures dont se servait Évariste Lanfranc pour façonner ses modèles de balustrades, de pare-feu et de grilles. Enfant, Auguste y aurait versé.

Cependant l'héraldique n'est pas le seul argument à ses indisciplines de quincaillier. D'une part, sa vue s'épuisa subitement au passage de la soixantaine. Il confondait les clous, les tailles, les pointes, aussi les cartouches, les hameçons et les mouches. Son œil à la pesée se débrouillait si mal des gradations de la balance qu'il demandait à ses clients de toiser à sa place les lots d'écrous vendus au poids. Et d'autre part, Lucien le fils s'enticha de théâtre. Inscrit dans une troupe locale, il joua à Sainte-Jalle, à Nyons et jusqu'à Buis-les-Baronnies, fit tour à tour le page et le roi dans des pièces insipides, l'amant et le benêt, le prince et le drôle dans des spectacles populaires, un peu d'Hamlet puis Angelo dans une adaptation écourtée du *Tyran de Padoue*. De rôle en rôle, Lucien se reconnut une vocation. Il en vint à parler de carrière quand Auguste ne voyait dans les planches qu'un métier de « fauche vie ». Ce sont ses mots, ou plutôt sa pensée qu'il taisait à son fils. Tout s'est passé un dimanche, jour de spectacle à Sainte-Euphémie. Tout s'est passé avec Labiche, d'une réplique à l'autre, « Filons !

filons!», Lucien costumé en Turpin, Auguste à l'auditoire, consterné des pitreries de son Lucien, tapant du poing dans sa conscience à ce moment précis d'une pièce accablante, *Mam'zelle fait ses dents,* scène XIII :

CHATCHIGNON. — Adieu, petite chérie!
TURPIN. — Filons! filons!
(Louise pousse un cri.)
LOUISE. — Holà! là! hôôô là! là! là! là!
CHATCHIGNON. — Hein?... qu'y a-t-il?
LOUISE. — Je ne sais pas... j'ai du bobo!
CHATCHIGNON. — Où ça!
LOUISE. — À mes petites dents. Holà! là! là!

L'amateur d'héraldique n'était pas plus mauvais public qu'un autre, toutefois à tant d'interjections il éprouva un ridicule, une grande gêne pour son fils et, à l'ouïe, tous les grincements de la médiocrité. Sous le perron communal Auguste souriait non plus que d'autres tandis qu'un petit vent chahutait la comédie de plein air, huée par les feuilles d'oliviers. À la réplique de Turpin, «Filons! filons!», il décida que de nouveaux galons s'ajouteraient désormais à son veuvage, ceux de la retraite. Ainsi Labiche fit de Lucien l'unique commis de la quincaillerie. D'un mois à l'autre tout lui revint, les comptes, l'approvisionnement, la clientèle, le débit des ferblanteries et l'inventaire, les foires, de quoi corriger ses ambitions théâtrales limitées au seul talent du par-cœur.

L'enseigne Lanfranc gagna quatre lettres – *fils* – l'année où Odette rendait son patronyme. Elle quitta Sainte-Jalle pour Séderon en juillet 1933, épouse Bajolant, couvreur. Un grand type, un maigre, fait pour la fréquentation des toits, grand comme un séquoia, d'ailleurs on l'appelle comme ça à la ronde, Roger le Séquoia, bien que personne dans l'Ennuyé ne vît jamais de ces hauts conifères épanouis en Sierra Nevada. En plus d'un trousseau et de vingt mille francs tirés de ses économies, Auguste forgea pour les noces un gigantesque écusson dévoilé au banquet sur lequel il avait croisé des énigmes rapportées au chalumeau, du latin de ferraille. Pour bien comprendre le dicton, d'abord, il fallait lire les lettres en miroir, soudées à l'envers (comme les puzzles construits par le dos), et puis connaître un peu son latin, « *Quo majores cachinni, eo plures stulti* », avant de rétablir l'adage inversé : « Plus on rit, plus on est de fous ». Peu comprirent mais le blason plut.

Onze ans de mariage sans enfant. Roger Bajolant juchait sur tous les toits de Séderon et d'ailleurs. Après la capitulation de l'Italie en septembre 1943, l'administration de la Drôme passa aux mains des troupes allemandes trop souvent titillées par des manies de sabotage. L'aimable patience de l'envahisseur connut un plafond le 10 août 1944. Séderon vécut d'aveugles largages en représailles, la Luftwaffe choisit le village comme l'épicentre des maquis alentour. Au soir des bombardements, on vit le Séquoia monter à deux reprises sur la toiture de l'église, derrière le clocher de Saint-Baudile, démineur improvisé. Il n'y avait que lui pour marcher sur les tuiles, bien haut, le maire lui avait dit « mon gars », puis demandé, pour Séderon, d'aller fouiller les gouttières, de dénicher les petites roquettes capricieuses, à retardement, « tu montes, mais alors t'y touches par l'ailette, surtout pas au téton ». Les deux fois, en grimpant, l'artificier tint le dos au vide comme on le fait sur une échelle. À la descente ses seuls talons se calaient aux échelons, sans les mains, occupées, alors qu'il tenait aux barreaux par la saillie des omoplates, jusqu'en bas, les bras en berceau avec, dedans, un lange de fer, un pupille de la Luftwaffe à ne pas réveiller, dix kilos de bombes comme une nativité.

Roger Bajolant en connaissait un peu sur les façons de funambules. Là-haut sur un toit, il manque toujours l'outil et pour mieux redescendre son habitude était de mettre une corde en double autour d'une cheminée, d'attraper les deux brins en se freinant des pieds. C'est son mode, c'est rapide.

À chaque fois il saisissait la corde en lançant sa maxime à la cantonade, « Allons-y Balzac! » Bon, va pour Balzac. Aussi à Séderon pour une outre de vin et un maillet oubliés au pied d'une bâtisse, trois semaines seulement après ce que les villageois appellent encore « la double descente de croix » du clocher de Saint-Baudile par Roger le Séquoia, il prit la corde. La poigne fut la bonne mais l'un des deux brins manquait à ses mains. Immédiatement les lois de la physique firent ce qu'on attend d'elles. Huit mètres, une réception sur la nuque, Roger mourut sans savoir qu'il s'était arraché un ongle en voulant se rattraper au pan de briques. Odette retourna à Sainte-Jalle quelques semaines plus tard. Il y avait désormais un veuf et une veuve sous le même toit, père et fille.

Auguste à l'étage s'enfonçait toujours davantage dans les broussailles de l'héraldique. On ne le voyait qu'au soir, dans le potager, près de l'enclos où broutait l'âne des Lanfranc, une bête répondant au nom que le ferronnier lui chantait à l'oreille, un nom trouvé sur le tard qu'il aimait à reprendre, Apulée, « ma bourrique Apulée ». Ce qu'il aime avec l'âne, c'est passer sa main sur ses modelés, éprouver des rondeurs au palper mais aussi tâter des angles vifs, la panse et les saillies aux pattes, des pleins, des creux, quatre cents kilos de bossages et la rainure au museau. Ses doigts interrogeaient les reliefs d'Apulée tandis qu'il brassait le paysage au pas de l'Ennuyé, les crêtes de Rascuègne avec au bout la montagne de l'Arsuc et celle de Pierre-Vesce. Il marmonnait des douceurs à sa mule, des mots pur sucre, il lui chantait des adages avec ses réserves de croûtons passés de la poche à sa paume, les pieds dans la luzerne. Tout un morceau de pain et lui : « ... Apulée ma licorne, la bourriquette, tu as bien trop de mansuétude. » Auguste donnait le pain en douce, un autre quignon fondait sous la langue, le muscle interminable des équidés, tout gris, puis la mule forçait la paume d'un coup de tête comme on fait les poches avec un peu de bave inévitable, et si les dents s'avançaient trop le ferronnier lui nazardait le mufle d'une taloche, bien gentiment. Ce qu'il aimait c'était le bruit du pain mâché, le silence occupé et le peu de reconnaissance quand elle mastiquait, les yeux crétins, le frisson pulmonaire à la fin des bouchées, l'étourderie des cils et le cliquetis des mousquetons. Du pain, les confidences d'Auguste : « Mais bon chien ! montre-toi plus têtue pour un âne ! »

Odette se remboursa des infortunes avec la quincaillerie. Elle renoua avec d'indirects cousins maternels, côté Leclanché, obtint des marges conséquentes sur la vente des piles, une licence de commerce. En à peine deux ans, la gamme Lanfranc proposait moins de ferblanterie que de matériaux nouveaux, des articles en résine, en mousse, en bakélite, des toiles cirées, des adhésifs. Les arrosoirs en zinc cédèrent la place aux ampoules à baïonnette, à des transistors, du petit calibre d'électroménager. Bêches, pelles et binettes prirent du revif, les outils demeuraient ce qu'ils étaient mais leurs faces métalliques s'ornaient dorénavant de vives couleurs, du vert, du rouge. Le rayon pêche valait de grands détours aux amis des trous d'eau. Un beau magasin, quatre mille références, aussi bien du ciment que des cartes à jouer, des bidons de fongicide et des éventails, des houes, de la brique réfractaire, des articles mortuaires. Odette avait traité avec un carreleur de Carpentras, les établissements De Boël, créateurs d'une vingtaine de modèles en terre cuite, des carreaux de formes et de teintes diverses. Toute la gamme échantillonnée tapissait l'entrée de la boutique, la mosaïque De Boël pavait, décorait mais surtout, on pouvait commander, et 5 % aux Lanfranc. Sainte-Jalle vécut l'heure où les bonnes quincailleries s'ouvraient à de nouvelles notions commerciales ; en plus de la visserie, des balais-brosses, le magasin avait son « coin cadeaux », avec des bibelots, des lampes, du linge de table et des abat-jour, des réveille-matin fantaisie et aussi des chaussons, des mules, hommes, femmes, toutes pointures.

Lucien ne fut pas au cœur des renouveaux. La droguerie de Sainte-Jalle l'avait tenu éloigné de ses talents d'histrion mais lorsque Odette revint de Séderon tout en noir, il épousait Madeleine Le Galle. Elle n'est pas de la Drôme, Madeleine est une femme enlevée, esthète d'un jour, voyante en ses tenues lorsqu'elle marche dans les calades du village ou dans les rues de n'importe quelle sous-préfecture. Foi de dilettante, mademoiselle Le Galle fut tour à tour démissionnaire de l'École des beaux-arts de Lyon, fleuriste apprentie, modéliste, un peu romancière. Elle tint le pupitre d'une harmonie lyonnaise à la bombarde, délaissa l'instrument pour s'adonner à l'art du vitrail, mais comme ses bonnes assiduités s'étiolaient au moindre frémissement des avant-gardes, elle s'éprit des planches, se reconnut des dons d'humoriste et de ventriloque, tâta de la danse puis, nouveau virage sur l'aile, s'amouracha de mime avant que son sens effréné de tous les styles la ramenât aux premiers principes de la peinture, puis au mariage inconséquent avec Lucien Lanfranc. Mado n'eut pas sa part à la boutique – et l'aurait-elle voulu. Son mari l'en dispensait, calé dans les valeurs de l'époque. De tant de velléités pensait-il, l'une couvait sans doute, l'une prendrait comme auraient pris ses dons passés pour l'art dramatique, pensait-il encore. Sans doute un talent de Mado mitonnait dans l'Ennuyé, Lucien fermait les yeux sur son oisiveté. Odette savait mieux qu'elle vendre à la fois des pointes et des plumets, des figurines néo-Fragonard en plâtre peint et des feutrines antidérapantes qu'on colle aux pieds de table. Auguste l'aima bien, tout un beau-père. Il initia sa bru à l'héraldique sans en faire une émule, et lorsqu'elle en bâillait d'un revers de manche, les ouvrages à basane cédaient pour la dernière gâterie de Lucien rapportée d'Avignon, un électrophone.

La quincaillerie prospérait comme dans un village. Après deux ans Mado émit des plans sur la lavande, et comme Auguste avait pour elle une noble tendresse, il lui prêta des acres situées plus haut dans les terres. Le dernier béguin de Madeleine tenait moins à l'idée des parfums qu'à l'appellation du village sur lequel s'appuyait le coteau des Lanfranc : Le Poët-Sigillat, quarante habitants, un nom qui lui rentra dans l'âme. La lavande ne prit pas. Elle aurait pu, l'exposition le permettait au lieu que l'épouse aux fins fonds de la Drôme rassembla ses bagages en mars 47. Odette venait d'étrenner un présentoir de farces et attrapes lorsque son frère à bout de bile matrimoniale lui lut le billet que Madeleine avait laissé sur l'oreiller, l'essentiel d'un divorce en quelques lignes. Le petit mot parfumé commençait par « Mon Chou » et se terminait mal. Son départ ajouta au vide de Sainte-Jalle, qu'on fût mari, beau-père ou belle-sœur, un vide amoindri par l'électrophone qu'elle abandonnait au célibat des trois.

L'âge épaulait Auguste comme un chevalement devenu plus lourd que le mur qu'il étaie. Il en vint à bouder les arcanes héraldiques, et même la robe d'Apulée. L'ancien quincaillier de la Drôme qui nourrissait une longue histoire avec sa veste côtelée l'abandonna du jour au lendemain, il devint un homme en pyjama. Encore le soir au potager, il regardait le fond de la vallée, l'Ennuyé terminé par trois monts, l'un tout pointu – La Vanige où sont les sources de la rivière –, l'autre en forme de table (la montagne de Buisseron), le dernier rond (c'est Le Casset), trois reliefs accolés, trois façons de sommets qui font entre eux toutes les montagnes possibles. Octobre le ravissait plus que n'importe quel autre mois. Durant la saison les feuilles ont fait le plein de lumière, tout l'été il semble qu'elles s'en libèrent sous forme d'éclats roux, la vallée en est enduite, c'est le bon moment, quand le sol et la cime se confondent à la vue. Les teintes, les masses, les choses loin, Auguste les voyait ; de près sa vue était devenue de la cire molle. À ses enfants, il donnait d'inattendues moralités avant de se buter. « Ne craignons pas la fin car à la seconde où l'on meurt, ça fait déjà quatre mille ans. » Un autre soir : « Tant que je ne sais pas, j'aimerais mourir de quelque chose, mais si je venais à le savoir, je crois que non. » Il n'eut pas à le savoir. Le ferronnier de Sainte-Jalle s'éteignit le 12 octobre 1954. On part depuis chez soi, pas comme le fit la chagrinée Mariette voici trente-sept ans ; on part depuis son chez-soi, pas d'ailleurs, c'est ce qu'il fit. La veille lundi, sans s'être rasé d'une semaine, il s'entretenait de Rouget de Lisle avec les siens, des figures du vieux style, des énigmes grammaticales, du bon goût d'inverser les choses, de brouiller les compléments de nom. Il raconta le chant de Rouget en plus de soliloques dont on ne saisissait pas forcément le fondement, la fin des phrases, leur début, les liaisons et des bouts. « *Contre nous de la tyrannie…* Voyez-vous, il m'aura fallu des années pour comprendre, c'est tellement embobiné que j'ai longtemps voulu entendre *Controns-nous de la tyrannie,* vous entendez, "faire contre", c'est du moins ce que je chantais, je me comprenais. Mais non, c'était bien *contre nous.* C'est une anacoluthe, je crois, ou quelque chose comme ça, un bric-à-brac hérité des complexions latines. J'aurais dû commencer par le latin pour bien mettre les phrases à l'endroit, "L'étendard de la tyrannie est levé contre nous", et en plus il est sanglant ! Il aura fallu cinquante ans pour que je pige dans le bon sens… »

À cet endroit le ferronnier se tut. On voyait par la bouche des petits mouvements esquissés, comme s'il déjeunait de ses lèvres, puis son visage s'agrandit au souvenir d'une tournure latine. Sa main bougeait à la récitation, une main terminée de grands doigts avec des ongles mal fichus ; elle battait la mesure, comme si elle lissait la phrase, un survol au pyjama, du rase-mottes par-dessus les rayures. Auguste marquait les rimes et l'on eût dit que ses sourcils parlaient pour son visage. Aux vers anciens se mêlèrent d'autres époques. « Écoutez » – à ses enfants, d'une voix flûtée, l'index en juge : « *Le rossignol qui du haut d'une branche se regarde dedans croit être tombé dans la rivière.* Entendez-vous comme vont les mots, un oiseau qui se contemple *dans* une branche… C'est d'un rien, la rivière ne vient qu'après la branche et nos vies sont pareilles, on voudrait qu'elles occupent cette place, le mot *dedans.* Cyrano de Bergerac, *Le rossignol qui du haut d'une branche se regarde dedans croit être tombé dans la rivière. Il est au sommet d'un chêne et toutefois il a peur de se noyer,* eh bien savez-vous, Cyrano, il est né à Paris, il s'est pris une poutre en travers de la gueule à Sannois, il eut sa vie mais n'empêche, il a placé le mot *dedans,* avant la rivière, alors ça… ça mes enfants ! »

Odette et Lucien n'auront jamais connu la véritable allure qu'avait le pied d'Auguste dans sa chaussure. Le lendemain à leur adresse, au dernier moment : « Je vous embrasse à pieds joints. » La quincaillerie ferma quatre jours. Les deux Lanfranc prirent un setter le mois d'après, un chien qui se plaisait à pisser sur le bouleau, l'arbre dalmatien.

Les deux de Sainte-Jalle gardèrent les habits sombres bien au-delà des convenances, moins pour leur père que par tranquillité d'apparence. Le pli du noir valait l'immunité du voisinage ; le noir a la facilité de vous rendre transparent, aussi l'habit dura, comme une aise aux Lanfranc. Les piles Leclanché se déchargèrent d'elles-mêmes, bien avant l'arrivée d'autres marques, Wonder et Alkaline. On vit durant vingt ans le V de Varta placardé sur la panse d'un platane, devant la quincaillerie. Vingt ans en bonne part, vingt ans au cours desquels il ne fut jamais question de Mado ou de Roger Bajolant entre le frère et la sœur. La droguerie des Lanfranc tirait son rideau deux fois l'an, à Noël et en juin, époque à laquelle Odette et Lucien allaient voir la mer, d'abord à Ondres dans les Landes, puis à Soulac, Pornic, Cabourg, des voyages marqués par les buffets de gare plus que par l'océan. Un sandwich aux correspondances, debout dans le potin ferroviaire, des vacances pour un cornichon, de beaux moments aux comptoirs des buvettes.

Lassés du littoral, ils séjournèrent dans le Mercantour en 1962. Le 13 juin, anniversaire d'Odette, ils foulaient le Clôt de Bouc culminant à 1962 mètres, l'altitude même de l'année. Cette délicate exactitude des hauteurs rendue au souvenir de leur père les poussa sur d'autres reliefs sans grande élévation. Durant six années, Odette et Lucien se firent chaque été des cadeaux de monts. Les altitudes décidaient de leurs villégiatures, ils gagnaient un mètre tous les ans, jusqu'en 1968 : le Cormet de Roselend dans le Beaufortain, 1968 mètres.

Odette et Lucien ne s'offraient pas que des altitudes. Leurs anniversaires ricochaient sur deux jours, 13 et 14 juin. Odette une fois sans en rien dire cocha plusieurs idées de cadeaux sur un catalogue de vente par correspondance réservé aux drogueries de France, dix mille références. Lucien vit les croix, comprit, en souligna deux à sa préférence puis, à son tour, plaça ses marques sous des articles féminins. Odette ne fut pas longue à les repérer sur les pages, elle aussi en retint deux parmi les choix de son frère. Cela devint une habitude entre eux, tacite et tue, qui avait l'avantage de couvrir leurs tendres attentions mutuelles tout en gardant intact ou presque un semblant de surprise. Sans un mot. Les colis reçus par la poste ne traînaient pas, aussitôt disparus, c'eût été entrevoir les paquets mous dénonçant un vêtement, les plus petits pour des boucles d'oreilles, les grands qui donnent idée. D'une année à l'autre, ils gommaient les croix, le catalogue rendu net d'encoches, ils recommençaient.

La quincaillerie Lanfranc ferma de désuétude en avril 1972. Si elle avait existé, la lignée n'y aurait rien pu. Le commerce gauchissait, le drain des départementales entraînait le chaland vers Nyons, Vaison, et jusqu'à Avignon. L'enseigne resta sur la façade. Les Lanfranc remisèrent les panonceaux promotionnels avec les livres d'héraldique et l'électrophone de Madeleine, dans les combles. Il y avait de tout là-haut, l'habituel débarras des greniers mêlé au généreux fatras que les représentants de commerce avaient cédé aux boutiquiers durant des décennies, des affichettes publicitaires sur tôle et carton, Spontex, Butagaz, Pliz Moquette, des marques de désherbants, un lot de réclames pour articles de pêche et vraiment, la rime ne s'invente pas : « Avec l'appât Dudule, les poissons pullulent. » Mieux en ces temps d'émancipation, même marque à bout de slogan, « Faites l'amour avec la pilule mais allez à la pêche avec Dudule » ; l'hameçon et la contraception, une plaque d'émail bombée que les deux quincailliers n'osèrent afficher dans leur établissement.

La droguerie fermée, 1972 reste l'année des coloris. Les tomettes du rez-de-chaussée sautèrent pour un carrelage vernissé, à pose droite. La cuisine fut plaquée de Formica, jaune soufre, une cuisine si ravissante qu'elle désavouait le salon et les chambres, si neuve qu'Odette et Lucien y transportèrent leur télévision, en couleurs. Le poste prenait son service dès les tartines, lorsque le frère et la sœur déniaient leur nuit (« Je n'ai pas fermé l'œil », « Mais ni moi ! », à qui dort le moins). Pourtant, le témoignage d'un hôte hypothétique aurait révélé la corrida des ronflements de cloison à cloison – et lui n'aurait pas fermé l'œil. C'était leur besoin chaque matin, se défendre d'avoir dormi, de bonne foi, comme une compétition aux insomnies. Treize ans de la sorte.

Chaque jour les Lanfranc observaient leur boucle citadine avec passage au mémorial de Sainte-Jalle, sur le chemin qui donne à la ferme du Gros-Pascal, par les rues. Les deux remontaient l'allée Peyssier, tournaient dans le bas du village par la route de Bésignan, plein est, avant de buter sur l'église Notre-Dame-de-Beauvert. Jusqu'à ce point ce n'est que mise en jambes, le gros de la virée commence ensuite, quand le chemin tire en direction des lavandins, vers Le Poët-Sigillat. Les anciens quincailliers parvenaient au château, longeaient le donjon moussu de capillaires avant d'envoyer un regard commun sur le fond de la vallée. Commun aux deux sens, mutuel et rebattu. Descendre était leur jeu : d'un jour à l'autre ils s'obligeaient à ne jamais prendre la même calade et le choix des sentiers occupait l'essentiel de leurs bavardages. Jeudi ce chemin, vendredi cet autre, comme une taquinerie à la routine, leur calendrier folingue. Du commerce, des habitudes marchandes, Odette et Lucien avaient gardé l'obéissance des jours ouvrés. Le dimanche était chômé, relâche de vadrouilles dans les rues de Sainte-Jalle, pas de montée au château quand, le lundi, ils ne savaient plus tellement par quelle voie ils étaient descendus lors de la précédente sortie.

Il existe une photographie d'Odette Lanfranc. Elle a soixante-dix-huit ans, elle sourit comme qui mâche des clous de girofle, c'est-à-dire qu'il fait froid ; d'ailleurs on voit de la neige en arrière-plan, le croisé d'une écharpe autour de son cou et l'aile de la Citroën que Lucien aura manœuvrée jusqu'au col du Joly, 1989 mètres, l'année même, 1989. À leur âge encore le frère et la sœur s'adonnaient aux précisions des altitudes croisant le millésime, une justesse du temps appliquée aux petites grandeurs alpines. Un an, un mètre. D'une vie il n'y aurait rien souvent, comme si le temps pouvait durer encore ou, au contraire, se voir réduit sans que l'ajout ou l'entame aient d'incidence sur la longévité, le relief des jours. Ce qu'aura été une vie ? C'est ce qu'Auguste avait cherché passionnément dans le dictionnaire, avec ses enfants, sous la lampe. Il ouvrait le Larousse des noms propres au hasard, laissait filer son doigt sur les colonnes sans s'arrêter aux dates, aux qualités de poète ou de roi, d'archiduc ou de saint. Seule une chose importait : où naissaient les hommes illustres, où mouraient-ils ; c'était sa façon de peser les grandes existences, le coup de dé alphabétique des célébrités, le bout-rimé des gloires. Il s'en gorgeait, « Là, tenez, Voltaire, lisons, "né à Paris, mort à Paris". Voyez-vous Voltaire comme si rien ne s'était passé. » De la lettre V il tournait trois cents pages d'un seul tenant, il tombait sur le F. « Bien, à présent regardez, il y a déjà du chemin chez celui-ci, “Jean-Henri Fabre, né à Saint-Léons, mort à Sérignan-du-Comtat”…, lui a changé de département. » Et puis ailleurs, son index balayant les feuillets, de bas en haut, précédé par son œil : « Et voyons voir, Taine, “né à Vouziers, mort à Paris”. Comprenez-vous, Vouziers n'est pas une bien grande ville, Paris l'est, ce qui permet d'imaginer sa vie, pourquoi ce Taine est devenu célèbre. » Lucien bâillait, le ferronnier brassait les liasses, son doigt tenu au liminaire des noms de villes. Il s'abîmait dans les renommées à la recherche d'un destin commencé dans une ville d'importance, disparu dans une bourgade. Lettre C, « Ah fichtre par exemple ! Je ne sais pas qui c'est celui-là mais arrêtons-nous, écoutez, Charcot, Jean-Martin Charcot, neurologue, “né à Paris, mort à Montsauche-les-Settons” ». Puis, à ses enfants, le regard béant du côté des solives, « Rendez-vous compte, de Paris à Montsauche-les-Settons, quelle vie fut la sienne… ce qui a bien pu se passer ? »

Odette et Lucien ne sont pas dans le dictionnaire. C'est-à-dire que leur vie tiendrait en dix mots comme elle pourrait occuper une fable provinciale de trois cents pages. Toutefois on relève leur nom, ils sont inscrits, mieux qu'à la nécrologie locale et mieux qu'en hommage à la quincaillerie Lanfranc de Sainte-Jalle. Il s'est passé quelque chose d'infime, d'insigne dans leur décès. Leur mort a filtré jusqu'aux manchettes nationales, un fait divers de quelque rien. Un frère, une sœur, se sont éteints le même jour, chez eux, aux deux coins du logis sans qu'elle ni lui eussent à souffrir de la perte de l'autre. Odette Lanfranc au bout du potager, Lucien dans le salon à la même heure, sur ses mots croisés, comme par prévenance partagée. Une mort affable faite d'obligeance, quelque chose d'une politesse réciproque, comme si une pudique élégance avait veillé sur leur peine mutuelle.

Vu d'un cercle

Pour Christian Thorel

« Vous avez dix ans d'avance. » La phrase plairait, on aimerait l'entendre d'un critique, un peintre aimerait l'entendre or Vernon Petherick l'était, à ses heures, quoique l'auteur de ce mot ignorât qu'il le fût. Il n'était pas question de peinture, non. La situation ne s'y prêtait pas, chez le dentiste, Vernon Petherick couché sur un fauteuil à bascule au numéro 3 d'Amberley Road, Portsmouth, ne pouvant rétorquer, la bouche comme un hublot, une espèce de bâillement à l'arrêt depuis déjà plusieurs minutes et l'autre en blouse, « Vous avez dix ans d'avance », rien qui ne concernât ses lavis, ses esquisses de falaises, rien de flatteur à ses gribouillages mais plutôt un constat désastreux de son panorama dentaire. D'ailleurs on ne demande pas aux dentistes de verser dans l'esthétique. Ivoire gâté, molaires déchaussées, gencives meubles, une dentition de soixante ans quand Vernon Petherick en accuse dix de moins. Il est là pour un chicot, en arrière-bouche, à droite, une inflammation, des nuits affreuses, une rage qui l'empêche de peindre, sa dent le lance, il n'en mord plus, il est las des soupettes. Il est là parce que sa femme et lui partent demain par le bateau quand le médecin lui redit qu'une séance n'y suffirait pas, qu'il faut du soin préliminaire, aux chicots d'à côté, plusieurs extractions en ligne d'oignons mais le bagage est bouclé, cravates et mousselines pliées sur des cintres. Avec sa tête à l'étau sous l'aisselle du docteur, cela faisait penser à Judith tenant la tête d'Holopherne, en forçant l'imagination et quoiqu'on fût en septembre 1906 sur le littoral anglais, Vernon à la peine sur un fauteuil articulé, dans le cabinet d'un dentiste, lequel parlait de trois séances en jouant des écarteurs, peut-être quatre pour une complète médication. À tout le moins le dentiste prescrit des lénitifs, une gomme à base d'écorce de saule, à suçoter, plus une huile aux extraits de girofle mélangée à du salicylate de soude. Des emplâtres. Principalement revenait l'injonction de consulter au plus vite, où qu'il se rendît. Ceci du médecin : « Je vous prédis l'abcès avant longtemps. Différez votre voyage, quelques jours et je vous jure de rendre une paix nouvelle à l'une et l'autre de vos mâchoires.

— C'est que les billets sont pris, nos malles envoyées par le bateau.

— Eh bien soit ! »

Puis, la nuit fut meilleure. La gloire de cette gomme, les dents, la tête sur l'oreiller. Au moment du coucher, après trente ans de mariage, les époux inversèrent leurs places au partage du lit ; Britney d'ordinaire s'allonge gauche, lui couche droite, selon que le lit est vu depuis les pieds et non d'après la position qu'en ont les occupants. Vernon avait là-dessus une sempiternelle doctrine, celle des places. On ne s'allonge pas au hasard, la théorie vaut pour des millions de foyers, tout est dans la porte, une habitude nocturne prise au premier soir des noces. Il avançait des chiffres sortis de nulle part, 87 % des épouses s'étendaient selon lui au plus loin de la porte, l'homme au plus près, sans se concerter, spontanément, un postulat corroboré par une étude du *Daily Telegraph.* Il y était dit que le placement du lit par rapport à la porte influait sur l'attribution des couches, comme un instinct, les maris élisant le côté d'où pouvait survenir un intrus dans la pièce, une menace, mais aussi le côté par lequel obliger promptement son épouse pour une nécessité forçant à se relever.

Et Britney, depuis trente ans : « Mais Vernon, notre chambre a deux portes et le lit n'est-il pas au milieu ?

— Mais je ne te parle pas de nous. »

N'importe ces thèses, Vernon et Britney permutèrent ce soir-là pour la raison que la douleur tenait joue droite et qu'en dormant sur l'autre hémisphère du matelas, la dragée aux écorces de saule s'appuyait sur la dent par l'étai de la langue et le contre-boutant de l'oreiller. Elle n'avait pas fondu qu'il dormait.

Le lendemain fut de bonne humeur, à cause des vertus de la gomme et des plaisirs de voyager. Sur le pont de Portsmouth à Calais, Vernon Petherick mit la dernière main à l'une de ses pochades. Une étude, les falaises de Brighton, de la lumière à petites touches. Il a son nécessaire, une palette de voyage dépliable, très pratique, un godet étanche et une cartouchière de couleurs avec des éprouvettes de cobalt et de vermillon rangées à la ceinture. Il cherche une façon de Boudin, une manière personnelle de rendre à la fois le sable, les ombrelles, la falaise, un nuage, les crinolines et l'horizon, du Boudin dans lequel entreraient les effets de Turner et le sfumato si cher à Whistler. Un art. Il en était au pointillisme des genêts quand Britney lui signala les côtes.

Dans le train de Calais à Paris il parcourut la presse, le cours de l'acier, une gomme entre les dents. Au départ de l'express, gare de Lyon à 8 h 10, les Petherick dînèrent au wagon-restaurant, chacun sa part de lotte devant les abat-jour où pendaient des pompons, huit pompons par personne, tout fous aux aiguillages. Vernon voulut saucer, Britney déconseilla le pain puis, au moment du coucher, cette ancienne théorie des portes les amusa puisque la leur divisait le compartiment par deux, au centre des couchettes.

On se réveille en Suisse. À Viège dans le Valais, la voie change d'écartement, les passagers se bousculent au buffet et le train repart vers Zermatt, trente-cinq kilomètres à crémaillère, redressés, la locomotive grignote la pente, ses roues sont dentées à la façon des alpinistes chaussés de crampons. C'est une route pleine de beautés, de coteaux et de sapins, voici les torrents de la Vispa endossés de ponts métalliques où l'on vit un vertige ambigu, les mains sur l'accotoir – le « vertige Pullman » –, Neubrücke, des petits villages les uns après les autres et combien de tunnels inopinés. Britney par exemple, elle était à mordre une fraise de Viège quand le goût et la vue cédèrent à l'écho que renvoient les galeries souterraines tapissées de meulières, le nez piqué d'une âcre émanation et, sur la peau, une impression de frisquet. Et revoici les fraises, la lumière comme elle avait disparu et le massif des Mischabel séparant la vallée de Niklaus de celle de Saas, fertile en éperons, pleine de précipices à l'envers. Vernon aussi tenait ses fraises sur les genoux à la sortie des tunnels, dans un cornet en papier, mais pour lui, dans la bouche, les saveurs de la mélisse appliquée sur ses dents se mélangeaient à celles du fruit. Et puis là, dans la fenêtre, c'est le Bruneggh orn, un mont si haut qu'il ne tient pas au carreau, on doit se pencher pour distinguer la cime, et les Petherick de faire la même courbette devant la vitre, les yeux aux nues. Le rail endort, les alpages se mélangent, les éboulis se ressemblent, une odeur de fumier passe par la fenêtre à laquelle on s'habitue, les pâtures piquetées de chalets se confondent au tchou-tchou du train. Saint-Niklaus : on apprend dans le guide régional que parcourait Vernon qu'un tremblement de terre défigura l'église en 1855, que la bourgade fut le berceau des Lochmatter et de Knubel, fameux alpinistes, que ses fromages ne manquent pas de caractère, que Lord Minto en goûta d'admirables, vingt ans d'affinage. Et c'est tout pour Saint-Niklaus. Vernon en vérité lisait d'avance, son esprit toujours à l'escale suivante, si bien qu'il ne vit pas grand-chose du Weisshorn et des Mischabel en attaquant le chapitre traitant de Zermatt, là où les Petherick quittèrent le wagon avant de rejoindre leur hôtel.

« Tes dents mon chéri ?

— Ma chère Britney mes dents se portent au mieux. Vois-tu, elles et moi sommes amis désormais. Je ne sais plus où j'ai lu que l'altitude et la raréfaction de l'air en ce qu'elles influent sur nos organismes, notamment sur notre système respiratoire, modifient sensiblement notre tolérance à la douleur. Zermatt culmine à 5 280 pieds, eh bien, tout est pardonné, je suis au mieux, mes dents vont bien. »

Ils descendirent à l'hôtel du Cervin tenu par Alexandre Seiler, le fils. Ils y ont leurs habitudes, à la saison, une semaine tous les ans, la même semaine d'août, puis un mois complet à Chamonix. De la terrasse, c'est beau, cette montagne tirée à quatre épingles, une motte de gneiss portant un bonnet, avec la pointe un peu fondue. Vernon s'y installe l'après-midi avec ses tubes de couleurs et lorsqu'un touriste s'approche de son carton en cours, il découvre une falaise de Brighton plutôt que les pentes du Cervin. Vernon, ça l'inspire, il peint de mémoire et mieux trouve-t-il, un paysage pour un autre, de tête. Il explique à Britney que cette façon force l'idée, qu'elle la libère, qu'elle permet de réinventer le modèle autrement que de s'y conformer. Des montagnes par exemple, dit-il : « Rien de plus bienfaisant que la peinture de plein air, hors atelier, mais alors, les grands paysages nous aident à transposer le souffle créateur sur de moindres sujets, tout est là Britney, tout est là, peindre ici ce qui n'y est pas. On gagne à déplacer le magnétisme de ce que l'on voit sur autre chose. Comprends-tu ma chère, j'aimerais peindre des vaches à Railway Station et une coupe de fruits en regardant le Cervin. Sais-tu un jour, je ne sais quel peintre français travaillait en forêt, devant un arbre, disons un chêne. Passe un bougre qui lui demande à quoi bon représenter cet arbre puisqu'il existe déjà. Sa question me plaît, je lui trouve du bon sens, un bon sens paysan peut-être mais davantage, comment dire, quelque chose de puissant, un bon sens esthétique. Ce peintre eût mieux fait de brosser une scène du Moulin-Rouge devant ce chêne ; c'est subtil vois-tu, puiser dans le lyrisme d'un arbre le charme des cocottes. »

Une partie de la terrasse en période estivale ressemble à un magasin d'accessoires où se voit remisé tout ce qu'Alexandre Seiler interdit dans les étages. Beaucoup de quincaillerie, des godillots cloutés d'ailes de mouche, d'affreux crochets rivalisant de taille, des cordes en chanvre comme des paquets de nouilles ou de longs brins séchant sur les rambardes parmi un disparate de chaussettes imbibées, de gants spongieux, de laines lavasses et de bandes molletières à l'essorage. Le mélange des toilettes élégantes et des frusques alpines ramenait Vernon à ses furieux points de vue : la déploration de l'alpinisme. Selon lui, cette manie de l'époque parfaitement inutile n'avait rien d'un sport. Il tenait l'argument, qu'il est possible d'améliorer sans cesse un score, de faire un meilleur temps à la course, à la nage, mais en montagne, une fois le sommet défloré, pourquoi y retourner puisque personne ne saurait aller plus haut ? Et de prédire pour ces raisons le prochain déclin de cette marotte. Que ramène-t-on de là-haut ? Des ennuis ; aller se mettre dans les éclairs puis réclamer l'aide d'autrui quand le péril est là ! Ces petits trompe-la-mort exposent au danger ceux qui ne demandaient rien, obligés d'aller sortir un intrépide d'une combe, sauver d'une corniche l'écervelé qui pensait pouvoir se passer d'eux, c'est tout le temps, les gazettes en sont pleines. Les plus sages emploient des guides, mais ce métier de tenir en laisse un plaisantin par la culotte, à leur risque et pour le chagrin de leurs familles. Il comparait volontiers les guides de montagne aux femmes de mauvaise vie. « Comprends-tu, ces gens-là "montent avec le client", les courses sont tarifées en fonction de l'ivresse qu'elles procurent et les guides comme les filles légères connaissant les bons gestes se doivent de garantir un apogée à leurs débiteurs. » Vernon voyait dans l'alpinisme une pratique galopante et, en comparaison de galop, à Britney : « Mon ange, à leur gré, toutefois Ruskin a bien raison, un bon cavalier sait ce qui lui en a coûté pour le devenir, il n'a pas besoin d'aller franchir un obstacle simplement pour faire voir son fond de pantalon.

— Tu as sans doute raison, ce sont des insensés. Mais dis-moi mon ami, si tes dents te l'accordent, irions-nous demain herboriser ensemble sur des pentes moins dangereuses ? Tu sais qu'il manque bien des choses à notre collection, l'adonis du Valais, les potentilles et l'anémone. Le commis de l'hôtel dit qu'une floraison de dentaires digitées pousse en pierrier boisé. »

En effet, dimanche 9 septembre, Vernon et Britney pâturèrent en tenue de botanistes, un havresac sur l'épaule, des knickers taillés dans du drap de Suède, la nuque défendue d'un voile de gaze. Leur herbier s'enrichit d'un nouveau spécimen, la dentaire digitée (*Dentaria digitata*), une plantule punie dès le soir sur sa page de vélin, et pour longtemps.

Les Petherick comme de coutume quittèrent Zermatt pour rejoindre Chamonix aux premiers jours de septembre. Le 10 au matin, un lundi. Ils saluèrent l'hôtelier Seiler à l'heure où deux gaillards réglaient leur nuitée à l'auberge, dans la vallée de l'Arve. Le tenancier, Frédéric Payot, reconnut à leur touche cette intention des prétendants à fouler les sommets les plus hauts et, à leur mine épeurée, une certaine impréparation. Ils sont viennois, Albin Roessel, commis de banque, le plus jeunet des deux, et Max Preissecker, lieutenant d'armée, plutôt bâti, deux qui ne se connaissaient pas de trois jours ; or, c'est certain, les fraîches camaraderies ne sont d'aucun gage à la menée des grandes ascensions. Leurs trophées alpins tenaient à peu de bagage, quelques monts autrichiens, des suisses et de maigres équipées glacières dans le massif du Mont-Blanc. Roessel a touché la cabane du Goûter quelques jours plus tôt. Seul, sans compagnon de cordée, il n'osa s'aventurer au-delà et, portant son regard plus haut, à l'instant de renoncer, il fut frappé par cette diffraction des distances, ce mirage qu'éprouvent les novices en montagne lorsque l'esprit confond l'effort accompli au reste du chemin. Il lui sembla que la cime était à portée ; que non, mais le malin génie a le don de tromper l'éloignement. L'autre, Max Preissecker, s'est risqué sur un autre versant. Il a gravi les pentes herbeuses du plan de l'Aiguille avant de ratisser la glace jusqu'au refuge des Grands-Mulets quand les humeurs du ciel obligèrent au retour. Et quoique moins béjaune, lui aussi fut gagné de pensées persuasives, elles lui chantaient qu'une encablure le séparait du faîte. C'était là tous leurs galons, de l'idéal, de l'âme alpine sans beaucoup de pratique. Au piètre palmarès s'ajoutent des légèretés : leur mutuelle connaissance tenait seulement à quelques verres de roussette et à une branche de saucisson débitée en commun, c'est tout, à bout de trognon. Autre chose, les dates, la fin de leur congé, Max et Albin devaient se trouver frais le 15, l'un à ses buvards, l'autre à son bataillon, si bien qu'ils disposaient d'une étroite fenêtre pour gagner le sommet du mont Blanc alors qu'un temps maussade s'accrochait à cette fin de saison. Et autre chose aussi, l'équipement ; les Viennois possédaient deux fois l'inessentiel en matière d'attirail. En quittant l'auberge sans rien avouer de leur projet, ils confièrent à Payot ce qu'ils avaient d'identité, leur passeport, les clés de chez eux et les billets de retour, comme si ce geste eût contenu la plus grosse part de leurs scrupules.

Albin et Max doublèrent le col de Voza pour rejoindre le pavillon de Bellevue où ils nuitèrent le soir du 11. La médiocrité du ciel les guida le lendemain jusqu'au refuge de Tête-Rousse. Dernier dîner avant les grands jours, quand le ventre confie ses doutes à la raison, donne son point de vue et néglige l'aliment. Les Autrichiens pleins d'appétit mélancolique remâchèrent le veau froid avant d'aller se ventiler le cœur au pas du refuge, à 3 167 mètres, là où sont les étoiles. Ils n'en virent aucune. Les nuées remplissaient le ciel, de haut en bas, jusque dans la vallée de Chamonix où Vernon et Britney Petherick avaient posé leurs bagages, à l'hôtel du Mont-Blanc. Pour l'heure, Vernon vivait l'abcès, celui qu'avait prédit le médecin de Portsmouth, il gloussait dans sa couche à bouffer l'oreiller ; le mal était revenu par toute la bouche alors qu'il n'avait plus de gommes pour apaiser sa gingivite.

Qui dormit le moins de Vernon ou des deux Autrichiens ? Dans son châlit Albin Roessel éprouvait ce qu'on appelle le « mal des rimayes », cette forme d'appréhension incoercible à la veille des départs en montagne, quand l'âme tangue, une nuit comptée de minute en minute sans rien prendre au sommeil. Il s'endormit à l'aube quand déjà Preissecker mettait l'eau à bouillir. La cabane de Tête-Rousse chantait de ronflements, tous ceux des guides donnant la note à leurs clients, mêmes fredons, réguliers, opulents, pharyngés. Les Viennois beurraient le pain et le pain passe mal à trois heures du matin. Ils le mâchaient avec des pensées personnelles, celles des gestes nombreux, celles des pentes abruptes et le fiasco de soi-même sur les flancs du mont Blanc.

Quitter un refuge, c'est s'abstraire d'une enveloppe aromatique, c'est laisser derrière soi le fumet acide d'une tripotée de pieds auquel les nôtres ont versé leur quote-part ; dès la porte on passe d'une odeur globale aux bouffées idéales, du rance au pur. Albin et Max connurent aux premiers pas la sensation des semelles sur la croûte glacée – comme on croque une meringue –, la cadence des pieds, le sentiment d'une cuisse sous la charge du sac. Bientôt la neige porta moins, pleine d'anicroches, de dérobées qui vexent l'allure et l'esprit. Une foulée réussit, une autre enfonce, les enjambées s'emmêlent. Au-dessus le ciel ne se décidait pas quand, dans la vallée, Vernon lampait sa verveine, chambre 223.

Britney : « Vernon mon ami, tu n'as pas touché à ton cake. Veux-tu que je le dépiaute ?

— Merci mon ange mais la souffrance est en rage. Il y a plutôt ce bon apothicaire de la Grand-Rue, Jean Charlet. Sois aimable veux-tu, je t'en conjure de toute mon âme, mes dents hurlent au remède, tu m'obligerais tant, je parle bien là de reconnaissance éternelle. »

Et Britney de filer par les rues de Chamonix, vêtue d'une simple cape, les seins en musette.

Aux derniers raidillons du glacier de Tête-Rousse la grimpée se redresse. On prend la montagne en écharpe avant de toucher le couloir du Goûter, de forte attaque, huit cents mètres redressés avec au long ce parfum soufré des pierres qui dégringolent, c'est tout le temps. Il faut mettre les mains, les pas décrochent du caillou qui aussitôt s'empresse au vide. Le caillou vole, ricoche, en devient deux à l'éclat, puis quatre aux fracas, chaque fragment arrachant à la pente de nouvelles pierrailles si bien qu'à peu de temps voici cent projectiles envoyés par le bas. Chacun son vrombissement. L'ouïe en montagne est froussarde. Elle est tenue durant des heures aux bruits familiers de la respiration et du fer des semelles raclant au rocher. Ajoutons-y soudain le cri d'un choucas ou le sifflement d'une pierre, elle en tournerait de l'œil.

L'équipage autrichien toucha la cabane du Goûter après six heures de marche. À 3 800 mètres, plus de nuages, une clémence, ou plutôt non, ils étaient passés sous les souliers, comme une baignoire se vide. Bientôt l'abri Vallot les dédommagerait de leur lenteur car la montre affichait 10 h 20, l'heure à laquelle les potions de Charlet agissaient sur les dents de Vernon, par toute la bouche, du bienfait. Le couple Petherick à l'hôtel du Mont-Blanc prenait le thé sous les mélèzes en compagnie des Whilow, des Gallois. On craignait une ondée mais le contraire, l'amas des stratus prenait par l'est en jouant sur l'épaule des crêtes.

Britney : « Viendras-tu aux prairies ? »

Vernon : « Notre herbier après toi est ce que j'ai de plus précieux au monde, plus que nos propres enfants, si nous en avions eu ma chère Britney. Mais vois-tu la nuit a quelques impayés sur mon sommeil que j'aimerais recouvrer. Au moins sois bien prudente en bravant les vallons. »

Dans sa bergère à l'abri des mélèzes, Vernon Petherick vêtu de pantalons gris perle et d'une veste à passements de cuir coula la matinée à s'éteindre des yeux sur les parois hideuses que sont les faces nord regardant Chamonix. Un grand panorama déroulé des Charmoz à l'aiguille du Goûter qu'avaient doublée les Autrichiens en direction du dôme. Max allait devant, Albin suivait, les deux encordés, sans se voir, pris de brume, du gros gris dans la barbe. La neige s'en mêla renvoyée par le haut, sans toucher le sol, des grains soufflés par-delà l'arête des Bosses et les rochers de la Tournette, le ciel déversé dans le décor. À ce point de la grimpée il ne faut surtout pas franchir le dôme du Goûter pour atteindre la cabane Vallot. L'approche est par le col. Mais Preissecker continua à s'élever jusqu'à ce que ses pieds dans leur intelligence lui signalent une impasse. Sans pâture aux talons, ses jambes attendaient de nouveaux ordres. Il fallut rebrousser, une déconvenue, un bien mauvais moment dans les montagnes, le plus dangereux, lorsque cède la psychologie d'une cordée mal ficelée, quand les rancunes vont aux lèvres, un vrai poison moral pour l'équipée. Albin regimbait à 4300 mètres. Aux vasouillages de la descente commencèrent les abeilles. Évidemment ce ne sont pas de véritables abeilles mais le grésillement avant-coureur des orages, une électricité qui s'en prend aux cheveux, une trouille capillaire, l'aimantation de la tignasse transmise à tout poil, des électrons dans les sourcils, des neutrons aux vibrisses. La laine en ajoute, les suées, Albin et Max très Faraday à la recherche du refuge Vallot, plus à l'est. La cordée descendait à l'estime, la boussole eût été inutile, l'aiguille épouvantée aurait pointé n'importe quoi. Un piolet de l'époque concentre 22 % de métal mais l'humeur isolante du bois n'y peut rien et c'est une chose assez curieuse de voir l'acharnement d'un orage couvrant tout un massif jeter son dévolu sur ces 22 % d'acier. Des flammèches vont de la pique aux semelles ferrées sans passer par la case culotte. Mieux vaut lâcher le bâton et la gamelle, tout ce qu'on a de fer sur soi, son canif et la menue monnaie.

La chance se paie au prix fort. Il en coûta cinq heures aux Autrichiens pour une section que l'on parcourt d'ordinaire à moitié temps. Loqueteux, Albin pas plus que Max ne s'arrêtèrent à l'état de la cabane, à ses courants d'air, au délabrement des châlits, aux remugles offerts par les ascensionnistes de la saison qui, de bonne foi ou non, n'avaient pu renvoyer au-delà des fenêtres les vomissements qu'arrache l'altitude, selon les natures, ceci et d'autres choses dont le corps se soulage par besoin immédiat, sur place. Ce qu'il y avait de couvertures à la disposition des hôtes s'en trouvait marqué et pourtant, une porte, un loquet, un plancher, la vision d'une table et d'une chaise à 4362 mètres bonifie l'âme, elle eut le don de rallumer un peu d'alacrité entre les deux compatriotes. Auprès des vitres calaminées de gel nos Viennois disputèrent. Certains sujets allaient d'eux-mêmes, sans débattre : aucun de leurs vêtements ne sécherait avant le lendemain, le poêle ne partirait pas, les piolets jetés dans la pente feraient défaut et nulle cordée ne croiserait la cabane avec qui faire équipe sur la route du bas, car il était clair que l'ascension s'arrêtait là. En revanche un sujet plus acerbe charriait des mots d'affront : pourquoi Albin dépositaire des vivres les avait-il offerts au vide en plus de la casserole ? Il est vrai que Roessel ne savait pas ; il est vrai que son silence horripilait celui qui renvoyait la question. La dissension connut un tour plus âpre sur le point de savoir par quelle route redescendre. Albin entendait suivre la même, par l'aiguille du Goûter, Max s'y opposait à tout crin, il fallait selon lui tirer au plus court, en face nord, par les Grands-Mulets. En lieutenant qu'il était, il prévint son compère que la régie de leur association passait désormais sous sa méthode, tout propos proféré avec la fermeté d'un doigt qu'il agitait sous le nez de son acolyte. Et pour les derniers mots (les derniers en effet car il n'y en eut pas d'autres pour le restant de leur vie), Max traita Roessel de « viande creuse ».

De quoi dîner ? D'un mélange insoluble fait de neige et d'une barre de chocolat qui refusait de fondre bien qu'Albin touillât.

Le « Baume Préterre » anesthésie la pulpe et le nerf dentaire. C'est un tonique. La notice en fait foi, il agit sur « l'ébranlement des souches et les dénudations interstitielles », il participe à l'hygiène buccale, il vient de chez Préterre, l'officine parisienne, une vertu. Il n'est que d'imbiber un bourrillon de ouate, de l'appliquer contre les dents, préalablement propres. Maintenir avec l'emploi de la langue. Le palais sert d'attelle. Autant dire que Vernon et les deux Autrichiens passèrent des heures dans le coton. Des trois, Max Preissecker fut grand dernier à s'endormir. Il a lutté avec le poêle, sans succès d'abord, une fournée de lambris refusant de se voir allumée par un petit journal de province traînant au sol, *L'Impartial normand,* un numéro du 7 janvier 1903 hissé à ces altitudes et dont les pages commerciales, littéraires, sportives, scientifiques, brûlèrent sans conséquence. Nulle flamme véritable. Le poêle rougeoya vers une heure du matin aux rubriques agricoles. Albin dormait dans sa vareuse, le dos tourné, l'épaule boulée de laine comme on voit aux modelages de glaise couverts d'un linge humide entre deux séances. Au feu naissant Max ajouta les feuilles de goudron arrachées à la fenêtre, deux tabourets mis en pièces, puis plus rien. Le ramassis des braises s'amortit à trois heures du matin, quelques minutes avant que Vernon Petherick n'aille s'étouffer en plein sommeil. La bourre de coton venait de glisser vers la glotte, l'élixir et la ouate tenus à mi-trachée, d'où ceci chambre 223, de nuit :

« Pour l'amour du ciel, Vernon recrache !

— …

— Ne reste pas couché, redresse-toi, veux-tu que je sonne ? Ne va pas boire, déglutis mon amour, respire, respire de bas en haut mais respire, force-toi à rendre. Verny respire je t'en supplie !

— Je ne fais que ça Britney, d'ailleurs tiens, c'est remonté, voici mon cocon, donne-moi tes doigts, pose-le sur la table de nuit et montre-toi aimable veux-tu, apporte la fiole, la gaze, imbibe bien. »

Tout là-haut Preissecker s'endormit devant la table, puissamment, rond de dos, fesses arrière, la tête sur le plateau comme si ses bras tenaient un lac. Au premier œil ouvert il reconnut un mot d'Albin griffonné sur le reste de *L'Impartial normand* : « Je prends par le Goûter, ne m'en veux pas, à toi bonne chance. » On ne sut plus rien d'Albin Roessel durant des semaines, puis il se montra à des Chamoniards remontant le Goûter, une loque dans la pente, plein ventre, les jambes en équerre, mal coiffé de son sac dont les bretelles ennuyaient les épaules.

Max ferma la porte du refuge peu avant sept heures. Le jour était clair, net de brume jusqu'au sommet du mont Blanc, matin du jeudi 13 avec un grand froid. Suivant son dessein il tira plein nord. La juste route incline à l'est, il fallait la suivre jusqu'au col pour attraper la route ordinaire mais il prit à l'aplomb du sommet, entre l'arête nord et le Grand-Plateau, sans rencontrer d'obstacles, du moins les premiers temps. La suite empêchait, beaucoup. La montagne se voyait fracturée d'une immense estafilade glaciaire orientée d'est en ouest, une grande déchirure devant laquelle un curieux aurait dû s'allonger pour en sonder le fond. Et voir quoi ? Un vide de cent mètres, bleuté, plus noir à l'étranglement. La psychologie des fausses routes est cruelle, on sait confusément qu'il faudrait rebrousser mais on va là, là où se creuse l'erreur – l'opium de l'orientation. Le reste n'est qu'entêtement, on se persuade qu'un retour coûterait davantage que cette issue magique où nous nous fourvoyons et quoiqu'une petite voix nous chantât le contraire. Autre chose de la psychologie des faux chemins, on croit reconnaître, on s'abuse du relief, de repères erronés, et ce qu'avait vu Max un mois plus tôt, mille mètres plus bas, ne correspondait en rien au terrain d'aujourd'hui bien qu'il cédât aux certitudes mensongères. Il contourna le gouffre par la gauche, idolâtre des feintes directions, jusqu'à passer l'arête nord du dôme où, en effet, l'escarpement de glace se couchait. Une heure entière lui permit d'arracher deux cents pas à la descente avant qu'il ne butât sur une autre barre contournable par des ponts de neige qui l'entraînaient toujours à l'ouest avec une illusion de descente. En fait de dénivelé Preissecker s'aventurait dans le latéral, tirant au plus mauvais dans des mâchicoulis de glace, à l'apogée du nulle part, saoulé de zigzags. Un petit coup de crampon porté à la jambe dénoua sa bande molletière, laquelle se déroula de pas en pas, jusqu'à la cheville. Voici encore un trait des marcheurs obstinés : quand une gêne ralentit, qu'il suffirait de s'arrêter, ils remettent à plus tard, poursuivent en déniant l'embarras. Ainsi de Max qui allait de détour en détour en marchant sur d'étroites lames de glace avec à la traîne une espèce d'étendard long d'un mètre quand ses crampons hameçonnaient la bandelette. Une nouvelle heure prit fin dans le dédale, faite de faux pas, de crocs-en-jambe sur le fil des arêtes, des petits coups de Jarnac dans un champ de séracs, une déroute morale.

La montagne ramollit au gré des heures ; elle délie son rocher, les joints de glace entre les pierres se mettent à fondre et tout est descellé. Les séracs, eux, ont d'autres quotidiens. Ils tombent quand ça leur chante. Voyons-les comme des fleuves fragmentés, ils poussent, ils doivent leur chemin absolu à la pente, débités par section, jusqu'à la bascule. C'est de l'eau immobile qui ne l'est pas, de l'eau en tranches, en débris, des lames lugubres. Leur relief est marqué de gouffres et de redans, de creux, si bien qu'en s'effondrant ce sont des précipices qui tombent. C'est dans quoi se rendait Preissecker.

À Chamonix les matinaux de l'hôtel du Mont-Blanc bâillaient dans la grande salle où fumaient les cafetières en argent, les théières à trois pieds. Sir Edward Whilow en était. Ce Gallois de Whilow aimait placer son œil dans la lunette rotative offerte aux résidents des lieux. Il lui plaisait de suivre les ascensions, des « ascensions optiques ». Tôt le 13, sans dessein défini, Sir Whilow prêta son sourcil à l'œilleton grossissant. Il balayait le théâtre des pics où sont tous les vertiges, un coup l'aiguille du Plan, un coup Blaitière, un coup les Grands-Charmoz quand, vers 8 h 30, il isola une silhouette égarée dans les chaos du dôme, très au-dessus de Taconnaz. Ça bougeait, ça ne bougeait pas, il y avait là une espèce d'insistance immobile et mouvante dans le décor, rien d'une pierre assurément. Il fut rejoint par Vernon. Pour lui, Petherick, il avait au visage quelque chose d'un demi-hamster avec son étoupe de coton calée dans la bajoue, la voix allant avec, matelassée, incompréhensible. Passé les civilités matinales, Sir Whilow lui offrit la lorgnette. Vernon à la lentille avait une drôle de face humaine, les traits croisés, c'est-à-dire un œil fermé dans un coin du visage, là où la bourre de coton agrandissait sa bouche, le deuxième œil écarquillé dans une contre-grimace, l'autre part de ses dents serrées à l'étau, jambes écartées, poings sur les genoux et ces mots donnés en commentaire : « Oui, peut-être, mais je ne vois rien. »

La grande lunette est à la discrétion des clients, elle grossit cinquante fois, optique Zeiss, signée, un mètre de focale, monture à crémaillère, tube en laiton, rotule en cuivre, piétement tripode en acajou, pliable, la loupe des montagnes, le microscope des grandes parois, un bijou. Ce jeudi 13 septembre, la vue baignait dans un froid sec qu'on sentait picotant. Le baromètre n'incitait pas à la promenade, à l'entomologie des uns, à la botanique des autres mais surtout, chacun sentait que Sir Whilow avait déniché quelque attrait dans le viseur, du piquant. On lui tournait autour. Un homme bougeait là-haut, dans le cercle blanc, un petit point au cheminement douteux. Les amateurs de bridge boudèrent les donnes, les vieilles Anglaises ne brodèrent pas, la presse du jour resta pliée sur les guéridons tant était forte l'attraction de la lunette pointée sur la face nord. Là, un type, tout seul. Ce fut un long ballet au grand salon, des tables à la lentille, jusqu'à midi, des tours de rôle, une file d'observateurs avec ses resquilleurs, les touristes délaissant leur assiette pour reprendre l'œilleton, à chacun son ticket. Combien de mets revinrent ce midi-là en cuisine, les quenelles chipotées ? Vernon mâchouillait, non pas les quenelles mais ses drains, le baume Préterre, comme on chique, plein d'une grande excitation. Britney à son époux : « Ça va refroidir. » Whilow mieux que personne avait le don d'ajuster la lorgnette, de préciser la position, d'adapter la focale, on lui demandait des corrections de visée chaque fois que le petit point humain s'échappait du cercle. Il lui fallait descendre le trépied lorsque venait le tour des gamins car chacun y avait droit, puis le remonter à hauteur d'homme, reprendre ses cotes. Des pronostics fusaient çà et là, on avançait des altitudes invraisemblables, toutes horribles, des chiffres absurdes. Un homme vu de loin, dans un cercle, la taille affligeante d'un individu grandi en tout petit par la lunette. On traquait ses faux pas, les cabrioles, on commentait cette chose trimballée à sa chaussure mais aussi ses arrêts, les ralentis, ses mille acharnements, on se tenait les joues quand la silhouette s'éclipsait derrière un pan de glace. Les dames et les messieurs décelaient dans l'optique ses optimismes passagers, les engourdissements, des états d'âme. Le petit point chancelait, remontait des gradins, s'affaissait là, repartait d'un côté, celui d'où il venait.

Le dessert fut boudé puis, relâche. Le petit clan des estivants connut une atonie à l'heure où cède la paupière, quand l'habitude digestive réclame son assoupissement. Il y eut décrue à la lunette. Whilow, Petherick et quelques acharnés sautèrent la sieste, plus que cinq témoins à l'objectif. Les temps d'observation restaient les mêmes, quatre minutes à l'examen chronométré par le propriétaire de l'hôtel, seulement les rotations revenaient plus vite. Vernon profitait des entractes pour changer ses tampons – le bon coton. Son mal baissait, du redoux aux dents ou plutôt, il remplaçait un drame par un autre, là-haut, en direct, un drame rejeté loin dans une face nord. La comédie prit du mordant par une annonce de Petherick lâchée à 2 h 45, « Ça y est, il est tombé ! », une phrase exprimée dans le patois de ses maxillaires. Toutes les siestes cédèrent ensemble. Sir Whilow relança le spectacle en changeant les lentilles, l'homme aperçu en fut moins minuscule, plus tremblé, pris dans un rond. Il passait d'une corniche à l'autre, on le perdait, Whilow le cernait. D'une Anglaise : « Mais à la fin c'est éreintant, il ne reste pas en place ! » Max encerclé dans la lunette avait de ces bougeottes inattendues, des moments drôles, des sursauts, une trace en crabe, des rebonds, des remontées inutiles, des passages à califourchon, debout, à quatre pattes, autant de pantomimes et toujours pas de dénouement. On l'aidait depuis le grand salon avec des « Oh ! », des « Ah ! », les bouches en monocle. Aucun ne vit Edward Whilow et Vernon Petherick conclure un pari. Ce fut le tour de Britney à la lunette, croupe déjetée, le dos creux avec le gros des seins suspendus entre buste et tapis ; ils gigotèrent à l'unisson comme elle donnait une grande nouvelle, un doigt levé : « Oh c'est affreux, attendez… il s'est engouffré dans l'abîme ! Ah non le revoilà. »

Durant sept heures on observa les errances d'un pantin, ses sinistres écarts d'un bloc à l'autre. On lui parlait, on le tutoyait, « ... par la gauche, descends, descends, pas par là ! », tout un émoi à la lunette, « mais remonte, oui... oh le crétin, il va tout de travers ! » Quand la silhouette hésitait, si elle s'arrêtait longtemps au pas d'un précipice, le petit attroupement lui donnait les consignes depuis l'hôtel. Il le trouvait bien lent dans un si grand décor ; c'est que Max Preissecker taillait des marches dans la pente, au canif, par centaines, des encoches arrachées à la glace, des réglettes dérisoires où caler l'avant du soulier, quand la jambe tremblote, une margelle après l'autre, sans gant, Chamonix envisagé dans l'entre-cul.

Vernon tenait l'oculaire. Il avait les dents calmes, un peu de jus accumulé sous le palais tant qu'à presser la bourre ; ça faisait une réserve de salive au goût d'épicéa, déglutie d'un coup une fois la langue pleine : « Faut-il être bien bête, on dirait qu'il le fait exprès, il va se fourrer où il ne faut jamais... Mais regarde devant toi, tout droit... tout droit bon Dieu ! » Une mouche d'août revenue sur son crâne se croisait les pattes en fête d'orage, qu'il chassait. La même au salon passait d'un Anglais à l'autre, dix heures de suite. Si l'on eût mis bout à bout les coups d'œil donnés à la lunette on aurait pu reconstituer la pitoyable descente d'un homme en veston se ravageant les mains sur des aspérités. Vingt kilomètres carrés de terrain cabossé et, pour Max, cette vision rapprochée des grains de glace qu'il gratouillait des doigts. Ceux de l'hôtel auront joui de la vue mais pas du principal : le souffle entrecoupé, la tétanie d'un bras sur un béquet, l'empêtrement des sangles, un pouce cisaillé avec des traces digitales mises au hasard du blanc, ce que devient la rage conclue en sanglot. Dix heures à la lunette et tout fut décevant. Un nuage remonté des Bossons s'invita dans l'optique – comme font nos propres cils dans la lentille des microscopes –, coiffant le cercle, recouvrant Preissecker. On l'aperçut un temps, très peu, Max l'automate,

Max noctambule, puis les nuages se pressèrent en purée. Plus rien à voir. On ralluma les chaufferettes, une quarantaine de paires d'orteils batifolant à bonne mesure des braises. On couvrit l'optique de son drap en velours, on changea d'instrument. Un gramophone à gros pavillon. Du fumoir montèrent les premières mesures de Strauss, une valse.

Les mauves

Pour Jean-Claude Pinson

Prendre la route des Genêts-d'Or, laisser à gauche le chemin de la Madone, continuer sur une centaine de mètres pour toucher au lieu-dit de La Jacotte, le traverser, ne pas continuer, s'engager route des Places par un virage en crochet et c'est là, la première maison dans l'axe de la Mornante, un ruisseau de petit matricule plié au Dorlay, le Dorlay obéissant au Gier, lui-même au Rhône. La maison est sur le point de disparaître dans son jardin, à l'appétit des fourrés, le toit léché de basses branches alourdies par leur poids, sur quoi elles appuient, les gouttières gainées de ronces, des fruits gâtés au sol, tout un maquis grimpant sur les volets, la clôture ourlée par un taillis attenant à la Mornante. Jacotte va s'y éteindre, dans la chambre du bas où la broussaille prétend entrer, Charlotte Arrouet qu'on appelle autrement la Jacotte, parce qu'elle fut d'ici, du hameau de La Jacotte – quoique née cévenole –, parce qu'elle est menue mais davantage parce qu'on connaissait surtout Jacques, son mari chaudronnier, le grand Jacques Arrouet, alors elle, Jacotte, diminutive du lieu et du mari. Pour lui, chaudronnier aux ateliers de Saint-Chamond et pour elle, ancienne ouvrière aux merceries industrielles, même lieu, près de Saint-Étienne. En une vie sont passés sous ses doigts cent mille kilomètres de cordons pour des corsets croisés au dos des femmes mais aussi des lacets de chaussures, chanvre et coton, de la simple ficelle au plus bas de la mode, des monceaux de fils pour lier les bottes de foin. Jacques aura noué l'imbécillité sa vie durant. Brutal, c'est déjà assez dire. On lui a connu de furieuses méchancetés dans le ménage, un faible pour le fiel. Homme de grabuges, son inné potentat domestique s'en prenait au gagne-pain de l'épouse, bonne aux bobines. Une besogne de « repose-cul » selon son avis. Lui trime debout, elle assise. Elle fait dans le cotillon, la cordelette, le corsage pour dame, les dessous, des lingeries dont il lui dénie le port, « nabote » comme il l'appelle, inapte à l'élégance avec ses femmelures de godiche. La laideronne, un mot qu'il a pour elle rabâché du dimanche au suivant. Lui, Jacques Arrouet, c'est l'acier. Il façonne des canons, non pas ceux du temps de Napoléon mais des canons nouveaux, « frettés », plusieurs manchons ajustés selon le calcul des ingénieurs car il faut être intelligent, des cylindres décroissants comme on voit aux lunettes des télescopes, des fûts d'acier comme neufs après deux mille coups de poudre. Jacques le dit, il travaille dans la guerre, pas dans les chemisettes. De lui, dégoisant à l'envi et sans jamais qu'on eût osé le reprendre, « … c'est ce qui faut bien voir, entre le fil de coton et le fer, y'a rien à comparaître ». Il se targue d'avoir armé les vaisseaux de la marine, *La Dévastation, La Tonnante,* des noms claironnants et quoiqu'il n'eût forgé de ses mains pas mieux que des couchettes de moussaillons, cependant des noms dont il tirait la permission de ses copieuses hargnes conjugales, plus que souvent. Jacques, chevronné des humiliations domestiques, aviné au jour, ressuscité tous les matins. Au mieux comme tendresse maritale plaquait-il les fesses de Jacotte à bout portant, une main ou les deux à la fois, un signe affable, celui de la première ivresse. L'accoutumance, le propre de boire est d'engendrer une dépendance au jouir, de chaque instant, ininterrompue, ce qui ne peut être ; or une manière d'entretenir l'allégeance, de prolonger le jouir quand le contentement se tarit est de le transmuer en violence. La menace poing levé fut l'un de ses forts parmi ses œuvres de colère. Et puis cocufier Jacotte sans aucun gant, comme licitement. D'ailleurs, cocufier, c'est se donner un droit au soupçon, c'est croire l'être soi-même, alors le Jacques trompait l'épouse comme un tourniquet, ce qui lui permettait de solidifier toujours davantage sa jalousie, jusqu'aux raclées des derniers temps.

La mort de Jacques est enfouie sous les ronces. À défricher le jardin, plusieurs centaines de bouteilles remonteraient du terrain, au pied des arbres dont on ne sait plus quelles sont les branches maîtresses, des tessons, des moignons de goulots biseautés par le col et d'entiers litres pris de terre, ceux-ci en plus des milliers d'autres rendus au bris, quoique consignés par les bougnats du coin. Des Suze au mieux, du marc à l'amitié, kirsch et vermouth, de fétides piquettes d'aucun cru pour l'essentiel, du vin se passant d'étiquette, d'appellation, noir sous l'épaisse paroi des bouteilles teintées du vert des profondeurs, un vert opaque à pouvoir regarder le soleil par leur culot, et si le vin fut rouge, on n'eût pas le temps d'en prendre la mesure, trop vite passé au boire, du litre au gosier. Noir, rouge et Jacques jaune, sa dernière couleur, celle d'avoir tant pissé, Jacques gagné d'une formidable hépatite, des yeux de cirrhose à la fin, le jaune des foins sortis des granges avec de grandes veinules aux yeux, dans les derniers jours. De ce moment Jacotte n'entendit plus ce qu'est le vin versé, quand les « gloup » se pressent au passage du goulot, qu'ils font entre eux le petit bruit d'un galop. Le dépotoir de verre enseveli sous les ronces pourrait servir de cénotaphe au chaudronnier ; du moins, à sa façon, tout ce bris abandonné au relief suggère que le souvenir de Jacques Arrouet repose ici ou là en terre. C'est vrai de seize ans.

À compter du trépas, Jacotte se montra peu, comme une habitude, puis plus depuis un mois, même à toquer chez elle.

En juillet, une saignée reprise aux grandes herbes permit de toucher au perron. On la doit aux voisins, les Poincloux ; Maurice a émondé les ronciers, ratissé les jonchées de verre, de quoi approcher parce que Jacotte ne donne plus signe, aussi parce qu'elle est cévenole comme eux, les Poincloux, qu'on compatit à l'âge autant qu'aux furieuses menées d'un mari disparu depuis seize ans. Monsieur Poincloux dut dégager des broussailles mâtinées de ferrailles en plus d'amas de fruits talés d'il y a longtemps, il a joué de brûlis pour atteindre la porte d'entrée, sous une marquise dont il ne reste que l'armature. Il a regondé la porte. Là où grimpait le lierre, il y a maintenant sur les volets des lignes plus pâles piquetées de marques par où la plante se cramponnait, comme des empreintes de lézard. Elle, Hortense Poincloux, tout juillet, se rendit chez Jacotte sans avoir à frapper. Il suffisait de s'annoncer d'un mot donné aux murs plutôt qu'à la recluse, dès lors on entrait sans atteinte aux bonnes façons. « Tenir le lit » ; plutôt, il la tenait, ce grand carré poussé dans un angle quand d'elle en tout, on voyait son petit crâne creusant la taie, Jacotte plus seule qu'une ampoule électrique avec au long du drap les plissés d'un succinct monticule, le filament de Jacotte.

En quelques jours à peine les visites furent pour la nourrir, puis l'aider à se nourrir, enfin, la forcer à se nourrir, des portions chiches portées aux lèvres, d'inenvisageables compotes. Dedans, la maison ne faisait pas propre. Le vide, le fouillis du trop peu, le dénuement donnaient l'idée de désordre et ça ne sentait pas bon dès l'entrée, plus fort à mesure, quelque chose comme de l'osier fermenté si l'odeur existait, je ne sais pas, ou du cuir rance mélangé à de l'huile de fer. Par deux fois les Poincloux recoururent au médecin de Saint-Chamond. Il vint, n'y put rien, « elle va passer d'elle-même, par l'âge, ne la forcez pas. Et croyez-moi, elle ne souffre pas ». Sot d'instruit ! Si elle souffrait, la gorge annelée de phlegmons ! Rabougrie dans les draps, elle a maintenant une bouche tellement embarrassée que son élocution se fronce lorsqu'elle essaie un mot ; ceux qu'elle veut dire sont grasseyés, on en reconnaît peu. Elle souffrait jusqu'à l'aphonie, à ne pas huer sur son traversin, maudissant la cuillère approchée de ses lèvres et avec elle toute la chaîne de l'espèce humaine, sans distinction, des hommes aux chiens. Jacotte tournicotait en bouche son acrimonie à couvert d'une langue mauve, le larynx farci de tumeurs que le médecin de Saint-Chamond interpréta comme une forme de gâtisme terminal avec, peut-être, une rhinite. Son pronostic touchait juste sur un point, l'échéance ; sa prescription sur un autre : avertir des parents.

Jacotte avait pour seule parente une nièce Arrouet établie loin de Saint-Chamond, à Lens, Léonce, à qui madame Poincloux timbra une lettre datée du 20 juillet – si elle s'en souvient, le jour où mourut Léon XIII, 1903. Son mari l'avait rédigée, la lui lut, mais Hortense n'en trouva pas le ton « assez pressé », alors elle la remania, lui dicta (« Nous craignons grandement pour votre tante un prochain malheur », etc.). Depuis l'envoi madame Poincloux venait faire ses travaux de couture près de Jacotte, le matin, dans la maison de la Mornante. Lorsqu'elle ne cousait pas elle lisait ses feuilletons, *Le Journal du printemps* ou d'autres illustrés apportés de chez elle en plus « du manger » que rechignait Jacotte, du hareng dépiauté, des lames de melon à peine léchées. Passe de coudre auprès de l'impotente mais lire au pied du lit lui faisait perdre le fil de ses feuilletons. Elle a essayé, l'intrigue l'enchante mais sa voisine a des bruits, d'inaudibles débats en elle-même avec un œil vilain d'idées, sa bouche mastique des jurons indistincts par-dessus son menton en forme de cadran solaire, et lorsque Hortense lui demande si elle se sent bien, Jacotte lui fait oui d'une mine haineuse autant qu'affable puis se détourne, pleine de cette promptitude avec laquelle les escargots déjugent la lenteur, remballent leurs yeux. C'est pourquoi sa voisine préfère la cuisine. Elle s'y retire avec son livre, assise contre l'évier en grès au-dessus duquel enfle une goutte qui jamais n'existe ; la goutte cède à son poids tandis qu'une autre née du conduit se fait déjà gravide, comme si l'éclat de la première inférait du destin de la suivante. Hortense lit, la goutte au robinet gendarme sa lecture ; son doigt souligne les caractères écrits petit, jamais trop gros d'après elle. Selon la taille des lettres et l'intérêt qu'elle porte à l'illustré, une ligne en entier laisse échapper trois, quatre ou cinq gouttes dans la pierre à évier.

À côté, Jacotte restée seule se donne à son remue-ménage. Elle redouble le geste inlassable, celui d'avancer le bras par-dessus l'édredon aux dessins d'astrakan, ses doigts dans les vermicules du couvre-lit, tâtant l'aplati. Personne pour la voir, alors elle tripote, crochète l'édredon, ce travail de reprendre au lit. Le geste perpétuel rate son idée car l'idée de Jacotte n'est pas simple. Elle voudrait à la fois ramener la couverture à elle (or elle y est déjà et, à force, elle la repousse), que sa main obsédée d'aller-retour cerne le foyer de sa douleur (Jacotte l'imagine dans le lit plutôt qu'à la gorge) et que cette main saisisse le verre d'eau disparu de son champ de vision, un verre d'eau qu'elle pense au bout du lit, dans l'axe de son cogito. C'est pourquoi elle grommelle, les clavicules à nu, son petit torse décortiqué, le bras comme un orvet acculé contre la cloison d'une boîte où on l'a encagé. Parfois cette main s'élève avec une prudence spectaculaire, s'approche de sa gorge, au procès de sa douleur, change d'objet puis repart à la conquête de l'édredon, comme l'orvet dans sa caisse se condamne à des demi-tours.

Le verre brigué n'est pas si loin, tout contre, sur un napperon ajouré couvrant la table de nuit. Elle ne le voit pas, il est là mais dans un monde latéral, à l'équerre de sa conscience. Le verre est plein et son eau vit un peu. Elle s'agite, elle remue par à-coups, elle bat comme ferait un moindre cœur ; elle a le frisson. Sa surface bouge, l'eau est parcourue d'une onde concentrique venue mourir sur le pourtour du verre. La secousse est suivie d'un fracas assourdi, lointain, avec un décalage d'exactement cinq secondes. Parfois le rythme s'accélère et l'on ne sait plus à quel tremblement associer le choc – il y va d'un ventriloque devenu bègue –, qui est l'écho de qui. L'eau branle, elle trinque toute seule. Ce remuement, les cinq secondes avant le son étouffé relève d'un phénomène local, il vaut pour un verre d'eau comme pour les bassines, les pots de lait, les liqueurs et le vin, les flacons de parfum remisés au fond des armoires, les lavoirs, les abreuvoirs, les bénitiers aux piliers des églises, tous les puits alentour, les étangs, l'eau du Dorlay et ce qu'on ne voit pas, les sources et le sang au repos. L'eau tremble, toute l'eau, elle répond au marteau de Saint-Chamond, là-bas, à huit kilomètres de La Jacotte, une tête de cent mille kilos assommant son enclume – on dit la chabotte, une table d'acier enfouie à dix mètres dans le sol. Solidaire d'un mouton, la masse s'élève hissée par la vapeur, et lorsqu'elle tombe de son poids après une chute de huit mètres, sans autre force additionnelle, la terre transporte le fracas, l'eau oscille à la ronde, la contrée bat, tout le pays s'ébroue sur un rayon de dix kilomètres. Guillotine à minerai, le pilon se fait reconnaître de loin, en deux temps : le tamponnage et la réponse, le frémissement de toute nappe liquide suivi du son en retard sur l'impact, soit cinq secondes de Saint-Chamond à la Mornante, chez Jacotte. L'eau a remué sur la table de nuit, cinq secondes ont passé, puis vient le grondement, de ces coups sourds dont useront les films d'horreur pour annoncer la venue d'un monstre. L'eau palpite et ce n'est pas qu'elle. L'herbe et les feuilles tressaillent aussi quand vient le choc, sous aucun vent, les ramures, le duvet des poules, la paupière des oiseaux, la flamme des bougies plantées au maître-autel, toutes ensemble, leur fumée penche, se redresse. Pareils hoquets à l'étal des bouchers, ceux de Saint-Chamond, on voit les langues de bœuf trembler à l'unisson, la gelée sur la balance, les quasis de veau, les entrecôtes, la danse des charcuteries pendues en chapelets quand le coup tombe. Voyez la pluie lorsqu'elle cesse : il y a sur les vitres des gouttes qui ne se décident pas ; la masse cogne, là-bas, à l'épicentre de Saint-Chamond, immédiatement les gouttes en rabattent, fissa, elles font des rincettes affolées jusqu'au bas des carreaux. La contrée en frise, on le voit aux flaques, aux bourgeons, aux mousses, aux cils des chèvres, à la coiffe des champignons. D'aucuns avancent que ces coups ont du bon, qu'ils dissipent la brume avant le lever du jour. Ceux d'ici ont ce vieux tamponnage inscrit dans les artères, le secouement de Saint-Chamond banal comme une pincée de sel, ils l'ont dans les jambes, aux tempes et *in petto.* S'ils ne l'éprouvent plus, ils lui trouvent du bienfait, « ça brasse les sangs », disent-ils, « ça aide aux flux ». À Marcoux ou à La Bachasse, à Cussieux, Avaise ou La Jacotte, aucun ne partage le même laps entre l'onde et la réplique ; quelques-uns vivent toute une vie au rythme de deux secondes, six secondes, trois ou cinq, l'empreinte des magnitudes n'est pas la même de bourg en bourg, c'est selon où l'on vit, selon l'éloignement du pilon. Certains se marient, quittent le village pour un autre, entament leur union sur un nouveau tempo. Certains changent de bourg qui dormaient bien, éprouvent un laps différent, six secondes et non plus trois, n'en dorment plus. Il est des vieux habités d'un véritable sismographe interne, capables d'en redire sur la puissance du coup, la nature de la pièce frappée, si c'est une bielle ou le carénage d'une coque, sa forme, la tête du marteau emmanchée sur le mouton, son poids, la tombée.

Ce jour-là Jacotte mourut de la sorte. La nièce n'était pas venue. On reçut d'elle une lettre de Lens dans laquelle elle avançait l'embarras du voyage, l'âge de ses trois enfants dont le moins vieux était pour naître. Hortense Poincloux vint le matin, avec des mauves, 6 août, après l'élection de Pie X titrée dans les gazettes. Des mauves, Jacotte les accueillit comme du gravier quoique madame Poincloux l'incitât au flair, comme elles sentaient bon, les fleurs à portée de ses narines, des mauves que Jacotte damnait en se rongeant les commissures souillées d'humeurs durcies. On lui voyait le visage travaillé de grimaces que Poincloux tenait pour de la gaieté. Comme à chaque venue, elle lui nettoya la bouche, tapota l'oreiller, aéra, s'assit à la fenêtre, là où le jour portait sur son ouvrage, un col à repriser. Comme elle était de dos, Jacotte en soulevant la tête lui envoyait des coups d'œil à la dérobée, cette pourriture de garce entrée chez elle, une nouvelle poule de Jacques, là, dans sa chambre, une saleté de bonne femme et lui, Jacques, la crevure, certainement quelque part. Au loin battait la machine, à Saint-Chamond, avec ses retours, une pulsation, ce léger tremblement du plancher et les cinq secondes avant l'éclat du mastodonte. Quand la douleur envahissait sa vue comme une volée d'étourneaux, Jacotte rendait sa tête au traversin, la langue rangée. Elle maudissait des idées avec la ressource de gratter l'édredon, le visage empreint du dégoût d'impuissance qu'ont les assassins dans la seconde avant le pire. Au loin la tête de fer assommait des plaques de blindage. Là-bas, trente ouvriers se rougissaient la face sous le pilon, autant d'omoplates en débardeur au bas d'un pont roulant, poussant sous la cognée un rectangle d'acier noir de trente centimètres d'épaisseur, sous le mouton, la pièce arrimée par des chaînes, déjà molle de feu, rouge humide, le minerai estourbi, masse pour masse, la plaque accablée prenant la forme d'un nez, peu à peu le museau d'un demi-navire profilé par les coups répétés du boutoir. Le pilon s'abattait sous un bâti râblé, comme une tour Eiffel déformée de culturisme, les pieds écartés, scellés au terrain. Au bruit du molosse s'ajoutaient toutes sortes d'écrasements, des roulis d'aciérie, le fracas des ateliers de trempe, ceux des cylindres à vapeur, des trains de feuillards, le raffut des braseros devant lesquels on travaillait les yeux ouverts, le vrombissement des laminoirs quand Jacotte écroûtait l'édredon, que le pot-pourri des vibrations ébrouait le bouquet de mauves à tremper dans leur broc. Ce n'est pas tout, parmi l'écho d'acier fusaient de francs éclats de tirs, imprévisibles, car en fin d'affinage, à peine refroidis, le nouveau fer de Saint-Chamond était soumis à des essais dans la vallée du Langouand, plus à l'ouest, des canons pas même culottés déchargés au sabord d'un champ de tir, tout neufs, chacun leur tour, eux et des plaques de blindage visées à bout portant, des coups étouffés, de quoi réveiller les labours d'Auvergne, inquiéter l'ouïe des brochets dans les trous d'eau – sous la glace même.

Il plut bientôt, comme fait la pluie déblayée de tonner. Avant midi madame Poincloux avança des lentilles à Jacotte, à la cuillère. Refus, la vieille enfouie dans une insondable constance avec cette rétractation des yeux. Mais elle but. Elle but un peu de côté, à l'invitation du verre, par contretemps, avec de longs repos de gorge, des coulures subsidiaires, cette difficulté quand ce n'est pas soi, qu'on vous y aide, qu'autrui estime la soif et la tenue du récipient, l'angle, le parcours aux lèvres, la juste quantité, le circuit de l'eau à votre place. Boire allongé. Jacotte en avait dans les cheveux, attifée court, avec des petites clairières humides au partage du traversin. Avec la dernière lampée se perdit le souvenir d'avoir bu. L'eau est pourtant là, Jacotte distingue le verre dans la main de cette saloperie de catin, qui lui refuse, alors elle lui sourit. « Oh là Jacotte bien quoi, voulez-vous boire encore, non… Jacotte n'a plus bien soif ? », et elle, Jacotte, rencognée dans sa haine, à lèvres muettes, « … saleté de grue, et cette ordure de Jacques, sa morue, je t'ai reconnue, t'es la Léonce au salaud », tout sourire. Madame Poincloux flatta les mauves, elle les voulait à leur premier volume, comme on recoiffe, avec des mains de gaieté, « Jacotte voyez comme elles sont belles, ce sont des mauves. Je changerai l'eau ce soir quand je reviendrai, car il faut bien manger un peu». Si Jacotte entendait, tout à son manège, à ses manies palmaires : triturer, survoler le couvre-lit, ce geste de border, de tirer, lisser la propreté du temps.

Hortense s'assit sur l'une de ces chaises incommodes agrémentées d'un coussinet en crêpe lié aux montants par les faveurs de quatre rosettes. Elle tira d'une planchette ce qu'il y avait de livres ; d'une vie, trois livres en tout n'égalant pas la largeur d'une main, un missel démantelé, gainé d'un cuir grenu, un almanach de l'année 1882 et un petit format orné d'une couverture colorée où couraient des liserons avec, au centre, deux amants à l'abri d'un saule, là un cheval, des douves, un pont-levis à demi relevé servant de cartel au titre – *Aucassin et Nicolette*. Dessous ce mot frais, attachant : « Chantefable ». Une étiquette collée sur la page de garde portait le nom de Léonce Arrouet, la nièce, un prix d'écolière. Un livre mince, singulier, de bonne tenue mais refusant de s'ouvrir ou plutôt, il s'ouvrait là où il le voulait, choisissant les pages à votre place, des pages jointes par liasses, brochées entre elles, un livre qui ne s'effeuille pas. Quand elle forçait l'ouverture, quand elle entrebâillait le papier, la fin des lignes se perdait dans le pli, les phrases gondolées, les mots avalés, des mots fleuris qui la tentaient, « palefrois », « dame sarrasine », « heaumes et pommeaux d'or » mais aussi des contrées comme « Beaucaire et Carthagène ». Alors madame Poincloux se retira dans la pièce à côté, près de l'évier. Hortense qui comme beaucoup avait dénervé des rognons, du lard, joué d'incisions à l'avant-bras des lapins engagea une lame dans le livre afin d'en séparer les pages – après tout, Jacotte ne le lirait plus, que ne l'avait-elle lu et ce qu'il faisait là ? C'est une chose d'écorcher un lapin, c'en est une autre d'équarrir du papier, d'immiscer le couteau dans la lecture. Elle entreprit le premier des cahiers, par la tête et le grand côté, libérant les seize premières pages où revenait le titre, celui des deux amants, Aucassin et Nicolette. Puis commençait la romance qu'elle se garda d'entreprendre, s'offrant d'ouvrir les cahiers jusqu'au dernier afin d'avoir toute une réserve de lecture, les pages d'avance. Sous la lame naissaient des bigoudis de papier, des petites bouloches tombées au sol. Cette fois le livre s'ouvrait comme un autre mais Hortense a son vice, c'est plus fort qu'elle, elle ne peut s'empêcher de lire d'abord la dernière phrase. Or ce livre est étrange, comme Hortense n'en a jamais tenu. Elle ne sait où lire. Les pages sont traduites entre elles, celles de gauche sont aisées, celles de droite résistent, écrites en ancien, dans une langue embrouillée, comme des fautes à chaque mot. Ainsi la dernière phrase relue comme une charade,

> *Or a sa joie Aucasins et Nicholete autresi.*
> *No cantefable prent fin, n'en sai plus dire.*

Décidément un livre saugrenu, refusant de s'ouvrir, mêlant les parlers, où seules comptaient les pages de gauche. Un livre à demi. Hortense prit du début,

> *Qui veut ouïr de beaux vers, touchant deux chers beaux enfants,*
> *Aucassin et Nicolette ?*

Une page sur deux, des chapitres courant la poste, Aucassin éploré, la félonie du père, Nicolette enfermée, l'évasion, la forêt, les blessures de l'amant, les préparatifs d'une fuite tandis que Jacotte dans la pièce à côté promenait sa haine maritale au plafond, sur les murs, dans tous les recoins jusqu'à la table de nuit où les mauves étaient à tremper. Mauves de putain dans son chez-soi, le bouquet et le broc, Jacques et cette traînée derrière la porte, celle-là ou une autre, les pourritures, le démon de la chair, Fernande qu'il trousse, la petite gaupe d'Henriette, toutes du pays comme roulures, la fille Angèle à tapiner, elle ou Léonce. Du lit elle entendait chuter les gouttes, l'onomatopée liquide, ça et le pilon de Saint-Chamond retombé sur l'enclume. L'édredon n'était plus désormais qu'un lointain goémon boulé en bout de lit, qu'elle palpait croyait-elle.

Enfin Jacotte cessa ses gestes, soudain tendue au souvenir d'un dimanche, quand Jacques sombrement ivre s'était fait prendre la main par une vipère sur des berges du Dorlay. Elle l'avait vu revenir, abruti de douleur et de lui-même, la vipère tenue par la queue, une bête pas très grande, sable, la tête hissée en virgule, s'aidant de coups de langue, le torticolis du serpent. Sitôt rentré Jacques l'enfourna dans un sac de jute, gueulant qu'« elle allait voir ». La vipère gisait à l'aveugle, sur la table, la besace sans remuer tandis qu'il s'envoyait rasade sur rasade, le litre entier, l'œil à demi, ahuri, toisant la prise. Le sac bougea par-dedans, on vit sur le tissu un bosselage glisser d'un bord à l'autre sans chiffonner la toile, un mouvement hésitant, comme timide. Alors Jacques asséna son poing, deux fois le poing n'importe où sur ce qu'il croyait être la tête, puis plus rien, le sac rendu à l'immobilité, parcouru de fronces qui toutes à son œil cachaient des serpents dédoublés. Jacques observait, le goulot de traviole, grand debout sur ses jambes en équerre, trop penché de lui, bon abruti rattrapant l'équilibre par des titubations d'avant et d'arrière, guettant un signe sous la toile de jute, dans les sous-plis, les ourlets, l'haleine hébétée, la main affreuse où enflait la morsure. Jacotte dans son dos l'incitait à du calme quand chaque propos – elle parlait de garrot et comme le poison va s'échauffant qui passe au cœur –, chaque mot, chaque raison déclenchaient des coups d'épaule à vide, les uppercuts de Jacques dans le désert. Las, il se jouait entre le sac et lui une partie de surplace et d'ankylose, un face-à-face entre l'ivrogne et la musette, les leurres d'une vipère à couvert des coutures. Maligne vipère et lui serrant son poing à la pesée du vide. Au reptile, à sa femme, à la Mornante, à la bouteille comme à la toile inerte, aux battements de venin frappant ses veines, au grand marteau de Saint-Chamond qui lui cognait les tempes, à son sang, Jacques adressa : « Foutez tous de ma gueule ! » Alors il saisit le ballot de sa main bouffie, franchit la porte où se tenait Jacotte, qu'il cingla, une volée de sac en plein visage avec, en partage, deux sensations concomitantes, l'éraflure du jute et la cognée d'une petite masse molle reçue sur la joue.

Elle l'a suivi comme il gueulait dans la remise, contre les ferrailles et les lignes d'hameçons, portant à chaque endroit l'ambition de ses injures. Jacques en selle cherchait la cohérence du pédalier, le vélo malmené, dégonflé, avec des pneus comme de tristes paupières, le guidon rachetant la route à coups d'embardées sur quoi pendait le sac à vipère noué à la sonnette. On le vit prendre par Saint-Chamond, sa main violâtre doublée de volume sans pouvoir toucher le frein, huit kilomètres en se freinant des pieds, à brailler. La suite, c'est son entrée dans l'atelier du grand marteau, ses saluts à l'équipe du dimanche, tous frères de goulot, l'incartade au travail, comment une roue de locomotive fut retirée de l'enclume, mise de côté. La suite, c'est Jacques encore secouant le sac, comment la vipère en tomba, lovée sur le plateau, interdite sous le mouton avec sa langue bifide hochant comme un ressort débandé. La suite aussi, c'est la masse hissée par la vapeur, les rires couverts par les bruits d'atelier, le serpent sans bouger, ce qu'il en resta après le coup de merlin, tête et anneaux, à peine une tache sur la chabotte. De sa couche, Jacotte à la Mornante repassait les jours d'après, la suée dans les draps, Jacques agité, les reflux du venin, une semaine à beugler de fièvre, le salopard, livide. Elle mourut là-dessus dans une espèce de fou rire laryngé, ravie, des petits secouements à s'érailler la gorge sur le souvenir du Jacques, l'œil sur les mauves, les pétales en gros plan dans une maison où lisait une femme – Aucassin et Nicolette, le moment où les amants touchent au pays de Torelore. Elle s'éteignit par paliers, comme une pierre plate fait dans l'eau, à droite, à gauche, puis elle mourut comme un caillou rond dans l'écart des cinq secondes entre le tellurisme de Saint-Chamond et le bruit d'ensuite.

Sur les Causses Majeurs

Pour Isabelle Hosten

« Il avait installé au-dessus du trou un bâti de bois avec une poulie et une corde, ah ! il faut être courageux, parce que le trou est étroit et c'est plein de nuit qui vous fume contre. »

CHARLES FERDINAND RAMUZ

I

Qui les verrait par temps gris trouverait la séquence incongrue, trois hommes allongés en étoile, sur du caillou, à plat ventre, la tête avalée dans un trou, bras en croix, les mains crispées sur des arbrisseaux dont la ramure plonge dans l'orifice comme on voit pendre les feuillures aux puits de Piranèse. Ils ont entre eux des mots à tâtons, un débat dans le goulot, six jambes en compas, trois fessiers comparables, trois frocs de grosse toile prenant le crachin de septembre, un dimanche. Derrière, non loin, on distingue la silhouette de deux rustauds, charretiers d'un landau dételé, brancards à terre, capote en arc, suivi d'une carriole à fond plat, grosse d'un chargement renflé que recouvre une bâche, à la tête de quoi une paire de bourricots pique du nez. Leurs cils disent à quoi rêvent les mules. L'une parfois se cure la gorge et le bruit n'est pas beau, puis elle secoue, soit qu'elle s'essore, soit que renâcler l'eût dégourdie. Partout autour n'était la pluie, le regard porterait loin, l'horizon tout entier à la ronde dévoilant un sol nu, ras, nettoyé, celui des bonnes pâtures du causse Méjean. Il a ses trous, des cratères rafraîchis desquels émane une rosée dont raffole l'herbe grasse, des bouches où se sont abîmés des caprins à vouloir brouter plus avant ; un pas de mieux et les voici soudain siphonnés, au trot dans le vide, les sabots impuissants, sans même bêler, très pantins. Certains des gouffres ne se remarquent pas, on les présume à l'œil sans tellement de malice, là où le buis se risque vers leur col, le buis et le genévrier en couronne. Peu fameux, ces accrocs de la terre n'ont pas de nom, seulement les plus béants. Celui dans lequel les trois hommes prêtent leur vue s'appelle tantôt l'« aven du Géant », tantôt la « combe des Hortz », nom de lieu-dit près des Hérans, une grange et trois chaumières que les mules ont rejoints par un affreux chemin depuis Le Rozier, deux heures au pas des précipices, un lacet après l'autre, des reculades aux plus serrés passages puis, quand la terre se couche, une heure encore à franchir le plateau, la carriole en tête, le landau dans ses roues. Et c'est ici, le chemin muletier a conduit les cinq hommes à la gueule du Géant dans quoi ils braillent depuis maintenant une demi-heure, à leur tour, en manière de sonar, pour estimer la taille du vide à l'écho, des gueulements lancés sur tous les tons, des aigus, des graves et des turlututus, des brèves et des longues, ça et des caillasses envoyées par le fond. Les hommes parient sur les profondeurs, vingt pierres lâchées ensemble en attendant la réponse du bruit, mais les rumeurs de la pluie faussaient les calculs, rien de clair, du cliquetis de fin fond, des impacts obscurs. Aussi avec un peu d'habitude – ceux-là n'en manquent pas –, on jauge le bas du gouffre en soufflant dans la goule un fameux coup de trompette, du cor de chasse ou du clairon, ça donne une idée.

Bientôt ce dimanche, les appréciations cédèrent aux mesures pratiques que rend la corde lestée d'un moellon, celle de trente mètres dévidée poignée par poignée, jusqu'à bout de brin. Trente mètres sans atteindre le fond, toujours ce poids tirant les bras. Il fallut la doubler, encore rien, tripler la longueur avant que la tare n'aille plus bas. Une fois remontée, la toise donnait une verticale dépassant quatre-vingts mètres. « Saint-Augustin ! » marmonna l'un des hommes, et comme son premier associé lui demandait ce qu'un Père de l'Église avait à voir avec ce trou il reprit, « Pas lui, l'église, Paris, Saint-Augustin, mes bureaux ne sont pas loin, sa coupole mesure quatre-vingts mètres ». Alors la compagnie s'affaira sur le causse, l'un aux ballots, l'autre aux pieux tandis que les charretiers débrouillaient des rouleaux de chanvre et d'échelons qu'on arrima au cul d'une des mules, la bête attelée à la carriole, ses roues entravées par des gourdins passés dans les rayons. Un sixième homme rejoignit les tâcherons sur le causse et, avant midi, le plus trapu de tous entreprit la descente sans qu'on eût à l'élire. Il saisit les barreaux avec cette allure qu'ont les hommes sitôt accrochés à une échelle de corde, c'est-à-dire les jambes jetées devant, les épaules en arrière, ce qui fait d'eux, vus de loin, des crevettes. Encore se tenait-il d'une main. L'autre s'employait à réduire les taillis de surface à coups de hache-viande pour mieux se couler au vide. Qu'un soulier ripe, rate l'échelon, que l'acrobate ait besoin de ses mains pour dégager la musette prise aux degrés, qu'il lui faille souffler, boire, une corde tierce lui noue la taille que les charretiers débobinent au fil du vide, accompagnant la descente, sans jamais trop de mou, sans lui scier l'abdomen non plus, un emploi. Ces cordes-là s'embrouillent à un filin de mieux, cravaté à hauteur d'épaule, un cordon entortillé que va déroulant le donneur d'ordres, là-haut – celui qui mesure tous les gouffres de France à la hauteur des cathédrales –, un fil en laiton nickelé fourni de deux cornets acoustiques, un bigophone, ceux de l'époque, un modèle fruste pour converser à la verticale des abîmes, sous la pluie. L'homme aux agrès va lentement, il a déjà les pieds dans le noir, la tête hors du trou, et comme elle va disparaître à son tour, il marque un temps, ôte son galuron, allume une bougie fixée sur la bordure, au droit du front, chapeau-bougeoir. Englouti, il est midi passé d'une heure, 19 septembre 1897.

Un mot des hommes, d'abord les charretiers venus prêter main-forte à l'équipée du dimanche. Tailleur de pierre, Louis Curvelier a conduit la carriole avec cet art d'ourler les roues d'ornière en ornière. Le bon Marius Arnal dirigea le landau dans ses traces, depuis Le Rozier par les gorges de la Jonte avant d'atteindre La Parade et Nabrigas, de là au trou. Arnal a le goût des cavernes, son fils est chercheur d'avens et de chaos rocheux, promu à un nom. Le dernier venu est Hippolyte Causse, cantonnier de Meyrueis. Quant aux autres, ceux qu'on vit allongés près du puits, le premier méritoire s'appelle Édouard-Alfred Martel, licencié en droit, avocat agréé près le tribunal de commerce de la Seine, successeur de son père et de maître Boutroue non loin de Saint-Augustin, à Paris, trente-huit ans, un monsieur. Son aisance familiale confortée par un mariage avec Aline de Launay lui permet de s'adonner à sa plus vive coqueluche, une discipline émergente qu'on désigne à l'époque sous le nom de « grottologie ». Ainsi, l'avoué est un grottiste, un grottologue – le mot n'est pas encore fixé, on dit encore un « cavernicole », la science un temps parlera de « spéologie » avant que le terme ricoche une dernière fois, termine en « spéléologie ». En France et ailleurs Martel a mené d'ardues campagnes souterraines relatées en autant d'opuscules et d'ouvrages toujours en devenir, complétés d'addenda, une bibliographie pleine de rebondissements. Il tient le répertoire des tréfonds, dépiste, ratisse les antres, traque les causses. Missionné par lui-même, on l'a vu se fondre dans les plus sombres entonnoirs, patauger dans des gours, l'eau à hauteur de nombril, s'aplatir sous les plafonds quand vient la crue, ramper dans les diverticules, ressortir des diaclases là où on ne l'attendait pas. Cortés des sous-sols, un alpiniste par le bas. Martel dispose de temps, d'appuis, de calme, principalement de moyens. Ses voyages sous la croûte ne vont pas sans l'*Osgood,* une embarcation brevetée à Battle Creek, États-Unis, repensée à ses mesures avant livraison. L'esquif démontable est doté d'une armature en bois léger et d'une carène en toile, il aura porté sur bien des rivières de basses-fosses, à tous clapotis, depuis le puits d'entrée jusqu'aux résurgences. Avec la première traversée des eaux de Bramabiau (Gard, 1888) et le sondage intégral des galeries de Dargilan (Lozère, même date), le trophée de Martel a pour nom Padirac. Lauréat du prix de géographie au concours général à dix-huit ans, l'explorateur raisonne en hydrologue, il topographie les cavités, les goulets, les voûtes sans relâche, il relève les culs-de-sac, met en garde contre les pollutions phréatiques, et pourtant, Édouard-Alfred verse volontiers dans le sensationnel. Il cède aux éblouissements de Jules Verne plutôt qu'aux révélations de l'abbé Breuil, il rechigne à admettre l'envergure d'un art pariétal venu du paléolithique, l'âge et les manières de l'homme. Breuil et lui sont brouillés.

Martel a de grandes mains, des doigts prolongés, les ongles nets et une tête en longueur clarifiée par une expression de poupin. Ses cheveux frisent, sa barbe est de bon parfum. Géographe en tergal, n'allez pas lui parler d'Élisée Reclus dont les sympathies anarchiques le rendent acariâtre. Son éloquence trahit son approche ; ainsi, en parlant des cailloux envoyés dans le trou ce dimanche 19 septembre, l'avocat nous dira sur un ton hugolien qu'ils sonnaient « avec un bruit effroyable. Serait-ce le hurlement de révolte du génie de ces profondeurs troublé pour la première fois dans son repaire ? ». Grottiste, Martel se plaît à rejouer ses découvertes, celle de

Padirac, son abîme bien-aimé où il se rend sans cesse, notamment le 9 septembre 1890 à grands renforts publicitaires. Ce jour-là un millier de monde s'est massé sur le causse jurassique pour assister à sa descente, une foule en chapeaux et ombrelles, des députés, des paysans, du gratin et des Caussenards, bouchers, facteurs, institutrices et érudits locaux, des familles, des grabataires, laïcs et curés, chacun d'applaudir à la mise en scène lorsque l'homme disparaît sous la terre. Un happening. Martel tisse un penchant pour le spectaculaire, il affectionne les stalactites, la féerie qu'ont les forêts de pierre hérissées sous tréfonds, le clinquant des cavernes, une géomancie naturelle qu'il entend bien montrer au plus grand nombre (il est vrai, la fin du siècle s'amourache de tourisme, il n'est que de voir les villégiatures alpestres, les estivants à l'assaut des glaciers). Fervent, aussi sincère soit-il, l'avoué sait écouter, prendre conseil. Dans les soirées comme au palais, aux cercles de bienfaisance, on lui souffle à l'oreille les profits remarquables attendus des merveilles. Il a dans les salons en écoutant Chopin l'art de cueillir à deux doigts la carte de visite que lui avance un sénateur, un juriste, un banquier au détour des causeries. « Alors ce Padirac ! Vous devriez mon cher penser à faire fructifier vos intrépidités. » Il y pense, Martel connaît le droit foncier. Il suffit de relever le cadastre, d'acquérir un lopin en surface afin d'avoir le titre du dessous, c'est-à-dire un cône terrestre allant de l'écorce jusqu'au magma. Rien ne fut simple avec Padirac, six ans de pourparlers avec les natifs du causse, pas moins de quinze propriétaires couvrant le rayon de la grotte, quinze paysans à lever le sourcil, piqués de voir l'entrain d'un homme de la ville pour les piquettes d'un tréfonds. L'avoué parisien s'en remit aux bons soins de Joseph de Laroussilhe, abbé local qui, face aux fermiers, entretint la rumeur selon laquelle, peut-être, monsieur Martel avait connaissance d'un trésor enfoui… L'abbé fit si bien que le 7 décembre 1895, devant notaire, l'acte fut ratifié avec un compromis particulier : au cas où l'acquéreur dénicherait un magot, le produit de sa vente ferait l'objet d'un partage rétroactif. Suivent quinze signatures. Le site en poche, restait les travaux, des percements ici et là, des escaliers, tapisser un chemin tout au long des splendeurs, souder des balustrades, installer l'éclairage, que tout scintille avant de recevoir des ruées d'amateurs avec tarif à l'enchantement. Martel fit tourner la boutique des sous-sols en compagnie d'Ernest Rupin, grottologue, retraité de l'administration à trente ans, et d'Armand Viré, le bras droit, un bonhomme tout rond, directeur de la Société de Padirac.

Armand Viré est l'un des cinq hommes aperçus sous la pluie, à plat ventre un dimanche sur le causse Méjean, il a lancé ses cailloux dans l'aven et soufflé dans la corne pour estimer les dimensions du trou. Lui, son domaine, c'est la forme de vie qu'ont les petites bestioles aveugles au fond des cavités, sangsues et cochenilles, larves et têtards, toute une zoologie du bas, les menus crustacés sur lesquels observer les indices de l'évolution, Viré, docteur ès sciences, directeur du laboratoire de biologie souterraine à l'École des hautes études. Son nom marquera la spéléologie. Entre Martel et lui les affaires vont bientôt vasouiller, dès 1899, alors que Viré s'adjuge en douce des recoins de Padirac encore inexplorés, par-ci, par-là dans les nervures, ausculte les recoins du terrier dans le dos du patron. Les choses s'enveniment entre les sociétaires. Tancé, le biologiste en ricane qui a l'outrecuidance d'aller frapper un avis dans le noir des boyaux, « Martel est un salaud » et, plus loin, toujours à la peinture, « Merde pour Martel ». Envoyé ! Du propre ! Pour l'heure Armand Viré regarde le dernier des cinq hommes avalé par le trou avec sur l'oreille le cornet du téléphone d'où lui remontent des bougonnements.

Les bougonnements sont ceux du funambule entré dans la gueule car il s'empêtre dans les jeux de dragonnes. Il pend au vide, ses pieds réglés aux échelons, cinquante mètres de descente, les fesses soulagées par une planchette attachée en bout de corde mais elle le scie, il préfère « aider son cul », lui donner toujours un peu d'avance par la force des bras. Sa bougie s'avachit à l'avant du chapeau, penchée, elle vient de s'éteindre, le fil du téléphone se prend sous une aisselle, il peste à l'aveugle, ronchonne – « … l'engin de monsieur Viré, tout plein de berlificotis ». Encore vingt mètres, 16 h 30, dix encore, l'émoi des pieds, s'ils allaient toucher la dernière ration de l'échelle avant la bonne mesure du trou. Fin d'à-pic. Sitôt accosté le danseur d'abîmes se prête à son habitude, faire quelques pas et uriner dans le noir, à l'écart, il a sa pudeur. Puis il se braguette, renifle et prend le combiné d'où lui descend la voix d'Armand Viré. On ne dit pas encore « allô » mais « oh eh ! ».

« Oh eh, vous m'entendez ?

— …

— Eh… »

Le son crachote, des bafouillis. L'acoustique gargote comme si l'obscurité s'en riait. Celui du bas se borne à répéter qu'il n'entend rien. Fin de rotation, il laisse l'émetteur et va s'offrir un petit tour des galeries sous de grands éclairages.

Les grands éclairages sont dispendieux. Ils consistent en des rubans de magnésium que Martel fait venir d'Angleterre. Mais alors la lumière porte loin, Louis en brûlera comme jamais (Louis Armand, c'est son nom), plusieurs bobines afin de s'éblouir de ce qu'il n'avait jamais vu, une forêt de corail brumisée d'étincelles, quatre cents fûts stalagmitiques, gros et petits, des arbres de nacre médusés avec des troncs de toutes les formes, en piles d'assiettes, crêpés, en choux-fleurs, moutonnés de bourgeons comme des pommes de pin, ici des nénuphars pétrifiés, là des aiguillettes de givre, partout des tuyaux d'orgue à teintes roses, jaunes et blanches, le palais des dégoulinures qui de nos jours encore recueille trois étoiles au guide Michelin. Trente-six chandelles ; au jour de sa vie Louis en vacille, les yeux piqués au magnésium, plus ébahi que la petite fille aux allumettes. Quand il remonte les quatre-vingts mètres à l'enthousiasme des bras, le dimanche prend fin, il est trop tard pour que Martel descende dans l'à-pic.

II

Louis Armand est de Parrache, Aveyron, né le 23 août 1854, fils de Jacques, journalier, et d'Eulalie Rascalou, mère de neuf enfants. Serrurier en titre, bon touche-à-tout, il épouse Irma Girard, lingère, une femme au profil agréable qui à peu de chose près mesure deux mètres de haut. Irma a une gêne à l'église, au confessionnal, ses jambes n'y entrent pas, on les voit dépasser du rideau, de biais, avec une grande pointure aux souliers. Elle et Louis vivent au Rozier, près de Peyreleau, à la rencontre du Tarn et de la Jonte, dans une maison contiguë à l'hôtel des Voyageurs. Le serrurier élude la foi, évite l'église, sacrifie aux idées républicaines dont il ne parle pas trop haut, hors les cafés où il se fortifie le foie avec Milou – le vieil ami, Émile Foulquier. De taille banale, Armand a des sourcils potelés et le contour auvergnat avec des épaules disparues sous un tablier bleu, des pantalons qui tire-bouchonnent et le chapeau du matin au coucher. Il pense qu'un nez c'est un nez, on l'a comme ça n'allons pas contre, le nez ou les yeux, mais le visage a droit aux garnitures : la moustache, cet habit du nez.

On voit souvent Armand et son ami Foulquier quadriller les causses, le Méjean, le Noir, le Sauveterre et le Larzac, par amour des horizons, parce que les deux compères ont un penchant pour les cavernes. Égoutiers des entrailles par loisir. Avant de descendre, Louis quitte la blouse, elle dérange le mouvement. Il la remplace par un plastron de cuir élimé par l'usage, ça et une chemise en grosse laine, des pantalons rembourrés aux genoux comme au derrière, des godillots ferrés. Pour son soin, Armand ne va jamais sous terre sans une bouteille de tonifiant glissée dans sa besace qu'il partage avec un morceau de brebis ; c'est sa coutume au fond des trous, pisser dans le noir, tendre l'oreille aux voûtes, l'auditorium des gouttes d'eau, tirer le bouchon, entamer le litre avec, sous la dent, un morceau de brebis à température, dans le frisquet des sous-sols, une griserie. Un encas dans le noir, la chandelle, ce fromage mou et le laiteux des stalagmites.

Au Rozier, Louis Armand trifouillait des loquets et des blocs de serrures lorsqu'on vint le chercher en juin 1888 pour les besoins d'un monsieur dont l'embarcation, l'*Osgood,* avait cogné sur les rochers. Cette rencontre avec Édouard-Alfred Martel scella le duo des avens pour des années. La belle majorité des deux cent trente théâtres souterrains qu'aura sondés Armand ne va pas sans l'homme de loi. Louis l'a précédé sur des kilomètres de galeries inconnues, il a pagayé dans le noir à l'avant de l'esquif, il a tiré Martel de la noyade, ensemble ils ont marché à quatre pattes au fond des puisards, gadouillé dans les vasques, dormi sous la terre, sur des lits de camp, côte à côte, le serrurier et l'avocat. Toujours en tête, Louis s'est risqué dans les gouffres vierges ; premier aux grandes manœuvres, il s'est prêté à des centaines d'incursions dans les boyaux de Padirac pour le compte de l'avoué parisien, il a supervisé la construction de l'escalier menant au fond de la tanière à touristes, de la ferraille entrecroisée sur quarante mètres, plus de cinq cents marches, huit mois de montage. Il a scellé des mains courantes un peu partout dans la calcite, des poignées et des échelons de fer et il s'est effacé devant la gloire de Martel. Martel se sent une dette morale à son égard, une obligation dont il s'acquittera, en partie, ce fameux soir du 19 septembre 1897, lorsque « son commis des bas-fonds » reprit pied sur le causse Méjean après sa découverte ; une main sur l'épaule, il lui déclare que cette nouvelle pépite de la terre aura pour nom l'« aven Armand ».

Toutefois entre eux un pied d'égalité serait inconcevable. Monsieur Édouard-Alfred est de la ville, et laquelle! Il est instruit, lettré, sa profession est au palais, il a du bien, peut-être pas autant que ses cousins Gaupillat, multimillionnaires, auxquels Armand fut présenté, mais du bien, de l'aisance. Joliment marié, sa femme Aline de Launay est rentière, elle ne lui donnera pas d'enfant. Il fréquente toutes sortes de gens issus des sociétés savantes et industrielles, des gens devant lesquels Louis s'empourpre. Martel place en bourse, Armand va répétant son adage à Irma, un dicton familier touchant l'économie : « L'argent a la queue lisse. » Pas plus affreux supplice lorsqu'il reçoit une lettre de Martel lui annonçant sa venue sur le causse, des billets auxquels le serrurier doit répondre. Il sait écrire et ne sait pas où sont ses fautes sur la page ; mais il sait qu'elles y sont. Chaque fois Rascalou vient lui prêter son écriture et l'orthographe, alors seulement Armand relit la lettre du cousin Rascalou avec les yeux de Martel, nette de bévues. Les lettres de Martel sont pleines de chaudes ponctuations qui le confortent mais dont il n'oserait pas l'équivalent, partout « mon bon ami, mon fidèle Armand, mon bien dévoué... ». Pour Louis en retour, l'écart irrattrapable lui interdit les familiarités, l'usage du possessif, « Mon cher Martel ». Il faut voir Louis à la gare de Millau, quand Édouard-Alfred descend du train alors qu'il vient le chercher, comme il s'essuie les paumes et leur revers par deux fois sur son tablier avant de serrer la main du patron. Il faut voir la tête d'Irma quand l'époux revenu de la gare tient dans ses mains ce que monsieur Martel lui a ramené de la capitale, des bretelles à motif imprimé, d'un chic, à pinces, et pour elle, Irma, des mouchoirs du *Bon Marché*. Il faut voir Louis partager un morceau de viande froide en haut des causses avec Martel et son ami Viré, ceux-là ne font pas de manières, crottés comme lui et pourtant, ils en font, leurs gestes de manger. Il faut voir Louis après l'encas de midi, à l'abord d'un gouffre, quand la conversation s'engage sur des sujets ne le regardant pas, la politique ou la banque, comme il fait quelques pas à l'écart, une brindille aux dents, soudain happé par l'étendue, un panorama dont il connaît chaque mamelon, Armand comme qui prend le vent, ne pas se mêler aux discussions des messieurs. La haute. Il s'absente à part lui avec cette insondable introspection qu'ont les portraits des Orientaux quand, au surplus, Armand de dos se compose les épaules, veille à son port, s'époussette la moustache. Enfin il fallut voir Louis quand Martel plein de prévenances feutrées lui suggéra d'acheter un costume pour les occasions officielles, les collations, les remises honorifiques, « car vous en serez mon brave, vous en serez ! ». Alors il fit le voyage du Rozier à Millau pour un veston, une chemise en coton et des chaussures de ville, un budget. Aussi un chapeau neuf. Des habits dans lesquels il se sentait penaud, Louis Armand debout dans les banquets guindés, entre monsieur le préfet et monsieur le sénateur, comment se mettre ? Sa main dans la poche, il aimerait tâter de ses doigts la portion de brebis qu'il goûte seul au fond de la terre.

Martel l'estime, Armand a sa pleine reconnaissance mais après dix ans d'escapades communes il demeure un journalier rétribué au service rendu, certes le contremaître des expéditions mais toutefois un employé. Métayer des cavernes, un second. Martel le voudrait-il, il ne saurait le présenter comme un associé à parts égales, ne serait-ce qu'aux yeux des cercles qu'il côtoie. Et au fond de lui, l'aurait-il souhaité ? Lorsqu'en juin 1893 son ami Louis Martrou, membre de la Société de spéléologie, se cherche un guide occasionnel, il lui recommande son fidèle homme de main avec des mots qui sonnent comme un lapsus : « Voici les conditions dans lesquelles je traite Armand, cinq francs par jour, plus la nourriture… » *Traiter Armand* et non *traiter avec Armand*. Et la phrase se prolonge, « plus encore un pourboire quand on est satisfait de lui » ; comment s'empêcher de voir dans ce *on* le sceau indélébile d'une distance sociale ? Pour services rendus, les émoluments de Louis sont envoyés sous forme de mandats, tout un embarras, une journée de perdue pour aller toucher son billet à Florac, un long chemin de mules avant de se frotter aux bureaux de l'administration. N'empêche, Louis a désormais son aven, frappé à son nom, quand de ce jour sa vie va tourner au poison.

Une grotte à son patronyme, Armand peine à retenir sa gloire tandis que Martel et Viré vont répétant de ne surtout rien dévoiler tant qu'elle n'est pas acquise. Un contrat avant tout, ils vont s'en occuper, on le lui doit bien. Parfois Louis se permet des bouffées d'importance auprès d'Émile Foulquier, dans la salle à boire de l'hôtel des Voyageurs. Avec Irma aussi comment s'en empêcher, elle va lui donner un enfant, le second après Léontine décédée en bas âge. Cependant cette grotte, Louis ne la possède pas. Il lui faudrait jeter ses économies dans un gouffre, acheter du vide, un trou en fonds privé, avec des sous. Et puis il y a les lois. Martel en ces sujets est le bon conseiller, il en a vu d'autres avec Padirac, les quinze paysans du causse de Gramat, d'ailleurs l'avocat l'a devancé et, le 18 octobre 1897, Armand enfile le beau veston de Millau pour rejoindre l'étude d'Adrien Fabié (notaire, un ami d'Édouard-Alfred), à Peyreleau, non loin du Rozier ; il a dû traverser le village devant tous, accoutré de neuf. Ce lundi-là pour vingt francs or, Auguste Bertrand lui cède une modeste parcelle couvrant le joyau en la présence de deux brigadiers, témoins, 7 850 mètres carrés d'arpents au-dessus du ravin. Partant, l'article 552 du code civil le rend propriétaire du tréfonds. Irma est à trois jours d'accoucher lorsque Louis s'encostume à nouveau, 5 novembre, reprend le chemin du Peyreleau pour les grandes affaires, des actes sous seing privé, ceux du consortium de l'aven Armand portant les parts de dividendes en cas d'exploitation. Le document égrène le nom des actionnaires, dans cet ordre : Martel 35 %, Louis Armand 25 %, le cédeur Auguste Bertrand 20 %, Adrien Fabié 15 % (c'est le notaire !), enfin 5 % pour Hippolyte Causse, celui qui a rejoint les découvreurs sous la pluie. Relevons qu'un nom manque au tableau, celui de Viré. Le biologiste attend son heure ; encore un peu, il ira retrouver l'ancien propriétaire en sous-main, cet Auguste Bertrand, obscur paysan, sociétaire à 20 %, la *start-up* de l'aven Armand, 20 % qu'il acquiert pour mille francs or, un magot. Il en rira Bertrand avec les siens, « un jour y me déboursent vingt francs d'or pour un anus à engouffrer des vaches puis y rallongent mille en or », mais bon, sa descendance ne rira pas tant. Mille francs or, la mise de Viré, cinquante fois plus que celle du serrurier, lequel exulte car pour l'heure il peut parler, tout son saoul, à l'hôtel des Voyageurs et dans les rues, dire à la face de tous qu'il est détenteur d'un aven à son nom. Il va jusqu'à recevoir du beau monde, un correspondant du *Courrier de la Lozère* qui peine à prendre des notes. La gazette rapporte que Louis Armand s'était rendu au « maître trou » quelques jours avant la trouvaille, seul – et contrairement au récit de Martel. Il relate : « J'y allais seul. Une corde de cinquante mètres dévidée dans la tirelire fut avalée sans me dire le fond, de quoi alerter monsieur Martel à qui j'ai dit comme ça, "je suis sûr qu'il a quelque chose dans l'estomac, celui-là, c'est une idée que j'ai comme ça [...], j'ai un pressentiment que vous serez content". » L'article paraît le 7 novembre, sa fille naît le lendemain, Louis vient de mettre un pied dans la hantise.

III

Ça a commencé par les nuits, quand Irma allaitait, des nuits dentelées d'images adverses au sommeil. D'une part, Armand se souvient comment la grotte de Dargilan fut chipée aux pionniers par une bande de spéculateurs. « Dès lors les visites affluèrent. Une société se forma, on acheta la grotte et nous, premiers initiateurs, nous fûmes écartés au point de ne nous laisser entrer dans l'abîme qu'une pièce de cent sous à la main. Cette manière peu courtoise [...] me tarabustait la cervelle. » C'est pourquoi il a de longues conversations avec la nuit, dès le coucher, et lorsque enfin l'insomnie parvient à s'endormir, Armand la réveille. D'autre part, son bel aven cloche sur un point. L'entrée n'a pas les qualités d'ouverture du gouffre de Padirac, on y pénètre par une glotte étroite avant l'épouvantable plongée, quatre-vingts mètres en fil à plomb. Il faudrait Augias et Crésus à la fois, mille fortunes et autant d'ouvriers, agrandir la bouche, aménager l'igue, maçonner la voûte d'où partiraient des volées d'escaliers en zigzag, un élévateur peut-être, des cabines mécaniques, une machinerie de toute façon, et puis daller, arrimer des passerelles le long du parcours, apporter le gaz à coups de conduits, qu'on y voie beau, bâtir sur le causse un relais où les mulets reprendraient pattes durant la visite. Où trouver les millions ? Ce n'est pas tout, il faudrait des préfets pour décider d'une route honnête aux roues, tracée depuis Meyrueis ; le confort des chemins, va pour nous autres, mais ceux venus par plaisir ? Martel lui a bien dit, « ... nous vous aiderons Armand, vous pouvez compter sur nous, patience, nous serons là » (toujours ce geste de lui pétrir l'épaule), cependant deux années passent, sans un clou. Édouard-Alfred a revendu sa charge parisienne pour mieux administrer son gouffre à lui, le Padirac. Il a redit à Armand les avantages de la publicité, se faire connaître, piquer l'intérêt des visiteurs, alors le serrurier a conçu une réclame placardée sur un mur de l'hôtel des Voyageurs. En vain. Six ans de mieux, de son côté Viré a déniché les grottes de Lacave, en Dordogne, qu'il aménage à grands frais. Chacun son antre. L'ami Émile, Milou, est désormais guide-chef à Dargilan ; s'il ne possède pas de ravin à son nom, au moins s'occupe-t-il utilement, c'est ce que pense Irma quand elle pense de Louis : couillon. Ça ou andouille.

L'aven du Méjean procure à Louis le tournis des bonheurs tandis qu'il brise l'homme. Légalement, il dispose de son gouffre, il peut y descendre comme bon lui semble, y amener des curieux mais qui s'y risquerait ? Quelques intrépides, très peu, ils seront une vingtaine dans toute son existence, pas plus. Monsieur Martel lui a cédé du matériel, cordage et lumière, encore Louis doit-il partager le fruit des rares visites avec ses associés, des sommes absurdes au regard de la fortune, certes, mais Martel insiste, « il est dans votre intérêt de comprendre les principes de l'actionnariat ». En plus des échelles de corde fixées à demeure, l'époux d'Irma a installé un treuil près de l'orifice, avec un câble, une benne dans quoi mettre ses pieds, pour soulager le poids du corps. C'est sa femme qui l'actionne depuis le haut. Elle va mouliner dur toute la journée du 16 août 1899, treize visiteurs d'un coup dont la plupart sont grottologues mais pas seulement, il se trouve parmi eux un certain monsieur Lubin, un personnage qui pourrait renverser le sort d'Armand. Une aubaine, ce Lubin est influent, directeur de l'Agence des voyages touristiques et économiques, c'est dire si Louis va le soigner dans l'abîme, jouer du magnésium, plein les mirettes. Pour lui la visite sera gracieuse mais dès l'entrée les choses connaissent un mauvais tour. Alphonse Lubin entend descendre tel qu'il est, en costume impeccable, repoussant le bourgeron de grosse toile que lui avance Armand, les jambières et le casque de cuir bouilli. D'un pas sûr, il prend pied dans la benne avant de vivre ce qu'Albert Agulhon rapporte des premiers instants de la descente. « Un regard furtif jeté vers le fond noir du gouffre amenait un tressaillement de crainte. Mais la tête était encore dans la lumière, on voyait penchés anxieusement sur vous les regards de ceux qui, comme vous, allaient tout à l'heure tenter la même aventure et dont la sympathie, toute muette qu'elle fût, était un encouragement… et on continuait à descendre. Bientôt la tête même plongeait dans l'abîme, et comme les hommes dont aucune émotion n'altérait les gestes continuaient à laisser filer la corde, il fallait bien suivre ce mouvement. » Louis aux petits soins l'encourage depuis le fond, « je suis là monsieur Lubin, plus que vingt mètres, tout doux, vous y êtes presque ». En bas, ce Lubin montre une gueule décomposée, peu vaillant, il a le teint cireux de la caverne. La visite s'éternise, il se lasse des splendeurs rococos, des tournesols pétrifiés et des pendeloques sous plafond, il grelotte dans son habit de flanelle, aussi sa confiance en lui-même prend du mou alors qu'il faut sortir de là. Ses bras n'aident en rien, il les a le long du corps, les pieds dans le seau quand ils sont cinq sur le causse à le hisser comme un sac d'orge. Bientôt ses esprits se brouillent, c'est que la corde de treuillage s'entortille à l'échelle, Lubin fait la toupie, dans un sens, dans l'autre, dans le noir. Le plus dur reste à venir, à l'approche du goulet terminal. L'homme se présente de dos à la paroi, ses épaules heurtent, sa tête aussi. On a beau hurler depuis le haut, jouer du cor de chasse, il n'aide pas, et de tirer, de le faire penduler afin qu'il se retrouve dans le bon sens. Un cheval prête sa force car il faut bien l'arracher de ce pas, et Agulhon conclut : « Il revit la surface à minuit, dans un piteux état, ensanglanté, évanoui au terme de dix-neuf heures sous terre. » Autant dire que d'Alphonse Lubin il ne fut plus question.

En dépit du fiasco et contre la raison d'Irma, Louis se persuade que Martel, bientôt, lui et son entourage, vont lever des fonds pour équiper l'aven mais rien ne point. Sa fille Louise a maintenant neuf ans et le trou reste tel qu'il l'a découvert, éloigné de tout, impraticable, comme vierge. Parfois pour les fins de mois il va faire le guide à Dargilan avec l'ami Foulquier. Dargilan, une attraction dont la renommée va se répandant par tout le département, une grotte aisée, facile d'approche, rondement dirigée par ses promoteurs de la France pittoresque, six cents visiteurs à l'année, un vrai théâtre, pas cette barbacane perdue sur le causse Méjean. Enfin, un jour de 1906, Martel lui écrit, il a de grandes nouvelles dont il ne peut rien dire encore, « c'est en bonne voie ! », une lettre pleine de secrets et de points de suspension. Une autre lettre, « les choses s'annoncent bien pour vous... Mais chut ! » L'issue tarde mais enfin la voici : Édouard-Alfred aura bataillé, c'est un peu grâce à lui qu'Armand reçoit... la médaille du Mérite agricole. En effet, Martel a vraiment dû faire des pieds et des mains afin qu'un serrurier soit reconnu pour services rendus à l'agriculture. Quant à des capitaux, point.

À compter de cette année Louis va rabattre ses illusions, lassé des fosses, de la sienne d'abord. De toute façon la guerre s'en mêle, quatre ans sans songer à l'escalier monumental. Cinquante-deux mois de conflit et pour Armand quatre-vingts mètres infranchissables. L'armistice le laisse à ses soixante-quatre ans. Taciturne, affadi, son regard a gonflé, têtu d'on ne sait quoi. Il a plié en trois l'acte de propriété, un papier disparu quelque part dans son établi, huilé par les blocs de serrures. De lui Irma ne pense plus « couillon », ou elle le dit comme un mot tendre, elle pense plutôt, « pauvre Louis ». Leur fille Louise est devenue madame Laumière, mariée à un poseur de voies ferrées ; elle est garde-barrière aux Ajustons, en Lozère, à trois heures de carriole. Émile Foulquier n'est plus, Louis boit seul mais le fortifiant n'agit pas comme avant, ou plutôt il agit trop depuis qu'il est passé à l'absinthe, une cochonnerie de feu, cinquante degrés. Sa vue baisse, son estomac le cuit. Il meurt le 22 janvier 1921.

Un hommage appuyé d'Édouard-Alfred paraît l'année d'après dans le *Bulletin du Club cévenol,* puis deux épilogues se rappelleront à l'éternité de Louis Armand. Le docteur Frédéric Bompaire, de Millau, est à l'initiative du monument de Martel érigé au pont de la Muze, entre Le Rozier et Peyreleau, à la fourche des gorges du Tarn et de la Jonte. L'ensemble ferait penser à un calvaire, il a quelque chose d'affreusement « rocaille », on est allé scier de véritables stalagmites au fond de l'aven Armand pour élever le buste de Martel à quatre mètres de hauteur, de son vivant, une œuvre de Joseph Malet. Le spéléologue a un regard de bronze, le port altier, il domine l'Aveyron quand Armand est relégué sur le socle, sa tête émergeant de l'étage inférieur, prête à s'enfouir dans l'aven. Une plaque rapportée au bas de l'édifice est frappée du nom de Martel en grandes capitales. Il faut renverser la tête pour lire celui du contremaître gravé en tout petit, de biais, sur un barreau d'échelle, et encore, tout le monde s'est trompé, on fait mourir Armand en 1922, un an après la date, l'erreur dans le bronze. Martel dévoile sa stèle en juin 1927, très modeste, filmé par la Gaumont.

Quant à l'aven, on se souvient d'Adrien Fabié, le notaire avec lequel Armand traita. Il a des billes dans le gouffre, 20 % sur recettes. Après décès, Fabié et son ami Martel obtinrent d'Irma le droit de descendre à loisir dans le terrier de Louis. Aidés par deux entrepreneurs en travaux publics, messieurs Pin et Tondut, ils imaginent le percement d'un tunnel latéral creusé en pleine roche dont l'issue donnerait sur un flanc de l'aven afin de réduire la portée du vide. Au reste, le conseil général de la Lozère vote l'élargissement de la route conduisant au plateau, depuis Meyrueis. Irma vit désormais aux Ajustons, chez sa fille et son gendre, Henri Laumière, elle aide Louise au passage à niveau quand s'annonce une locomotive, elle connaît quelque peu le métier, tourner la manivelle, elle l'a fait comme lingère avec les premiers modèles de lessiveuses, elle a treuillé pour son époux, à présent les trains. Convaincue, lasse du siphon de malheur, elle vend l'aven de Louis et tous les droits, 21 mai 1925, puis tout va vite. Un acte notarié consacre la Société anonyme de l'aven Armand au capital de 800 000 francs en présence de maître Layral, notaire à Millau (23 juillet), capital relevé à 1 100 000 francs le 1er août. Les mots d'insulte lardés dans les galeries de Padirac sont oubliés, Martel et Viré se sont rabibochés, leurs noms figurent au conseil d'administration. Martel est président du consortium, secondé par Édouard Eiffel, le fils de Gustave, vice-président. De nos jours, dix millions de personnes sont descendues dans l'aven Armand.

Édouard-Alfred meurt en 1938, Irma dix ans plus tard. On doit à Daniel André, spéléologue, la publication d'une lettre de Louise, poignante et ingénue, qu'il faut citer longtemps. La fille d'Irma a soixante-dix-sept ans. Mot pour mot : « Je trouve injuste que jamais personne de la société [Aven-Armand] ne se soit occupé de moi, du sort de ma vie. [...] J'ai ma fille veuve avec ses trois enfants. Son aînée est veuve aussi avec deux enfants, nous sommes sept personnes à vivre tristement, et quand je vois que mon père, à son dépens, qu'il a laissé sa santé pour faire la fortune de toutes les gorges du Tarn ! Et maintenant, ils vont jusqu'à vendre des souvenirs portant son nom et dont personne ne nous a demandé l'autorisation ; eh bien ! il y a un peu d'abus. Si la société ne me fait rien pour vivre à ma fille et à moi jusqu'à notre mort, étant donné que c'est mon père et à elle son grand-père, donc nous sommes dans le grand besoin, je ferai interdire toutes publicités du nom d'Armand. Car c'est une faute qu'il y ait des profiteurs et que moi je suis dans la misère » (6 février 1974).

IV

Armand la dernière fois. On est venu le trouver à l'hôtel des Voyageurs, dans la salle du bas, en septembre 1920. Il a l'œil à la fenêtre avec de grandes lunules sous un regard éteint, une lenteur à comprendre les jours, une main sur la toile cirée avec la paume au ciel, l'autre fichée entre ses pantalons. De son cou pend une serviette. Devant lui un verre d'absinthe. Voici quatorze ans qu'il tient son serment, ne plus prêter son postérieur à aucun souterrain, seulement voilà, on est venu le chercher. C'est pour la demoiselle Donnadieu, celle du Cros-Roux, elle n'est pas revenue de deux jours. On l'a aperçue le dimanche sur les plateaux près de Vébron, certains pensent qu'elle s'est mise dans l'aven de Deïdou, d'elle-même. Le Deïdou, Louis en a inauguré le bas, il y a vingt-huit ans. Une méchanceté de trou, comme un larynx, tout noir, un fort à-pic au pied d'une colline plantée de pins, une plongée de quatre-vingts mètres où personne n'ose aller. C'est pourquoi on vient le voir, ils ont insisté. Louis n'a pas dit oui mais comme pas non il est rentré chez lui. Dans sa resserre sont enroulées les cordes de Martel salies de foin, assez de longueurs pour le Deïdou. Le bonhomme a chargé quatre-vingts mètres d'échelons, et dix de mieux pour le cas, en plus des crochets, d'une poignée de paraffine et d'un rondelet de brebis. Il faut deux heures de chemin depuis Le Rozier, deux autres au retour en plus de la descente, à son âge, aussi Armand attend-il qu'une nouvelle journée commence – encore, si le ciel est sage.

Là-haut le lendemain, les gars de Vébron l'ont aidé à débrouiller la bonne mesure de corde, une grande longueur aussitôt aspirée par le puits. Les parents Donnadieu ne sont pas venus, c'est mieux ainsi songe chacun, et Louis s'est mis au vide, dans la goule, sans téléphone, toute sa carcasse, sur l'escarpolette. L'agilité n'est plus la bonne mais ses bras portent à condition de répits, une pause parfois, soutenu depuis le haut, Louis s'écoutant respirer, et quand le repos lui est rendu, son souffle fait un drôle de bruit, quelque chose de timbré, un enrouement continu que renvoie l'étroitesse du goulet. Les derniers mètres s'évasent, les pieds touchent une forte pente où un pierrier les reçoit, du gravât susceptible, un roulis, le caillou marâtre. Armand fait ce qu'il a à faire, d'abord, quelques pas à l'écart, uriner devant lui, puis il descend l'éboulis. Pas besoin de magnésium, la fille est là, à plat ventre, Marie Donnadieu, les bras devant, la robe comme ça ne se fait pas découvrant ses jambes, alors Louis s'est assis sur le moignon d'une stalagmite. Il a ôté son chapeau pour la demoiselle. Armand tient son fromage dans une main. Devant le corps de la jeune fille, il a en bouche un goût de brebis et dans les yeux les grandes martingales avec Martel. Il mâche avec au-dessus de lui ce qu'il sait, sans devoir lever la tête, le ciel et l'orifice.

Une blessure

Pour Maryline Pirard

Pas plus vive âpreté que les sombres batailles d'intérêts qui opposèrent durant des années les chevaliers de la finance, Rothschild et les Pereire, il s'en faut. Placements, émissions prolixes, coups de dés à millions, sociétés anonymes, cavalerie boursière, immobilisation de capitaux à vertige, leur lutte sonnaillait au parquet de la Bourse et dans les plus tortueux couloirs des ministères, on en relevait l'écho aux séances parlementaires, dans les recoins de l'assemblée. L'étripage des banquiers connut un pic à la mi-temps du dix-neuvième siècle lorsque les frères Pereire, Émile, le moins rondelet des deux, Isaac le benjamin, prirent rail en Autriche. Leur jeune enseigne aux dividendes mirifiques – le Crédit Mobilier – s'invita sur la carte autrichienne comme une locomotive à toutes bielles, charbon à gogo. En quelques mois leur nouvelle Société des chemins de fer de l'État pullulait de profits impétueux. Toutefois le rail est une fontaine de coke à doubles lignes parallèles ; la branche Rothschild s'octroya le réseau méridional jusqu'au limitrophe de l'Italie, l'Autriche couverte d'acier en peu d'années. Contre les frères Pereire, les Rothschild caressaient leur va-tout : Vienne est lié à leur dynastie. L'un de ses rejetons, Anselm von Rothschild, fonda le *Creditanstalt,* un empire bancaire qui fusera loin dans le vingtième siècle. Anselm est familier de l'empereur François-Joseph, lequel d'un coup de plume lui alloua un monopole aux trois cornettes, celles de l'industrie, de la banque et du commerce. Et voici les Pereire à la porte du bastion austro-hongrois. Aux frères de faire tinter leurs placements dans d'autres contrées, de spéculer ailleurs sur le cadastre de l'Europe, de vendanger des dividendes extraordinaires en Espagne, au limitrophe du Moyen-Orient, d'asseoir des têtes de pont dans le transport maritime, les compagnies de bus, le bâti, les assurances, le prêt.

Brûlons les années. Issue de Vienne, la grande panique de 1873 va provoquer l'effondrement du florin, la chute du franc, du Goldmark et des shillings, jusqu'aux monnaies outre-Atlantique, une dégringolade qui fera l'argument très feutré d'une opérette de Strauss (*Die Fledermaus*), des vocalises. Tout est parti d'une démence immobilière dont Isidore aura suivi l'intrigue, depuis les premiers frémissements jusqu'aux derniers temps du fiasco, Isidore Audoubert, homme habile, tacticien et grand muet, dévoué aux Pereire, corps, âme, partout dans leurs petits papiers. Vingt ans plus tard l'onde de crise connaissait ses derniers clapotis alors que les Pereire n'étaient plus. Leur empire passa aux mains d'Eugène, rejeton d'Isaac, un fiston plein d'avenir incarnant le brio familial. Épeler le palmarès des compagnies dont il fut administrateur rendrait la fièvre quoique ces sociétés ne fussent que confettis au regard de son chef-d'œuvre, la Banque Transatlantique, issue de son génie et de son capital. En 1895, les vieilles noises opposant sa famille aux Rothschild s'étaient tues et Eugène à son tour entendait bien tâter de l'Autriche ; il lorgnait du côté de Vienne, que la Transatlantique noue des accords avec le *Creditanstalt-Bankverein*, et pour cela un homme, seul capable, Isidore Audoubert, un nom d'hémistiche, un demi-alexandrin, un nom qu'Émile et Isaac, gagas, citaient dans leurs vieux jours lorsqu'il leur remontait des souvenirs de la haute finance.

Eugène et Isidore ont en commun l'École centrale, à dix ans près. Audoubert est aisé, sans fonds propres, il valorise les capitaux d'autrui. Retranché, il incarne à lui seul le mélange de deux mots accolés, « société anonyme ». Pour l'un, il fut au fondement de la Société Générale (1864), il fricota avec l'Union Générale (1878) avant d'offrir ses acuités boursières à la Banque Transatlantique ; pour l'autre, il est d'une puissante discrétion, insaisissable, fade et, sinon les cotations boursières, rempli d'inappétit. C'est ainsi qu'Isidore toucha Vienne le 28 novembre 1895 avec son secrétaire (Henri Tancogne, un bien vilain nom pour un homme de confiance), un séjour d'une petite semaine afin de croiser les intérêts d'Eugène Pereire à ceux du *Creditanstalt*.

Isidore Audoubert porte à peu près son âge, la soixantaine dans les traits, une maturité blême de laquelle se dégage un célibat indépliable. Buriné conjugal, quelque chose l'annonce dès l'abord sans être grand clerc ; ni veuf, ni accidenté par une ancienne passion rédhibitoire, un monsieur sans passades, pas même adepte des pratiques séditieuses. Comment le dire ? Son teint le dit. L'homme est d'un mètre soixante-dix, de silhouette passable, molle, d'aspect inaperçu, sans embonpoint sinon un subit renflement vers la fin du ventre. De visage cireux. Sa toilette et le soin de sa calvitie parlent des gestes d'hygiène qui président à ses journées. Pas de moustache, rien au pourtour de la bouche, un peu du bleu des bien rasés en manière de favoris. Il se parfume – il sent les sels. Qu'on fût cocher, concierge ou président de consortium, n'importe qui sans y songer concevrait qu'Isidore avait le soir la marque de ses porte-chaussettes ceinte à mi-mollet et que ses nuits se passaient sous la coiffe d'un filet en résille. Banquier des banquiers aux préférences décolorées, au charisme indolent, sans mélancolie mais âpre, il a des relations tentaculaires dont aucune ne regarde l'amitié. Seules les affaires. Audoubert est au douillet dans le meilleur de la monotonie. En fouillant son caractère on chercherait en vain une trace d'épicurisme. Pas de descendance, plus de parenté, aucune maîtresse connue ou de dévergondage, aucune incartade ancillaire, pas de cocotte, il ne fréquente ni bruit ni théâtre, la musique lui plaît mal, la peinture n'a sur lui aucun effet. Ses chaleurs littéraires vont à Taine, Thiers, Tallemant des Réaux, aux juristes italiens, Cesare Beccaria, les penseurs de l'économie mercantile que sont Carafa, Antonio Serra, surtout Davanzati et son traité génial dans lequel il établit un lien entre les flux monétaires et la circulation sanguine. Vigie des décroissances, sentinelle des déficits, il cède son temps aux journaux financiers, aux rapports des conseils d'administration, à la presse fiduciaire, aux valeurs d'escompte ; né pour l'ombre, la sphère politique l'anime sans qu'il y mette un doigt. Pour le reste Audoubert a des goûts taciturnes. Peu savent la forte connaissance qu'il a des champignons, sa plus vive passion ; il a lu d'assez près tous les livres portés sur la mycologie, lui-même dessine des morilles, des albums de coprins et de girolles rehaussées d'aquarelle, des pages de cèpes, les spores, pieds et chapeaux. Des pages bien rendues, une vie privée dans les vesses, les bolets et les truffes. Tous à l'échelle sur des feuilles écrues avec en marge le détail des lames vues par-dessous, la coupe, la calotte et l'ourlet pourrissant, des carnets de mousserons où l'on découvre les dignitaires à grandes coiffes et de plus fins, les phalloïdes clochées de leur prépuce, des familles de chanterelles, les pleurotes, les foies-de-bœuf qui font des bouses au ras de sol ou des polypes comme autant de casquettes accrochées sur du bois avarié. Audoubert sait rendre leur figure d'un trait de pinceau. Les mycoses de la nature.

Ces heures spongieuses données au dessin, au rez-de-chaussée d'un petit hôtel particulier, dans son cabinet Louis-Philippe dont les fenêtres ouvrent sur un parterre de lauriers égayés de valérianes, place Saint-Georges, à Paris, ces heures méticuleuses comptent parmi les rares moments où l'homme d'affaires se dégante. C'est que dehors ou chez lui, aux assemblées d'actionnaires comme à la Banque Transatlantique, il a le plus souvent les mains couvertes d'une paire de gants écrus, en chevreau, tricotés d'un passement au poignet, même au plus gros de l'été. N'y voyons aucune afféterie, aucun dandysme, cette habitude tient à une obsession, à la prudence perpétuelle de l'instant : Audoubert est hémophile. Bien que ganté, il se détourne des objets tranchants, du fer, du pointu, il craint les arêtes et les angles, les échardes. Il vit la hantise de l'écorchure. Son coupe-papier d'ivoire est à bout rond car il aime l'émoussé. Ses journées l'obligent à la correspondance, tourner des pages est au cœur de son emploi, il manie les rapports, or le papier est de minceur sournoise, il coupe en traître, par la tranche, et pour un être qui en est dénué, la seule coquetterie qu'on prête à Audoubert tient aux feuilles dont il use par métier : papiers pelure, papiers chiffon à bords ébarbés. Justement la barbe, on l'a dit, Isidore apprécie les joues glabres, et comme il n'ira jamais confier sa pomme d'Adam aux doigts d'un barbier, chaque matin, place Saint-Georges, il retient son souffle quand crépite le poil au passage du tranchant, quand frise le rasoir sous la ravine du nez, une main à la serviette, l'autre sans frémir, c'est chaque matin, la griserie en peignoir, le moment du coupe-choux. Pour un banquier ses poches recèlent non pas des grosses coupures, mais des compresses, des gazes et des pansements plutôt que des cigares. Il porte à tout moment un morceau de pierre d'alun dans sa doublure, une pierre qui fige le sang. L'homme est hanté d'un mot, le verbe « gratter », sans doute le seul du lexique qui désignât la cause et la réponse, le mal et le bienfait – « ça me gratte, je me gratte » ; le mot renferme son annulation, comme on cicatrise. Lui voudrait se gratter comme font les autres mais s'en retient. Isidore mesure chaque geste, se méfie des contacts, surveille les approches. Comme nul autre en abordant une pièce il fait le compte immédiat des objets dont elle est occupée, apprécie les distances, jauge les matières, l'affûté et le biseauté, le morfil et l'épointé. Il est possible que son ardeur pour les champignons traduise sa phobie de l'éraflure. De son point de vue, hors les champignons, la nature n'est que ronces. Il craint son jardinet de la place Saint-Georges, il ne voit dans les chats que canines. S'il aime les chiens!

À Vienne Audoubert se montra talentueux. Maître des débats avec ses homologues autrichiens, il sut les ramener à des sagesses usurières profitant à chacune des parties, avec des mots aussi madrés que vitreux, le tout consigné par Tancogne, son jeune secrétaire. Tous accords ratifiés entre les compagnies bancaires, il lui restait trois journées avant de regagner Paris, trois matins levé tôt à lire la presse dans sa suite, à monter et descendre les étages dans l'ascenseur à vapeur du Grand Hôtel viennois, un trajet vertical desservant la salle de télégraphie d'où Isidore transmettait des ordres, des valeurs, des taux, des tendances, des cours, des notes aux fonctionnaires de la Banque Transatlantique, son flair délivré à Pereire en personne, vers où pousser les prochains pions. Après les déjeuners au grand salon en compagnie d'Henri Tancogne, Audoubert quadrillait le pavé, or Vienne a ses pointes baroques quand le rond, la volute et l'enroulade sont des notions plaisantes à ses opinions. On suit ses pas à Saint-Charles-Borromée, les mêmes dans les palais du Belvédère, les revoici aux jardins de Schönbrunn par moins sept degrés, le banquier passe, ganté, couvert d'une longue pelisse tombée jusqu'aux jarrets. Sur les marches du Kunsthistorisches Museum, le lundi, au pas du fiacre, il régla le cocher en flattant l'encolure de la mule qui terminait sa course en renvoyant des balles de buée par les naseaux, conséquence du trot et d'un embarras pulmonaire. Dans le musée voici vingt salles où gober les splendeurs du passé. Ce qu'il en vit? Les primitifs l'accablent. Il voudrait bien s'intéresser mais l'émotion n'accroche pas, aussi devant chaque œuvre met-il sa lassitude à l'épreuve, s'oblige à des haltes marquées pour laisser monter le beau. Mais le beau ne vient pas. Isidore s'impose une moyenne d'au moins deux minutes à chacun des arrêts. Puis il passe au chef-d'œuvre d'après. Impavide à la Renaissance italienne sinon un Mantegna, sourd aux Flamands, de glace à l'école allemande. Altdorfer, Hans Baldung, des noms et toujours cette question : à quel moment cesser de regarder? Dürer lui fut indifférent et pour l'apport français, ma foi, Audoubert réprima une gêne devant le bouffon Gonella représenté par Jean Fouquet.

Las des vieilles merveilles, il ressortit du palais en doublant les siècles sans un regard pour Rubens, rien à Véronèse, pas même Poussin. Dehors le froid titrait moins neuf degrés. Il fit cent mètres, abruti de neige, les bottines incapables de faire la part entre le trottoir et la chaussée, Vienne frappé au blanc. Cent mètres encore, Isidore s'engouffra dans l'Académie des beaux-arts, de quoi laver ses caoutchoucs sur le parquet et détremper le flegmatisme de son jugement devant l'art ancien. Ici encore ça sentait le chef-d'œuvre mais là au moins, c'était plus petit ; le tout se visite en six salles. Dans les pièces désertes Audoubert s'usa l'œil sur les maîtres du passé, Van Dyck, là un Botticelli et le triptyque du *Jugement dernier,* Bosch, trois panneaux harassants de détails, trop à voir en une fois, des scènes décousues, ici une marmite, des hommes demi-poissons, un type à califourchon sur un couteau démesuré, des fourneaux, une savate à voile au bord d'un lac – l'œuvre d'un détraqué. Une chose lui plut mieux, le portrait raisonnable d'une femme par Rembrandt avec les yeux en place, le buste centré, le menton où il faut. Audoubert accordait le même temps à chacun des tableaux, deux minutes à la montre, un temps coupé en quatre : deux quarts pour le sujet, un quart pour le cartel (savoir ce que l'on voit, qui peint et quand), un dernier quart d'ensemble avec recul de trois pas. Memling, Dieric Bouts, encore cet Hans Baldung et Subleyras, puis, soudain, dans un coin retranché du musée, quelque chose.

C'est un petit panneau en hauteur et sans décor. Une femme est debout sur un arc de terre. Sinon elle et le sol, tout le reste est noir, d'un noir de jais, sidéral. L'arpent de terre courbe eut le don d'attendrir Isidore. Il n'avait pas l'allure d'une éminence, il évoquait plutôt une sphère portant cette femme en pied, nue, rousse, sans rapport d'échelle avec le sol, dans un effet de raccourci planétaire comme, plus tard, en useront les représentations du *Petit Prince*. En somme une allégorie. En se penchant sur la légende, le banquier Audoubert apprit qu'il s'agissait de Lucrèce, par Cranach, Romaine, abusée, s'ôtant la vie après les inconduites de Sextus Tarquin. Lucas Cranach a signé en bas à gauche, et daté, 1532. Le tableau est empreint d'irréel; plutôt qu'une nuit et plutôt qu'une terre, c'est une région marquée au creux de l'éternité, vide d'écho, à l'abandon des saisons, livrée à l'apesanteur, le plus petit des coins cosmiques. Le sol inculte est grêlé de galets qui font penser à des cratères lunaires, à des pustules ou aux ocelles que les crapauds portent sur leur dos – aux taches sur le chapeau de certains champignons. La triste minéralité des galets se rappelle au corps de Lucrèce par autant de petits cercles perlant sa nudité : le nombril, le pubis, les ongles et les tétons. Décidément cette femme n'est pas belle, d'une vieille juvénilité, mal bâtie, d'anatomie ratée, de quoi plaire aux façons d'Isidore. Le front est trop grand pour un tel visage, le regard est peu situé et les prémices d'un double menton vieillissent son jeune âge. Surtout, ses épaules sont vidées de clavicules. Plus bas le buste drôlement calibré montre des seins mal cintrés, là où on ne les attend pas, et un ventre louchant de côté. Pour le reste, elle a le bassin indécis, les hanches au mauvais endroit, un fessier sans bombance au regard de ses cuisses, bouteillées, deux genoux réussis, les mollets fluets et des pieds horribles, déformés de *valgus,* avec le gros orteil amputé d'une phalange semble-t-il, plus court que tous les autres doigts, des pieds impossibles. Audoubert reconnut dans cette façon primitive tout le charnel allemand. Cambrure veule, femme amollie, sa tête penche à gauche, et toutefois Lucrèce touchait au comble de la luxure selon les goûts indistincts du banquier, jusqu'à la confusion. Pitoyable figure sur fond de désolation, la dame de Cranach lui apparut comme le criant reflet de lointains idéaux érotiques. Un détail plus que tout enivrait Isidore. Elle tient dans la main gauche un linge translucide, d'aucune texture, ni mantille ni étole, quelque chose d'une méduse en ruban, une pièce d'éther qui effleure sa cuisse, croise son pubis, le ventre, s'enroule au bras droit avant de retomber sur la terre. Moitié membrane, moitié voile, sa transparence gazeuse filtre la nuit. Ce lambeau d'après viol flottant dans le noir tient de la semence et de l'hymen, il dénude Lucrèce plus qu'il l'habille. La Romaine porte une dague main droite, manche noir et garde de cuivre, une lame interminable, la pointe dirigée sur le buste, au mitan des seins, pas même au cœur. Il faut regarder de près, sous la couche de vernis, on distingue une larme incarnate, infime, elle perle sur la peau au contact de l'acier, Audoubert l'a repérée, si bien que le tableau met en mouvement l'imminence du geste, la suspension du temps contenu dans cette goutte de sang sur le point de couler, caillée depuis 1532, et, pour Isidore, l'annonce d'une prochaine effusion que rien n'arrêterait. Il lui semblait que la distance irrattrapable entre cette femme et lui tenait moins à l'écart séculaire, au maniérisme des formes juvéniles ou aux aberrations de volupté qu'à la retenue éternelle de cette rosée rouge inscrite sur la peau. Lucrèce en pied sur un arpent vipérin, quatre cents ans d'hémophilie, quatre cents ans de cicatrisation.

La dame se morfond dans un tableautin dont la hauteur ne doit pas dépasser trente-cinq, quarante centimètres à l'estime. Cranach l'a peinte à l'huile sur un petit écran de bois, du tilleul, et quant à Isidore, honorable en tout point, capable d'aucun lyrisme, il décrocha tout simplement le panneau à cinq heures de l'après-midi. Il s'y prit lentement, à deux mains, sans un regard à droite ou à gauche, abandonnant au mur un crochet désolé de son emploi. Sa pelisse n'avait pas fini de dégoutter. Sous l'un des pans il fourgua le petit univers de Lucrèce, le lot de galets, sa bouche torve, le suicide en cours et la nuit d'arrière-fond avant de traverser les salles d'un pas moyen, comme qui flâne, s'offrant même un arrêt devant le Grand Canal, Venise par Guardi. Puis le célibataire retira au vestiaire chapeau et serviette avec un rythme cardiaque parfaitement habituel quoique rien ne fût simple : d'une main gantée, enfouie dans sa poche, il soutenait le cadre, son coude étayant le panneau contre ses côtes, de l'autre, main droite, à la façon d'un élégant manchot, il récupéra son haut-de-forme, le porte-documents, sans presse, et puisque Audoubert est un homme poli, il gratifia l'employé d'un pourboire, certes chiche pour le prix d'un Cranach mais un pourboire comme il se doit, sans outrer la mesure. Rien n'y parut.

Dehors la neige avait recouvert ce qu'il restait de la statue de Schiller. Il n'y a pas loin de l'Académie au Grand Hôtel à la porte duquel le chasseur en queue-de-pie adressa au banquier un salut déférent. Pour ce soir il négligea les câbles d'Eugène Pereire, prit l'ascenseur à vapeur en compagnie d'un groom coiffé d'une calotte en carton, la Romaine à l'abri, carrée sous la doublure de son manteau alors qu'à chaque étage il éprouvait un petit vertige dans la cage de verre en voyant s'élever ses souliers au-dessus des rampes d'escalier, des tapis, des paliers. Dans sa suite viennoise pour une heure, il tint les yeux fermés le temps d'un bain, les bras dans l'eau, paumes immergées, fripées jusqu'aux picotements, puis se massa longtemps les pieds au droit d'une chaufferette, s'habilla. Tancogne et lui dînèrent au grand salon tandis que Lucrèce esseulée, chambre 107, la terre en haut, la tête en bas, pleine de ses lubies suicidaires, gardait la pose entre deux pantalons, dans la garde-robe. Audoubert s'endormit vers onze heures, satisfait des accords conclus avec les administrateurs du *Creditanstalt* et sans qu'il eût ce soir-là dévoilé sa belle égérie prête au pire sur son lit de cailloux.

À dix heures du matin Lucrèce tressautait sur les pavés de la gare Centrale, à plat dans une malle parmi d'autres bagages, sur un chariot à bras, contre des chemises de flanelle, celles de l'époque, celles qui descendent aux genoux – comme en montre Daumier pour moquer les bourgeois saisis dans leur intérieur. Elle doubla les frontières sans encombre alors qu'Isidore s'abîmait l'âme à la fenêtre du wagon, de Vienne à Munich, de Munich à Reims. Il songeait à la dame au-dessus de sa tête, dans le rack à bagages, enjoué du voyage en compagnie de la Romaine, distribuant des sourires aux collines, des amitiés aux arbres, des risettes aux aiguillages. Même wagon de Reims à Paris où elle prit le fiacre jusqu'à la place Saint-Georges. C'est ici qu'elle vécut drapée dans de grands lés de toile, Lucrèce dans un placard où elle cicatrisait à la renverse, nue, au même point de suicide, l'iconographie à l'arrêt, sans qu'Audoubert osât la découvrir les premiers temps comme si par tendresse, par pudeur, il eût voulu garder intact le souvenir de leur première rencontre viennoise. La savoir près de lui suffisait, lorsqu'il travaillait sur son bureau Louis-Philippe, lorsqu'il traçait ses champignons, relevait les robes pourpres à la gouache, s'appliquant aux chapeaux verdâtres, aux détails de l'humus inscrit sur leur chair.

En plus de la mycologie, en plus des valeurs financières, le bienheureux célibataire se plongea dans Tite-Live, *Histoire de Rome depuis sa fondation*. Il relut maintes fois le chapitre traitant des malheurs de Lucrèce. Une sale histoire, voilà : elle est fille de Spurius, mariée à Lucius Tarquin Collatin vers 500 avant l'ère chrétienne, sous le règne de Tarquin le Superbe, déshonorée par Sextus, fils du Superbe, odieux séducteur qui, lors du siège d'Ardée, lui réclame sa vertu. Comprenant qu'elle ne saurait fléchir, il pousse l'infamie, armé d'une lame, la menaçant de jeter sa réputation en pâture, de trucider un esclave, de la pourfendre à son tour, d'enlacer les cadavres dans une couche avant de révéler l'adultère ; pas pire forfait, l'union avec un asservi. Alors la pauvre cède et, salie, en appelle à l'époux et au père à qui elle tient ce discours : « Quel bien reste-t-il à une femme qui a perdu l'honneur ? Collatin, les traces d'un étranger sont encore dans ton lit. Cependant le corps seul a été souillé ; le cœur est toujours pur, et ma mort le prouvera, mais vous, jurez-moi que l'adultère ne sera pas impuni. C'est Sextus Tarquin, c'est lui qui, cachant un ennemi sous les dehors d'un hôte, est venu la nuit dernière ravir, les armes à la main, un plaisir qui doit lui coûter aussi cher qu'à moi-même, si vous êtes des hommes. » Une fois dit, elle se transperce, expire, « son père et son mari poussent des cris », conclut Tite-Live. C'est au livre I, 57 et 58.

En plus de l'histoire romaine Isidore Audoubert se plongea dans l'étude des maîtres allemands dont le vieux Cranach, de Kronach, en Bavière, un proche de Luther. On le voyait certains matins dans les fonds de la bibliothèque Sainte-Geneviève, ganté de chevreau, compulsant des ouvrages sur la cour de Frédéric le Sage établie à Wittemberg, là où Cranach ennobli par le prince-électeur de Saxe tenait son atelier. Il fréquenta les cabinets de dessins et les marchands d'estampes de la rive gauche auprès desquels il acquit en peu de temps une jolie collection de gravures, pour l'essentiel des reproductions d'œuvres de l'école allemande, dont plusieurs copies de Cranach à la pointe sèche, des images qu'il disposait auprès de sa dame, le soir, car désormais il la sortait. Dans l'intimité de son cabinet, il appuyait le tableautin sur un chevalet, à même son bureau, rédigeait des missives, dessinait des chanterelles, fumait au nez de Lucrèce, goûtant la quiétude des heures passées en compagnie de cette femme de douleur. D'instant en instant il suspendait sa tâche, les coudes sur le bureau, s'évadait, son regard absent posé sur la nuit peinte à l'huile, sur ce décor de limbes, sur la dague, les pieds difformes, la coiffe couleur de miel, Isidore envahi des suggestions charnelles de son modèle, presque jaloux de Sextus Tarquin. Parfois, il sortait du tiroir une loupe à double foyer cerclée de cuivre qu'il appliquait à même le bois, sur cette goutte séculaire émergeant des craquelures, une concrétion figée sur le corps de Lucrèce, retenue sur la poitrine, hésitant à s'épandre ou à coaguler. Ce petit point antique l'aiguillonnait. Lucrèce et Isidore murmurait-il, deux êtres complémentaires, elle et sa goutte suspendue au centre du thorax, lui voué à laisser filer son sang que rien n'étanchait, prêt à le faire pour elle. Tendre coqueluche, désormais cette femme injuriée comblait la meilleure part de son existence, languide, la tête renversée, à demi fléchie sur son arc de terre. Entre deux rapports financiers, entre deux amanites embellies d'aquarelle, il arrivait qu'il la rappelât à ses lointains en lui touchant le menton d'un trait de porte-plume, côté manche, et c'est alors qu'une goutte d'encre coulait sur les doigts d'Audoubert tandis que Lucrèce s'oblitérait du monde. Heureuse époque qui dura peu.

La collection de gravures anciennes prenait du corps. Portraits, crucifixions, madones et choix de saintes d'après Cranach, rien qui n'égalât le petit monde de Lucrèce par le thème, l'esprit et la composition. Depuis que la Romaine avait ses aises sur le bureau Louis-Philippe, hors emballage, son cabinet demeurait clos, loquets tirés, trous de serrures occultés, à l'abri des gens de maison. Quant aux journées, elle les passait au coffre, cloîtrée entre des bons d'État et des piles d'actions. Elle y séjourna toute une quinzaine sans voir le jour, en août 1896. Dépêché à Berlin pour le compte de Pereire, Isidore s'accorda un congé, autant de stations à travers l'Allemagne, autant de Cranach reconnus dans des salles de musées, un malheureux voyage dont il revint brisé. Une ruine à son bonheur. D'une part et comme rarement, il manqua d'habileté face aux administrateurs de la Deutsche Bank, jusqu'à perdre la partie; de l'autre, dès son arrivée à Berlin un tableau de l'Altes Museum lui mit la puce à l'oreille, une *Lucrèce* par Cranach, 1533, une réplique en tout point similaire à son larcin, élevée sur un socle de terre criblé des mêmes galets, le voile évanescent dénonçant son pubis, la lame du poignard orientée de bas en haut, la flexion jambe gauche, cette fois Lucrèce altière, un ras-du-cou orné de pierreries, l'œil arrogant soutenant le regard du visiteur. Les premiers soupçons berlinois redoublèrent à Dresde, à Munich, à Wittemberg, partout des Lucrèce de musée en musée sous la brosse de Cranach. Ainsi son héroïne n'était pas seule, elle comptait une douzaine d'affidées, toutes sœurs de suicide, candidates au trépas, un carrousel d'inconsolées dont plusieurs arboraient des façons provocantes, plus hypocrites qu'apeurées, la même femme tenant un miroir, vêtue de riches parures, l'une à Bamberg portant une pelisse de fourrure, une autre à Kassel affichant trois rangs de colliers avec des perles dans la chevelure, et une de plus à Nuremberg, une ubiquité par toute l'Allemagne, des Lucrèce aguicheuses, des Lucrèce debout, des Lucrèce partout, des Lucrèce assises, des demi-mondaines en sautoir, à leur avantage, des cambrées, des grassouillettes et de moins charnues, une démultiplication désinvolte, une Lucrèce dans chaque port.

À cette foison s'ajoutait autre chose. D'escale en escale Audoubert conçut que les femmes de Cranach avaient les mêmes expressions, qu'elles fussent sacrées ou profanes, issues de la Bible ou des mythologies, Dalila, Bethsabée, Judith, Ève en personne, toutes empreintes des tournures de sa belle, avec des sourires de plus en plus grinçants. Au cours de sa tournée il reconnut les traits de Lucrèce sous ceux des filles de Loth, dans la femme adultère à la gauche du Christ, le même visage dans un tableau conservé à Darmstadt, *Paysan et prostituée*, 1525, génome de la Romaine essuyant le baiser d'un grabataire tandis que d'une main elle lui dérobe des pièces d'or.

À Francfort c'en fut trop, veille de départ, du stupre : Isidore se trouva nez à nez devant une courtisane, le portrait craché de sa Lucrèce relevé d'une cruelle duplicité : Vénus. Concupiscente, lubrique, l'œil en amande couvant des intentions vipérines, elle aussi patientait dans la nuit, déhanchée sur l'épure d'un arc de terre couvert de cailloutis, offrant sa virginité au cosmos, le voile relevé d'une main dans un geste diffamant, comme une invite. Les deux tableaux sont de taille identique, celui qu'il cache au coffre-fort, celui de cette Vénus, sa complice du Städel Museum.

De retour à Paris le 24 août 1896, un lundi, Isidore Audoubert n'eut pas un regard pour la dame. Il traita les affaires courantes le mardi, enchaîna deux conseils d'administration le lendemain après avoir contresigné des émissions renflouant la Compagnie des docks de Marseille. Pour Pereire le jeudi, il eut à rédiger l'acte d'achat d'un journal sur le déclin (*La Lanterne,* une bien mauvaise acquisition selon lui). Enfin le vendredi il emballa le nu sans égard, sans un au revoir, Lucrèce couchée dans une caissette qu'il cloua de ses mains avec la hantise du marteau sous ses gants en chevreau. Avant midi la Romaine fut congédiée, elle et sa nuit, renvoyée en Autriche, à l'Académie des beaux-arts de Vienne, par l'administration des postes. Il remplit le formulaire avec une fausse adresse en plus d'un nom d'emprunt, « Monsieur Tarquin ».

Ceux des Cendres

Pour Edma

Mathilde Redoin logeait rue Popincourt, à hauteur de l'impasse des Trois-Sœurs, au 26. Elle était ronde de Jean, de huit mois. Par les rues du Chemin-Vert et Saint-Gilles, le matin, elle se rendait à l'atelier. Cela fait vingt minutes, un peu moins et le trajet est plaisant. Les jours avaient changé le chemin. Mathilde prenait plus court, par la rue Sedaine, lentement, le pas chaloupé jusqu'aux ateliers de la rue des Francs-Bourgeois. Juin, elle est en corsage avec un châle. Elle marche comme deux. Son ventre va devant, elle après ; elle s'aide, elle le soupèse aux pas, comme une mappemonde car c'en est une, le monde, ses deux mains l'auréolent, elles font dessus l'étoile de mer, les doigts sans se toucher avec, au centre, le repoussé de l'ombilic en mausolée, ce grand tétin mafflu du nombril modelant son chemisier. Cyclope enceinte. Un pan du châle a glissé de son épaule, alors elle doit lâcher ce qu'elle tient et, rendu à lui-même, le ventre est aussi bien. Il porte. Mathilde lève les bras pour le foulard, ce geste. Ses mains en l'air font encore le ventre. Elles en ont le moulage, paumes creuses comme on voit aux joueurs de tambourin. Le frisquet de sept heures du matin, ce châle attaché, les mains remises à l'emploi, pesant le ventre, louchées dessous. Mathilde va pansue.

Depuis quatre ans elle travaille à la Société des Cendres. Ses frères l'y ont fait entrer. Ils y sont de longtemps, les trois Mallet, l'aîné Robert, Jules et Louis. Ce ne fut pas tellement compliqué. Louis fit la demande au contremaître, avec Jules – Louis a parlé, Jules s'est tenu derrière, ils sont jumeaux, appréciés aux Cendres. Dans les bureaux leur chef en a parlé, une fois seulement. Il a dit combien Robert s'applique, comme Jules et Louis sont notés. Après trois mois une place se libérait.

« Laver les cendres », c'est passer son temps sur des limailles. D'autres se sont occupés d'or, d'argent. Ils sont restés des jours sur un bijou, un chaton façonné. Plus que la chose précieuse, ils ont dans l'œil la perfection des glyphes et pour certains, à force, un drôle de strabisme, l'orbite agrandie par le cylindre de la loupe arrimé à l'orbite. Le moindre anneau se polit, il rend des scories – on appelle ça des « cendres ». Une coupe se cisèle et voici des copeaux qu'on ne rattrape pas sur le moment, lorsqu'on est penché, que l'on tient l'outil pour la prochaine entaille. Les déchets sont infimes et le geste accapare à l'instant. Ils vont au sol. Il s'en trouve partout, sous les semelles des orfèvres, dans les tissus, à l'intérieur des ourlets, sous les ongles des artisans. Ils se mêlent à d'autres rognures sans valeur, par terre, de cuivre, de verre, de sable et d'aiguilles de bois. En une journée ils s'amassent qu'on ne saurait trier. Passe le balai à la fermeture. Les petites richesses d'épluchures se mélangent alors à la poussière, tous les moutons d'un atelier de joaillerie. Poudres, débris, paillettes, le tamis n'y peut rien, l'or est à toute taille, immiscé dans les pelures alors on garde le tas des balayures, qu'il s'étoffe au quotidien, qu'il grossisse de saletés avec, dedans, les broutilles et le reste, des miettes merveilleuses à reprendre, des petits filons ineffables. Les décombres ordinaires seront épargnés jusqu'à faire un monceau. C'est peu par boutique quoique, jour après jour, les raclures remplissent des batées de fer-blanc.

Selon les enseignes, il peut se nicher deux cents grammes d'or en particules dans cinquante kilos de salissures, à ravoir, le soixantième d'un lingot, un filon. À la suite, toutes les officines implantées dans le Marais finissent par receler des veines à l'état de pruine, du hachis aurifère qu'Alexis Falize imagina orpailler. Une banque aux poussières. Il fonda la Société des Cendres en 1859, rue des Francs-Bourgeois où travaillaient Jean Redoin, ami des frères Mallet, leur sœur à présent et bien d'autres commis des sciures. C'est pourquoi Jean et Mathilde s'étaient rencontrés, aux ateliers des alluvions. Aux commencements ils se parlaient un peu, puis ils sortirent avec Louis, Jules, à vélo, les dimanches par beaux jours, à Vincennes. Robert le grand frère n'avait pas de vélo car incapable, de taille, d'adresse, de goût. Puis ils flânèrent tous deux, sans les jumeaux Mallet, encore à Vincennes où se parler bas, à la grande foire de mai place de la Nation. Les foires sont bonnes, on se dit des choses en parlant haut, à cause du bruit autour. Les mots sortent autrement, comme à la face plutôt que de rougir. Ce n'est pas comme au bois où ils sont prononcés à demi, parce qu'on mâchonne un brin d'herbe, que l'œil se distrait des verdures, s'attarde au gazon, prétexte les troncs d'arbres. À la foire de Nation les choses sont dites sans retenue, parce qu'il faut se faire entendre, aussi car chacun porte une belle mine. Ce n'est pas tout. On s'avoue mieux car tout est changé, n'est-ce pas, chez les forains : des couples ensemble brisent des assiettes en riant aux éclats, des enfants sont grimpés sur des cochons hilares, des femmes au stand ont de la barbe, il y a partout des coups de feu qui ne sont pas vrais, alors les confidences aussi, c'est-à-dire qu'elles se font comme bonjour.

Il ne se trouve pas beaucoup de femmes aux Cendres, rue des Francs-Bourgeois. Quelques-unes pour des travaux de moindre force. Ce sont plutôt des hommes. Certaines se montrent comme les ouvriers, avec des voix chargées d'égosille, des propos crus et des gestes qu'on ne fait pas. Celles-ci farcent en travaillant. Les autres ouvrières restent gênées, se mêlent entre elles – alors un jeu est de les plaisanter, pour voir, sans être rosse, à leur tour. Celui de Mathilde ne venait jamais. Il y avait Robert pour être là, Jules et Louis couvrant leur sœur sans y paraître, du fond des ateliers, et puisque Jean était proche des Mallet, il fit comme eux. On savait Louis habile à la savate, paraît-il. On ne l'avait pas vu faire mais il portait sous le nez une ligne de moustache en ressort de montre, deux brins en spirale à chaque côté, d'une élégance indécise cachant peut-être la détermination des duellistes. Jules aussi savait s'y prendre et presque mieux, lancer la jambe en balayette avec le poing fermé, en équilibre, rejeté loin derrière la tête, comme si la bourrade était pour ce côté plutôt que celui du pied, seulement, lui, il portait en moustache une hirondelle plaquée sur la bouche. Robert ne pratique pas. Il n'a jamais franchi la Marne dans l'eau, pas nagé, tiré l'aviron, enfourché un canasson. Pas dansé. Mais il en remontre, bouleux, rogue quoiqu'il le soit par pudeur. Aussi pendant les pauses comme à l'ouvrage, nul n'aurait taquiné Mathilde, surtout comme ça, le ventre exagérant ses blouses, un losange ouvert de bouton en bouton, l'échancrure plus écarquillée de semaine en semaine, pareil au bustier, on en parlait aux ateliers des Cendres. On l'encourageait par des mots bienveillants, des bonjours où entrait maintenant son prénom ou simplement par un sourire donné en pleine besogne tandis que d'ordinaire le sourire n'est pas de la tâche – le voudrait-on qu'on n'y songerait pas. Son travail n'avait rien de pénible, c'était plutôt qu'elle restait longtemps debout, depuis huit heures, le matin, jusqu'au casse-croûte de midi. Debout encore jusqu'à la cloche du soir, dix-neuf heures.

L'embauche est à huit heures. Ceux des Cendres arrivent avant. Au numéro 39, le matin, les choses ressemblent à un dessin de Steinlen. Il y a des casquettes de biais, comme grincheuses, des vestes côtelées, des cols levés, des barbes qui font des visages, des mégots de côté et, sur beaucoup de dos, des musettes en bandoulière avec dedans le fricot de midi. Voici des cyclistes : ils ont fait le ciseau, la belle enjambée du cadre droit, par-dessus la selle, ils sont debout sur une pédale et le vélo roule encore. Ils ont pris pied. Puis ils poussent leur bicyclette au guidon. Il y a partout des mains qui s'avancent, s'effleurent sans prendre le temps de se serrer, elles se touchent à l'aine du pouce, repartent ailleurs vers d'autres mains. Cela se passe à taille d'homme, le geste est infime, comme ébauché, tout le monde en use. Non. Certains se contentent de toucher leur visière à deux doigts, la casquette s'est soulevée d'un rien et, de la sorte, d'un coup, dix bonshommes sont salués. Ils ne sont pas beaucoup au 39 mais comme chacun arrive en même temps, cela se voit sur la chaussée, et puis la rue des Francs-Bourgeois n'est pas si large que soudain elle n'ait pu étioler la petite cohue matinale. Certains se présentent encore après, ils ne sont pas tant, pressés d'entrer sous le porche comme s'il pleuvait.

Les hommes vont au vestiaire. Les femmes ont le leur. Devant les casiers de métal, bien des mains sont encore à se serrer car il est long de se rencontrer tous les matins. C'est ici que chacun endosse le vêtement auquel l'oblige sa partie. Certains enfilent des blouses avec les bras en l'air et on ne les voit plus. Là-bas dans un coin, quelques-uns ont déjà sur la tête un masque rabattu qui ajustent leurs gants, dix doigts à faire entrer dans une manicle longue jusqu'au coude, rêche au-dedans, un bras pointant la terre, l'autre main tirant à toutes forces sur le col du manchon, comme si les deux bras se battaient entre eux. On en voit s'enrouler les reins d'une large bande de drap, plusieurs tours serrés ; on en voit se chausser. Ils sont assis sur un banc, en rang, ils ont des dos accaparants sur lesquels donnent des rais de jour venus des verrières à croisillons quand, plus bas, leurs doigts se débrouillent de boucles, de sangles et d'ardillons. D'autres attendent leur tour, debout ; un dos se redresse, l'un quitte le banc, la place est libre mais les croupes à la ligne se sont relâchées et le nouveau venu va devoir bouter pour se loger au cordon, il y prétend. Et c'est souvent la scène : il n'en reste plus que deux à se chausser, bientôt l'un d'entre eux en a fini et s'en va, mais si l'autre est assis à une extrémité, le banc rue. De rire, ça amuse bien chaque fois. Lorsque tout le monde est vêtu, les gamelles de fer-blanc ont disparu dans les armoires avec leurs lots de quignons, veau froid, pâte de coing, museau vinaigrette.

Mathilde avait sa tenue, simple, lourde. Un tablier de cuir passé à la nuque, jusqu'aux pieds. Il l'enrobe comme un écran, s'attache derrière. Le cuir est mieux que les tissus, il n'a pas de mailles. C'est une plaque sur laquelle les limailles peuvent glisser et si elles s'accrochent, on les a d'un revers de main, le reste à la brosse, ce qu'elle doit faire régulièrement selon la consigne. Mathilde à son pupitre : la table est à hauteur de ventre, le ventre l'en sépare chaque fois un peu plus depuis ces derniers mois, ce qui fait un jour. N'importe le vide entre son ventre et l'établi. Les fondrilles d'or ne seront pas perdues. Parce que le pupitre de zinc s'abaisse en toboggan, parce qu'il y a ce tremplin sur son rebord pour reprendre les détritus, une rigole incurvée, un nez de table. Parce qu'il y a son tablier de cuir, verni par l'usage, noir à force et les poussières se détachent dessus. Et encore, il y a la chute du tablier qui couvre ses chaussures, aucune particule n'irait se perdre aux lacets, aux œilletons, aux cous-de-pied. Mettons qu'un débris échappe au pupitre, au paravent du tablier – c'est tout le temps, et que Mathilde soit enceinte ne compte en rien –, qu'il finisse au sol, qu'elle l'écrase sous ses chausses, que la paillette y reste : on l'aura tôt ou tard. D'abord l'ouvrière n'est pas tant stationnaire, elle a de menus écarts sans se déplacer, non pas des pas mais des talonnages, elle frotte ses pieds, à peine mais ils se déplacent. Ensuite elle ne touche pas le sol. Elle porte des souliers à clous, fournis par les Cendres, ferrés d'ailes de mouche. Et quand bien même, Mathilde est tenue de récurer ses semelles, plusieurs fois la journée selon les directives ; elle coche une grille lorsqu'elle l'a fait, un pied l'autre, deux croix par heure, dix-huit au soir. Le règlement n'est pas toujours suivi aux Cendres mais en partant, on pourrait lui demander de présenter ses talons. Aucune poussière ne sera perdue. Quant au plancher, chacun travaille sur un parquet de caillebotis. On marche sur des alvéoles où finiront les résidus de fortune. Il s'en trouve. De semaine en semaine, dimanches chômés, une équipe en extra s'en vient soulever trois mille mètres carrés de plancher, case à case, trois mille plaques de caillebotis sous quoi revient le balai dominical. Il affine, rapporte les vétilles, boulettes d'argent, grains de tabac, moutons d'ordures, buées d'or et mouches mortes.

D'un moment à l'autre, un commis vient remettre un ballot de déchets au coin de l'établi. Mathilde y puise des brassées. Il en fuit entre ses doigts, les plus fines particules, tant pis, elles iront aux claies, plus tard au balai, on les aura dimanche, à la prochaine passe. Le métier est facile mais alors il faut faire vite, jauger à l'œil, trier le disparate à la main. Mathilde ne confond pas, peu – eh bien, les détritus mal distribués seront repris. Il y a ce qu'on voit d'abord, les grenailles, les rogatons de mâchefer, du cailloutis infusible déchargé de la rareté. Elle les écarte. Ces cailloux-là sont pour un baquet de fer à portée, elle s'en saisit, les jette à gauche et cela rend un bruit clinquant lorsque le récipient est encore vide, plus sourd à mesure. Il y a d'autres cailloux, des débris de bonne taille qui ont longtemps frotté avec l'or, des creusets d'orfèvres brisés, des concrétions ratées, des amalgames brûlés, des résidus calcaires, c'est-à-dire poreux, « chargés ». Ceux-ci vont main droite, dans un grand seau. Mathilde aime bien ce seau – un tonnelet muni d'une anse gainée de bois tourné, cerclé. Il se remplit. Elle le préfère à l'autre, la gamelle aux grenailles, non pas pour les poussières d'or qui s'y mélangent mais pour d'autres promesses. C'est que, lorsqu'il est plein ce seau, elle le doit au broyage au bout du grand atelier, où Jean travaille. Jean est broyeur. Si bien que plusieurs fois par jour, lorsque enfin le seau est à ras bord (et parfois il ne l'est pas comme il faudrait), elle et Jean se rencontrent, pour la besogne et non comme qui chôme. D'ailleurs chacun les voit, c'est leur travail, d'autres resteraient plus longtemps à bâiller. L'échange dure peu, Jean Redoin prend le seau, ils se disent quelques mots et dorénavant ces mots sont toujours pour savoir si ce n'est pas trop difficile, tenir ainsi debout, grosse. Là aussi il faut parler haut, autrement qu'à Nation. Il y a la presse à double écrasement, deux fois une tonne à tourner sur un manège, les pépites qui éclatent sous la pression, le vacarme grenu des meules sur le disque de pierre, celui de toutes les crémaillères au plafond capables d'entraîner l'axe des presses, les moulins, les pilons et non loin la « Belleville », la grande chaudière. On la regarde encore lorsqu'elle rejoint son poste, Jean et les autres, comme elle marche depuis quelques semaines. Au moins le seau est vide. Puis, après, on l'observe toujours devant sa paillasse, pas longtemps mais chacun, si elle est bien debout, Mathilde, orpailleuse à façon, rabatteuse de granules anthracite, des rebuts.

Jean broie. Il fait aller les courroies, les axes et les pignons. Il fait des poudres. Ce n'est pas lui, la meule rend des poudres écrues. Elle tourne, les deux masses concassent ce qu'il leur donne des seaux de Mathilde. On dit qu'il « brésille » – mettre en poussière. Des chevilles au menton, il est couvert d'un tablier de cuir, lequel n'est pas conçu comme celui de sa femme. Mathilde ne présente à la table que son ventre, elle reste en pied quand lui gesticule. Il s'anime par métier autour des meules, leur montre le dos, les flancs, le buste où vont les particules. C'est pourquoi son vêtement l'enrobe comme un cornet. Il porte un calot sur le chef, des gants, des brassières car, à chaque décharge, en pilant, sans aller bien vite, les roues de pierre envoient du pulvérin par-dessus le manège au point que Jean Redoin est un ramoneur en blanc. Un ouvrier fumé, beige dès la première heure d'embauche, la barbe blême qu'il a châtain, le sourcil laiteux, la face plâtrée. Lui aussi s'époussette, coche des croix lorsqu'il l'a fait. Près de la presse est un recoin qu'on nomme le « môle aux vétilles ». Redoin s'y tient debout, déshabillé de son écorce de cuir, il passe sur le vêtement un papier goudron. Le goudron accroche les farines, il sera le premier à fondre dans le cycle, à la prochaine chimie des cendres. Le môle aux vétilles a son tabouret. Jean s'y assoit, se récure un pied après l'autre, à la brosse. Frotter les semelles, insister au talon, s'obstiner sur les coutures comme aux boucles des sangles. Se barbicher, dépoudrer les mèches, ravoir l'entre-doigt des gants, le pli des commissures. Au reste, le môle aux vétilles est fait du même plancher, des carrés de caillebotis sous lesquels tombent les reliquats de poussière, l'inventaire des cendrées.

Jean Redoin a ses seaux lui aussi. Ce ne sont pas ceux de Mathilde. Les siens sont aveugles, d'une pièce, sans lattes, en métal, un couvercle étanche les coiffant pour la poudrille, les susceptibilités volatiles. Pleins, ils pèsent moins. Et comme Mathilde d'heure en heure, il va rendre son cheni, son talc d'or. Ce n'est pas loin. Il le remet au lavage, aux puînés, Jules, Louis (les jumeaux, ceux de la savate), dans l'atelier voisin. Parfois il s'y trouve lorsque Mathilde se présente aux meules avec son charroi. Alors elle n'attend pas et lorsque Jean revient, il voit le plein seau. Elle est venue, n'importe, ils se rencontreront à la prochaine rotation. Maintenant Jean ne s'attarde pas au lavage. Il préfère retenir ses seaux depuis quelques jours, tant qu'elle n'est pas venue avec les siens, car il regarde à la peine de Mathilde, à cause des grandes lassitudes, à cause de ce qu'elle tient pour eux au ventre de son tablier. Le métier n'en souffre pas, deux ou trois seaux de décalage ne sont pas pour entraver le cycle des poudres.

Et puisqu'elle a ce ventre dorénavant, il n'y a plus de gêne entre Redoin et les jumeaux Mallet, une gêne qui était venue lorsque Mathilde se mit avec Jean, au commencement, quand Jean le broyeur se déclara aux frères, avant qu'ils ne s'épousent. C'est que lui, Jules et Louis se fréquentent de longtemps. Chacun sait de l'autre les gaudrioles qu'ils eurent en partage. Les trois ont connu des filles, parfois les mêmes à Joinville ou Nogent, alors que rien n'était sérieux, mêmes peaux, grain, l'aisance à se dévêtir. À propos d'une, à propos d'autres, ils en parlaient, tombaient d'accord sur des choses, le défaut des genoux, l'avantage de la taille, sa méconnaissance aux gestes ou, au contraire, un talent. Ils ont fait du bicycle à Saint-Maur en compagnie d'amies, à Chennevières et Noisy, ils ont fait les bals à Gournay, la noce à Champigny, jusqu'à Pomponne, avec les mêmes, alors qu'elles venaient de changer de bras, qu'ils avaient changé de bouche. Ce n'est pas que cette gêne fût tellement forte mais elle tenait à d'anciennes facéties camarades quand désormais chacun devenait beau-frère. Désormais cette pudeur n'est plus ; Mathilde porte l'enfant de Jean, d'ailleurs voici Louis marié, Jules est fiancé.

À la remise des seaux, chaque fois, les jumeaux demandent après leur sœur, si l'effort ne la prend pas trop. Jean dit que non, que si tout de même, elle se fatigue. Eux lavent par métier, ils lessivent. Ils « dégraissent » c'est le terme, ils baignent le beau perlimpinpin des escarbilles passées sous meules. D'abord Louis : il a devant lui quelque chose d'un derrick, des tambours empilés allant du grand au petit avec la pointe en bas comme on voit aux pyramides inversées – aux diamants taillés. Son métier ravirait les enfants. Il n'est que de mettre des brassées de cendres dans la première cuve, celle du haut, ajouter de l'eau. Elle passe vite d'un tamis à l'autre, de bac en bac, jusqu'en bas. Elle a emporté les particules solubles étrangères à l'amalgame. Cette eau forme une précieuse bauge mise en cruchons, une mélasse de fortune que Louis va rendre aux mains de Jules.

Le frère est à côté sans qu'il soit besoin de traverser les ateliers. Les cruchons font la queue tant que Jules prépare. Il patouille un fluide épatant, une eau de fer indolente, comme grasse, une eau pas même humide. On dirait un liquide indécis, n'aspergeant rien, les gouttes de mercure rechignent à couler. Une drôle d'eau gris argent, lunaire de panse et de teinte, une eau sans esprit de décision, une eau qui n'ose pleurer. Elle fait des billes. C'est une eau mauvaise Jules le sait, tout le monde le sait aux Cendres, n'empêche, il en a plein les doigts, les mains, des doigts qu'il rapporte à la bouche, aux yeux, des mains qu'il lave à la pause parce que sa sœur l'y incite. Toutefois le mercure a ses affinités. Il accroche l'or, c'est sa propriété, sa vertu de chimie. Alors Jules étend le mercure à mains nues sur des plaques. Les plaques se chevauchent à la façon des tuiles, elles couvrent un toboggan de douze mètres pour une pente d'exactement sept degrés, une longueur et une inclinaison propices à la décoction, un circuit sur lequel vont couler les cruchons de Louis. Le précipité retournera quatre fois à la descente afin que l'eau libère ses dernières broutilles aurifères. À chaque passage le jus est plus lavasse, liquidé jusqu'aux dernières finesses, l'or aimanté par le mercure.

Enfin Jules épuise. Il passe les plaques à la raclette, gavées du mélange. L'instrument est terminé d'une ligne de liège. Le liège est bon, ni métal ni rien. Lui aussi a ses lois propres – un bois qui déroge aux arbres, au bois –, sans porosité, peu d'amouráilles aux poussières, indifférent aux fluides, sourd à l'électrostatisme, épongeable, on en fait des bouchons de vin. La réglette de liège nettoie la purée d'argent, Jules a maintenant des gestes d'apiculteur, maniant les plaques l'une après l'autre, frottant l'avers, les bords, le revers. Ce n'est pas très jaune. Métissé d'or, le condensé dégoutte dans un cuvier. Il sera pour l'aîné des Mallet, Robert Mallet, le gros Robert au dernier recoin de la fabrique, lui seul et son distillateur.

Ainsi tous se sont croisés à la Société des Cendres, les Redoin, les Mallet, Mathilde aux cailloux, Jean le farinier, Jules et Louis les décanteurs, ils se sont donné des seaux, des baquets jusqu'à Robert. Toutefois dans les combinaisons certains ne se rencontrent pas. C'est vrai de l'aîné des Mallet et de sa sœur aux deux bouts des ateliers. Alors Robert aussi s'enquiert en fin de chaîne, quand revient Jules, si Mathilde a une grande fatigue.

Robert Mallet est de la dernière passe, à l'ébullition, quand l'or se révèle. À cet endroit des Cendres les semelles ne sont plus dans la limaille. Il n'en reste pas. Tout fut concassé, agglutiné, rincé. L'or s'est fait prendre, il faut le ravoir, libérer les carats, scinder l'amalgame. Du mercure ou de l'or, lequel s'évapore le plus vite ? Il faut toucher 2960 degrés Celsius pour volatiliser l'or, 357 degrés pour le mercure, huit fois moins, alors Robert chauffe. Il est posté devant les bulbes du distillateur, la main sur les pointeaux, il cadence le feu. La lotion repose au fond, trois litres de mercure mâtiné d'or, soit quarante kilos d'amas à la cuisson, un gros placenta d'argent sous cloche de verre. L'eau la première s'échappe comme une cabriole, elle va vite en vapeur, elle est toute partie. Le pyromètre marque 140 degrés. On n'y voit rien. Robert n'y voit rien mais il sait aux couleurs. Il bâille devant la décoction, il songe à Mathilde, pansue comme l'alambic, ce ventre dans lequel on ne voit rien. Si c'est une fille ? Seul le ventre de Mathilde sait ce qu'aucun ne connaît, pas même elle. 200 degrés sous le feu, encore trop peu, le mercure ne s'est pas converti en nuage. Il songe que dans un mois Mathilde aura rendu ce ventre. Robert en oncle, ses frères en oncles mais mieux pour lui. Sa sœur et Jean lui ont demandé s'il acceptait d'être parrain. Lui plutôt que Louis, Jules, parce qu'on l'aime bien le gros Mallet. Il a dit oui. Il y pense devant l'alambic, « comment au juste être parrain tout entier, comment bien l'être tous les jours ? » Maintenant 260 degrés sous l'estomac de la cornue. Des gaz s'échappent, Robert rêvasse, à sa sœur là-bas, debout au pupitre, à cette devinette qu'on lui a contée il y a longtemps et dont la solution s'est perdue. Un berger, une enfant, un loup et le gâteau, voilà : le berger doit franchir la rivière en gardant l'œil sur chacun car sinon, le loup mange la fillette quand elle brigue la galette, or, à moins de sombrer, l'embarcation ne prend que deux passagers (c'est une convention du conte, chaque protagoniste valant le même poids, qu'on soit fillette, loup ou galette). Comment était-ce, dans quel ordre passer? «Le berger fait traverser l'enfant» mais ensuite, qui, quelle berge? Il se reprend, «d'abord il fait passer...», non, il ne sait plus. Il l'a su, on lui avait soufflé le moyen, il l'a oublié aussitôt quoique au moment la résolution lui parût admirable. Il retourne la chose, «le berger va chercher la galette...», c'est difficile, alors Robert Mallet ne cherche plus, il se contente d'imaginer ce que font les quatre sur la rive d'en face, quand ils ont passé, pourquoi un loup, ce compagnonnage, un gâteau, le sucre et la fillette? Ce que devient la barque, si elle appartient au berger, à qui? C'est à quoi il songeait vers 300 degrés en regardant les grandes fumées s'échapper de la cornue, cette espèce de virgule, une panse de verre mise à l'horizontale, outrée.

Les gaz reniflent. Il s'en perd, là où le manchon s'ajuste au nez de l'alambic. Robert en inhale. Surtout il transpire – il a les mains moites par nature, il sue d'ordinaire sans tous ces fours autour –, bien bouffi, le front épais, rien du faciès de ses frères. Il se dit aux Cendres que les températures l'ont fondu, déformé car il est vrai, Robert Mallet a le visage d'un drôle de format, avec la langue un peu toujours montrée. Il a les traits comme on n'aime pas les croiser et vers lesquels pourtant l'œil revient malgré lui, plus qu'il ne le faudrait, dans la rue, dans les autobus, parce qu'ils surprennent, qu'on en voit peu de semblables et qu'on voudrait les fixer, les raconter ensuite comme des choses vues. Il a son instruction, comme les autres, seulement il se méfie des phrases. Le premier mot ne vient pas toujours, alors il est redoublé, plusieurs fois bien que Robert le connaisse. On en sourit, beaucoup plaisantent à ce mot qui rebondit sur sa langue; ses frères en rient, Mathilde l'écoute, elle a pour lui la patience. Il n'est pas en ménage, Jules et Louis ont le leur, au Perreux, à Charenton-le-Pont. Mathilde et Jean vont être trois. Lui vit chez sa mère, rue des Récollets, à côté du dépôt des faïenceries de Charolles. Il y est bien, il y était bien car, veuve de quatre ans, elle va se remarier. Madame Mallet qui en secondes noces sera bientôt pour s'appeler Moline. Il en est heureux, pour sa mère, pour ce monsieur Moline qu'il a salué, Robert seulement désolé d'une broutille d'état civil, cela fera maintenant Honorine Moline et ce n'est pas très beau trouve-t-il.

Le pyromètre affiche 350 degrés. Robert remâche, la galette et l'enfant, le loup et le berger, ce qu'ils peuvent faire ensuite? Il cherche en voyant monter l'or dans le ventre de l'alambic, une masse jaune prise de noir, encore laide tandis qu'au bout des Cendres il ne sait pas que Mathilde vient de s'asseoir. Elle l'a dû, penchée en avant, les mains agrippées au bois du banc. Ça s'éloigne, ce n'est pas loin encore, une entorse, deux épées venues du ventre – venues au ventre –, passées, tapies. Elle s'est redressée sur le banc, avec une grimace et le corps qui va un peu d'avant en arrière sans qu'elle s'en avise. Son chignon s'est défait, ses épaules se sont mises en bas, ses mains glissent sur ses cuisses, elles pendent au sol. L'éclair va revenir, elle le sent. Chacun l'a vue qui a quitté son poste. On répète son nom mais Mathilde ne répond rien, sa bouche ne le permet pas. Alors pour l'appeler on lui touche un bras sans tellement oser. D'un ouvrier : « S'il lui faut une gnôle? » Puis d'autres sont arrivés des ateliers voisins, Jean, jusqu'à Jules et Louis plus pâles entre eux, parce qu'ils ne savent pas, parce que tout vient d'avance et de plusieurs semaines. Jean surtout est blême sous sa toge de farine, livide derrière son masque de poussière, on lui voit les yeux. Aucun des deux Mallet n'ose un mouvement car Mathilde à nouveau se plie sur le banc tandis que tout là-bas, aux confins de l'usine, par un œilleton de l'alambic, l'or naît sous les yeux de Robert, l'équivalent d'un pain de deux cents grammes, un peu plus à l'estime, la fournaise empêche encore de bien voir. C'en est, une pépite ordinaire comme en voit poindre Robert chaque jour, alors il pense à d'autres choses, la face un peu penchée, la rivière et le loup : si le berger a une corde pour arrimer la barque, si une maison les attend pour le soir, ce qu'ils feront tous les trois, ensuite. Le pain d'or monte derrière le mouchard de verre. Il va devoir bientôt baisser la flamme. Encore un peu, c'est son métier, la couleur n'est pas à cuisson. Il a le regard perdu sur le galbe de la cornue, la langue aux dents, et c'est comme ça qu'il était lorsqu'on est venu le chercher du fond des ateliers. D'abord il n'entendit pas comme on le secouait par les épaules, même à répéter car l'usine des Cendres vit de bruits. C'était Simon qui n'avait rien à faire à l'alambic, Simon avec ce geste de « là-bas » et une bouche à dire que c'était Mathilde.

Alors le gros Mallet a éteint ses feux. Il a regardé le pain d'or, puis retiré ses lunettes avant de traverser l'usine au pas qui est le sien, avec un sourire de tout son poids. On ne voyait pas Mathilde au banc, trop de monde. D'abord, ce fut pour congédier la compagnie ; ils veulent bien faire mais gênent, et puis elle n'a pas toute sa pudeur. Il fallut secouer Jean parmi tous, planté comme une tourelle (« Et toi andouille, où restes-tu ? »), lui dire le plus court chemin de l'Hôtel-Dieu pour la fourgonnette des parturientes et tant pis pour les cendres. Ce fut long à bégayer, deux fois les consignes à mots coupés, Jean opinant à chacun comme si lui aussi bégayait, de sa tête. Ses frères ensuite, les rudoyer à leur tour – « Et vous saperlotte ! » –, Robert de les secouer en butant sur les mots mais il n'a pas pu s'empêcher : leur donner l'accolade, dire « nigaud » à l'un, « couillon » à l'autre. Enfin le reste. Il s'est approché de sa sœur, il a répété son nom en lui flattant l'épaule, une grosse main dessus. Elle lui a souri, c'est-à-dire qu'elle l'entend et comme Mathilde veut se relever, Robert la retient. Il lui a ôté ses godillots de ferraille, à ses pieds, il a dénoué son tablier d'ouvrière, s'est assis au banc ; il s'est assis le moins du monde, comme sur un quart de fesse. Elle et lui ont les pieds dans l'or. Il a lancé la parole, ses saccades, Jean ne tarderait pas, il le lui assure un peu longtemps car les mots achoppent. Ils achoppent, tant mieux pense-t-il, ça gagne du temps. Il en faudrait tellement avant que l'estafette arrive aux Cendres. Autour, on s'était remis au travail bien qu'aucun ne travaillât tout à fait en le faisant. Il a pris la main de Mathilde, il l'a mise sous la grande sienne, avec cette gigolette de pouce qu'il passe et repasse sur les doigts de sa sœur. Donner les mots, quoi ? Ceux-ci qui lui viennent en premier, cette histoire de berger décortiquée autrement car c'est sot, les loups ne vont pas en bateau, les bergers ont bien à faire aux pacages, pourquoi chacun vaudrait le même poids dans la barque et surtout, puisqu'il y a cette galette, pourquoi ne pas laisser l'enfant la manger ? Alors les phrases sont venues les unes les autres, hoquetées pour sa sœur, et elle aussi hoquetait, le souffle entrecoupé. Ils se tiennent par la main, deux bègues, leurs doigts s'effleurant au rythme du conte ; Robert parle bas, pour elle, il brode : que l'enfant est assis à la table du goûter, c'est l'heure de la galette, que Mathilde l'a cuite, qu'il tient la plus belle part entre ses mains, il y a du sucre dessus, roussi, des pommes dessous, des bords dorés, Robert en dit les couleurs quand les mots bafouillent, redoublent, les premiers à chaque fois mais Mathilde les comprend avant qu'ils ne viennent en entier, alors elle hoche la tête à chaque mot gagné en lui accrochant le bras, son souffle articulé. Robert décrit la table et les rideaux, les odeurs en jouant des doigts dans les cheveux de Mathilde, il lui reboucle l'oreille. On entendait l'estafette par-dessus les machines, on entendait Jean donner le chemin quand Robert terminait l'histoire, sur son câlin, les mains lovées. Il disait, la galette, une promesse, elle n'en finit pas de grossir, des phrases maintenant limpides, sans heurt, Robert raconte comme la galette grandit quand l'enfant s'en régale, cette part qui est l'enfant.

Haute cabane

Pour Vincent Gombault

Sa vie durant, Janssen fut rattrapé par ses jambes – tout l'inverse de Rimbaud aux semelles « devant ». Un regrettable accident de jeunesse et voilà l'homme accablé d'une atrophie, le pas bancal, la cuisse impossible, les genoux frigides. Il peine à se mouvoir, n'empêche, son siècle est là, le rail ouvre l'Europe et les bateaux ont cette nouvelle lenteur qui va vite. C'est à bord de l'un d'eux qu'à paisible vapeur Janssen remonte le delta du Krishna en 1868. Il touche Guntur avec un plaid sur les genoux en cette fin bonasse des longs voyages, déjà un plaid à quarante-quatre ans, et sur le plaid un livre sans signet, refermé, les grandes géographies font oublier les marque-pages. Il rit en lui, c'est son droit, toujours l'œil de biais sous le front d'un bouc, le sourcil aux aguets, à peine aimable aux berges, au bas de l'Inde, dans le golfe du Bengale où l'envoie le Bureau des longitudes. Il fait cette tête depuis Paris, la sienne de toute façon. Les putois ont cette capacité de repousser par l'odeur, Janssen pareil, par le regard. Une épopée de huit mille kilomètres alors que la haute commission scientifique a délégué le grabataire pour un mandat de seulement six minutes quarante-six secondes, précisément, pas plus, le temps d'assister à la grande « éclipse du roi du Siam », solaire, la lune interposée, un phénomène à ne pas manquer au rendez-vous du 18 août. Et le Bureau des longitudes a bien choisi l'ambassadeur, impotent des guiboles, féru d'études spectroscopiques et de rayonnements solaires dont les récents travaux ont étayé la thèse d'une carence atmosphérique sur la surface lunaire, ou cette autre qu'il assène à deux doigts d'épingler la Légion d'honneur : de la vapeur d'eau embue la croûte de Mars. En Inde, à cinq heures, douze minutes, dix secondes – temps universel –, l'éclipse bat son plein, Janssen distingue un rai spectral flottant autour de la couronne solaire, quelque chose d'un gaz entrevu qu'on appellera bientôt l'hélium. D'autres éclipses suivront, elles pétillent par dizaines, c'est tous les ans, partielles ou totales, comme un annuaire des marées, avec pour chacune des contrées préférables d'où les saisir à chaud. L'Inde en est pour cette fois, Guntur à brûle-pourpoint.

Les rencontres stellaires auront fait cavaler l'invalide en Amérique du Sud, en Italie, en Espagne et dans les îles grecques, Nagasaki, Kobe, l'Asie, deux fois l'Inde, la Malaisie, Tahiti, Hawaï, San Francisco, New York… Bien du chemin pour un boiteux, chaque fois pour épier ce « soleil de nuit », oblitéré, pâli par le disque lunaire. Janssen, *perpetuum mobile,* toujours un plaid sur les jambes. Après Guntur il enrage à l'hiver 1870. Les troupes prussiennes font haie à la science, elles assiègent Paris alors qu'Oran est pointée sur la carte comme la ville cruciale de laquelle observer une éclipse attendue de longtemps. Dans Paris les rats sont chers, une girafe et plusieurs singes du Muséum manquent à l'appel, boulottés par des quidams à l'estomac inoccupé, il ne fait pas bon porter une mine de chien, être écureuil, hérisson de Vincennes, mais qu'à cela ne tienne, la conjonction des orbites prévaut sur une guerre d'usure. Trois préposés s'excusent le 2 décembre, empoignent le maître par le col et le cul, le basculent dans une nacelle en osier – « Avec notre respect, maître » –, deux autres l'installent dans le panier où Janssen d'un premier mouvement réajuste ses rosettes au veston. Les lestes tombent, le voici dans les airs, la montgolfière quitte le parvis de l'ancienne gare d'Orléans, prend sa hauteur, survole les lignes d'encerclement en bravant les tirs de barrage, se pose en terrain neutre avant que l'astronome s'échappe à Tours où il dîne d'une dinde avec Gambetta, Léon en sympathie. Marseille ensuite, et le savant de cingler vers Oran où, le 22 décembre, il n'y a rien à voir. Une épaisse couche de nuages camoufle tout.

Cette année-là le braconnier des éclipses va avoir quarante-sept ans. On lui en donnerait davantage avec sa barbe d'enclume, la tête alourdie des penseurs qui pique en avant – alors cette barbe ne sait plus où se mettre, elle fait comme un bavoir étoilé jusqu'au plexus, dissimulant le col et les derniers boutons de sa redingote –, le nez intraitable, la conjonction furieuse d'un regard à l'étau des bajoues. Comme tous il est allé se faire photographier boulevard des Capucines. Nadar ne l'a pas raté, il lui a tiré la tête des grands bonshommes avec dans la prunelle cette précoce fatigue du génie, la lassitude des renommées, et pour le reste, le temps de pose a figé dans sa pupille l'empreinte oculaire qu'ont les gloires du dix-neuvième siècle. Il a le portrait d'un demi-Hugo mâtiné de Jules Verne avec au front une touche d'Alexandre Dumas. Janssen courtise énormément le studio des Capucines, les procédés de Nadar l'enfièvrent pour ses propres raisons. Une photo, c'est très beau, tout joli, alors qu'il songe sciences, à l'élaboration d'un canon à images. Encore un peu, son appareil aura la vertu de décomposer les séquences d'une éclipse plutôt que d'immortaliser la gueule des uns des autres assis dans un studio. Véritable colt à barillet, son « revolver photographique » dissèque le cours des astres, il tire quarante-huit coups en soixante-douze secondes. Décoré, distingué, médaillé à lourdeur, il n'y a que sa femme Henriette pour lui rappeler le peu d'égards qu'il a pour elle, comme elle flétrit, combien l'époux dédaigne une jeunesse portée en dot, les soins du ménage, les fins de mois malaisées, les gaspillages tant pécuniaires que maritaux. Ingrate Henriette que son Jules César de mari (car c'est son prénom, Jules César Janssen) recloue à sa place dans une lettre de décembre 1868 : « Je suis en train de *te* conquérir gloire et position, tu as tout ce qu'il te faut, tu as une enfant intéressante à élever, du bien à faire, etc., et tu te plains ! Mais c'est tenter Dieu ! Veux-tu tout avoir sans aucun sacrifice ? Je t'en supplie, une fois pour toutes, montre plus de courage et attends mon retour avec gaieté, travail et entrain. » Non mais ! Et l'éclopé de parcourir le globe aux talons des éclipses, de se plonger dans l'étude, d'énumérer les granulés gazeux dont se goinfre le soleil. Après tout le vieux bonhomme n'a pas trop mal réussi une fille avec Henriette, c'est une matière « intéressante » comme il le souligne, mais il a d'autres chats plutôt sérieux. Entre les corps célestes et l'œil se tient l'atmosphère ; elle s'interpose, l'oxygène a le don d'opacifier les mélanges émanant des pourtours de l'astre. Henriette récrimine, elle a la mesquinerie de se plaindre quand lui, Jules César, a levé un million de francs pour la création de l'observatoire de Meudon, 1876. Elle geint alors que les régions de l'air gâchent l'appréciation du ciel, taquinent l'analyse des raies telluriques projetées à 150 millions de kilomètres d'où les regarde le vieillard. Il y a huit mois encore, n'a-t-il pas rapporté de Séville une poupée pour sa fille, et le berceau de la poupée, un camée à sa femme, un éventail d'Alicante ? Est-ce qu'on lui compte ? Non, ce qu'il faut, c'est s'élever d'un rien, grimper les montagnes, fouler ses flancs, arrimer des optiques aux éminences afin d'amoindrir la couche atmosphérique.

On dirait de Janssen une vie à l'envers. Après une enfance débile, une jeunesse rabougrie, après des études différées lui ouvrant les portes d'un petit poste d'employé de banque, puis une thèse en sciences physiques portant *Sur l'absorption de la chaleur rayonnante obscure dans les milieux de l'œil,* voici qu'il devient alpiniste en dépit des griefs d'Henriette, à soixante-quatre ans – « À ton âge… ». Toutefois comment toucher les cimes avec un corps habité d'une sclérose inférieure ? En traîneau, en chaise à porteurs, sur le dos des autres. Il y a ce cliché de Nadar pris au studio des Capucines, Janssen au fauteuil, le poids de la calvitie emportant sa tête d'un côté, prête à basculer, la tête maintenue par l'artifice d'une tigelle de fer dissimulée derrière sa nuque afin que sa face résiste au temps de pose ; il y a cette autre image de lui assis à un mètre du sol, porté par quatre types, brancards aux épaules. Elle date d'octobre 1888, l'homme se rend à la cabane des Grands-Mulets nichée dans la neige à 3 051 mètres d'altitude, de quoi raccourcir l'éther, minimiser l'influence de l'air. Évidemment la chaise est de son invention, il l'a dessinée, un grand bazar de bois conçu d'après ses plans, amélioré jusqu'aux coussins, aux appuis-tête, bien mieux qu'un palanquin des chasseurs du Bengale. Quand la pente l'autorise, que le pas est régulier, Janssen somnole dans sa barbe, engoncé dans plusieurs épaisseurs de laine, sans secousses, et quand viennent les passages escarpés on le réveille, le siège est démonté, les montants du brancard sont glissés sous les aisselles du professeur dont les pieds trottinent à vide, butent sur les protubérances de glace. Une manière de scarabée. Quatre porteurs et combien d'autres pour hisser vivres, bagages et caisses de science à l'abri des Grands-Mulets ? Les Grands-Mulets, nom d'ironie ! Des charges sur le dos, un bonhomme entier sur les épaules des portefaix mais après tout à ces hauteurs se dit Janssen, déjà, la gravité se fait moins sentir n'est-ce pas, l'atmosphère pèse moindrement sur le paletot des porteurs, d'un petit rien… Après quelques relevés spectroscopiques au pas de la cabane et une nuit à mi-chemin du mont Blanc, on redescend le ponte par le même procédé.

À Chamonix Janssen remâche l'intérêt supérieur d'un « observatoire d'État » juché sur le téton de l'Europe. La vallée résonne du nom de Vallot, Joseph Vallot, un fieffé astronome, un éparpillé, amateur à tout-va – géographie, botanique, naturalisme, glaciologie, médecine, météorologie… touche-à-tout –, un Méridional multi-nabab, droit fortuné sur ses jambes, progressiste, alpiniste, svelte, marié à une spéléologue, un type à l'aise. Suffisamment nanti, ce petit jeunet de trente-quatre ans a fait l'embauche de cent dix portefaix afin d'édifier une retraite non loin de la cime, moitié refuge, moitié laboratoire. Pragmatique, il voit dur, des murs durs, un socle dur. Il y a dans son approche quelque chose de la morale des *Trois Petits Cochons* : construire solide là où le sol est ferme. Un homme terre à terre doublé d'un esthète, Vallot qui bientôt ornera sa cabane à la mode asiatique, avec des masques nô et des tentures de soie à 4358 mètres d'altitude, des tapis fins et des tables laquées à l'abri des orages. Un palais des neiges, décidément le japonisme s'est abattu sur le goût de l'époque, jusque dans les fissures de la haute montagne.

Selon Vallot, bâtir au sommet reviendrait à poser une maison sur un fleuve endormi. Il vise plus bas, il a choisi l'emplacement rocheux le plus élevé sous la coupole du mont Blanc, un rognon de granite coiffant l'arête des Bosses, les dernières pierres émergées, remarquables, visibles à cinq cents mètres du renflement terminal. L'abri est toituré à la fin de juillet 1890 alors que Jules César étrenne son tout nouveau traîneau dans la vallée. Il s'en félicite, « sa forme, dit-il, rappelle d'une manière générale celle des traîneaux lapons, mais j'ai fait ajouter, dans les deux tiers de sa longueur et vers la tête, une main courante très solidement fixée ». Ce n'est plus une chaise mais une espèce de divan arrimé de patins que tirent douze hommes à la corde. Et tout recommence, le savant s'assoupit aux endroits les plus doux, mais quand les accidents ou la rapidité des pentes s'accusent, on le tire du sommeil, par la manche

– « Monsieur Janssen, monsieur le professeur ! Réveillez-vous, il y a là devant une affreuse rimaye » –, puis on le treuille comme une outre de sérac en crevasse. Son ami Charles Durier fut de cette aventure (ils ont respectivement soixante et soixante-six ans), à lui d'extirper Janssen de la troïka, de lui déneiger le poil, de le ceinturer par la taille afin que l'astronome se délasse au sommet du mont Blanc, vendredi 22 août, jambes flaccides, les pantalons excusés.

Janssen à la descente sera premier de cordée. C'est-à-dire que les douze préposés laisseront filer le traîneau de tête, le retenant dans la pente, douze poignets enroulés par deux tours de chanvre, vingt-quatre jambes arc-boutées, les talons responsables, une main libre crispée sur un bâton. Au soir du 22 l'équipée fait escale sur l'arête des Bosses, chez ce monsieur Vallot. Il est là, c'est vendredi. Les porteurs se retirent dans leurs couches comme font les chevaux de poste à l'écurie. Janssen dîne aux bougies, goûte au rôti, se sert en saint-julien tandis que ce Vallot l'agace. Il l'écoute de toute sa bedaine, du plus pisse-froid possible, ses roulements de crâne soupèsent l'entretien avec le contrepoids des sourcils. Trente ans séparent les deux hommes. L'un s'est hissé sur les épaules de la gloire, il a au doigt l'Académie des sciences et à l'œil le plus grand laboratoire d'astronomie solaire ; l'autre est un autodidacte, un fouineur d'altitude, un mêle-tout, pistonné d'héritages, cossu, cocu des sciences. Un cuistre à la voix flûtée. Moins vingt degrés tapent à la porte du refuge, le mauvais temps est pour demain, les deux hôtes vont devoir se rendre des politesses une semaine durant à quatre mille mètres de haut, bavarder à l'abri du blizzard, dans le grand salon, au bruit de la bouilloire qui passe ses heures à zofater sur le poêle (« zofater », c'est savoyard, lorsque la vapeur s'échappe de la cafetière en chahutant le clapet). Aux courtoisies des jours se mêlent les avis de Vallot regardant l'ambition de Janssen, élever un observatoire sur le bonnet du mont

Blanc, non pas une vulgaire cabane installée à mi-pente comme s'en est payé l'amateur astronome mais un planétarium doté de puissants instruments, cinq cents mètres plus haut que celui de son hôte. Seulement l'insolent lui rétorque avec son accent de Lodève qu'il n'y a pas de sol praticable où construire, là-haut, n'importe quel bâti s'engloutirait de lui-même dans la calotte glaciaire. Janssen passera le reste du séjour à changer de sujet.

Il y a du vrai dans ce qu'avance Joseph Vallot, on ne maçonne pas sur de l'eau immobile. Ce qu'il faudrait, c'est excaver la coupole afin de construire sur une terre solide. Aux objections que soulève l'Académie des sciences, Janssen rétorque d'un revers de manche : « Avec les moyens que les ingénieurs peuvent mettre à notre disposition et les montagnards que nous avons dans la vallée de Chamonix et les vallées environnantes, le problème sera résolu au moment voulu. » Aussi tous les amis de la science lèvent des crédits outranciers en 1891 afin de mesurer la couche séparant le sommet du mont Blanc des premières roches. De combien d'épaisseur est ce manteau ? On n'en sait rien, certains avancent des chiffres, quatre, cinq mètres seulement, d'autres l'estiment gros de soixante mètres et plus. Les sondages de la croûte reviennent à Xavier Imfeld, un ingénieur, un Suisse, tandis que Gustave Eiffel est élu maître d'œuvre. Ce génie de la ferraille n'oppose à l'entreprise qu'une seule condition : qu'un plan rocheux puisse être trouvé à moins de quinze mètres sous la glace sans quoi il ne vissera pas un seul boulon.

Imfeld n'entend pas forer de haut en bas mais latéralement, c'est-à-dire percer une galerie dans un flanc du bulbe sommital – le mont Blanc trépané. Le mieux serait d'ouvrir le tunnel en face sud, mais voilà, la ligne frontière passe par le dôme et le sud revient à l'Italie, et l'Italie tergiverse, ajourne, jusqu'à attiser les fulmineux dédains de Janssen. Du diable les Italiens ! on attaquera la montagne par le nord. Toutefois forer prendra des mois et plusieurs équipes ouvrières qu'il convient d'abriter des volées d'ouragans, de restaurer, à qui donner le gîte, dit autrement il faut une maison préalable pour construire une maison d'altitude, un gourbi où dormira la main-d'œuvre. Conçue dans la vallée, la cabane en kit ne pèse que 527 kilos paquetés en diverses charges, numérotées entre elles, quand les négociations entre Imfeld, Eiffel, Janssen et la confrérie des porteurs sont arrêtées à deux francs cinquante le kilo hissé sur un dénivelé de 3800 mètres (environ 0,00032 centime le kilo par pas). Au charroi de la chaumière accrochée à quelque trente-cinq mètres sous l'éminence s'ajoutent les vivres et le vin, des quantités de bois de chauffage, les couvertures et la literie, l'essentiel des clous, haches et marteaux, les pelles, les pioches et les premiers engins qui serviront au tubage de la galerie. Il est prévu qu'un médecin soit présent tout au long des travaux afin d'étudier le « mal des montagnes » sur le moral et l'endurance des tâcherons.

Une fois l'asile en place les percements commencent. Plusieurs tonnes de déblais basculent dans le vide, à la bêche, pour rien, car la suite vasouille. L'affreux temps fait trop souvent des siennes, les rapports d'Imfeld à Eiffel n'ont rien d'engageant, le père de la tour parisienne doute qu'il soit crédible d'atteindre la couche pierreuse, les journaliers rechignent pour un rien, ils ne se plaisent pas dans l'abri de fortune et préfèrent s'inviter chez Vallot, cinq cents mètres en dessous, ce qui fâche Janssen. L'un d'eux le 17 août, Joseph Simond, doit regagner la vallée, malade, les pieds bleus, qu'il perdra, les orteils insensibles aux infiltrations répétées du zurichois docteur Egli. Dès le lendemain la gronde ourdit dans les rangs, les manœuvres se liguent, réclament un salaire journalier de trente francs plutôt que seize, somme arrêtée à vingt francs après d'âpres pourparlers avec l'entremetteur en la personne de Frédéric Payot. Vendredi 21, le vent refuse les ouvriers, cinq d'entre eux rendent leur tablier en dépit du salaire, s'encordent à un guide chamoniard descendant son client dans la vallée quand la colonne est emportée par une chute de séracs tombés du dôme du Goûter : deux morts, des contusions et pour chacun, en haut, en bas, un moral noirâtre. Une bavure à laquelle la science ne saurait s'arrêter. Les ingénieurs recrutent de nouveaux tunneliers natifs de Chamonix, chipotent les tarifs et les navettes reprennent quoique l'affaire patauge à cette hauteur. Ceux qu'on appelle les « facteurs », comptables des convois de mangeaille, d'étais, d'outils et des quantités de bois de chauffe, se trouvent rarement au rendez-vous des paliers. L'ingénieur Imfeld se prend à douter, le tunnel va de biais et pour le peu qu'il progresse, toujours pas de roche en vue, rien d'un plancher. De toutes les congères déblayées, le seul élément s'approchant de l'idée de caillou sur lequel aura buté la pelle après seize mètres de trouée latérale est un petit noyau, celui d'un pruneau or, pruneau ou abricot, si un noyau déposé au sommet du mont Blanc s'est enfoncé tout seul par quarante mètres de fond, qu'en serait-il d'un observatoire sans fondations ?

Après des semaines de pelletage pour vingt-trois mètres de percement, la tête du tunnel touche à l'aplomb de la cime sans qu'un rocher se fût montré. À la demande de Janssen, une nouvelle galerie latérale affouillée d'est en ouest ne révèle pas plus de roche. Les jours tiennent tête aux fouilles, l'humeur des tempêtes oblige à évacuer plusieurs terrassiers des hautes pentes en raison de leurs gelures, aussitôt remplacés par de nouveaux piocheurs venus de la vallée. Frais monté le 28 août, le docteur Jacottet est saisi d'une double inflammation, poumon et cerveau. Il passe la journée du 2 à délirer, perd connaissance, s'éteint dans la nuit. Les annonces funestes, le rocher introuvable, le socle fantôme, les surcoûts, le sale temps, c'est beaucoup. En ingénieur, Imfeld s'adresse à l'ingénieur qu'est Eiffel : « Les grands frais que les travaux vous causeront ne sont plus en proportion avec la probabilité d'avoir un résultat positif, et je tiens de vous dire cela pour éviter tout reproche si je les prolongeais inutilement et sans espoir. » Tout bien pesé Eiffel jette l'éponge. Les 7 300 tonnes de ferrailles assemblées pour sa tour parisienne le furent en moins de deux ans, sans une égratignure à signaler dans les équipes ; ses ponts tiennent les gouffres, ses gares ricaneraient aux séismes, partout dans le monde il envoie sur catalogue des églises prêtes à monter mais décidément non, le sommet du mont Blanc est bien trop désossé, mou comme une plombière, autant construire un château de cartes sur un tapis mécanique. Imfeld à son tour rend son tablier avant de rejoindre Zermatt. Il lui revient d'avancer à Janssen la longue facture des guides, porteurs, ouvriers et fournisseurs. Là-haut désormais la cime est vide de monde, on lui fiche la paix, le mont Blanc entame sa saison favorite, l'hiver, celle des moins trente, moins quarante degrés alors que les vingt-trois mètres de tunnels inutiles s'embouchent de congères.

Ah ça mais ! le père Janssen n'est pas homme à s'en tenir là, tête de pioche. Le tout payé, Jules César va tenir la dragée aux sceptiques ; « Vous allez voir. » Pour ce qui est de savoir si la bâtisse s'abîmera dans la neige, une simple expérience suffit. À Meudon, le savant fait peser une colonne de plomb d'un poids de 360 kilos sur de la neige tassée en monticule. La charge s'enfonce de seulement deux centimètres, d'où les railleries de Janssen au nez des incrédules. Sitôt, une nouvelle écurie de portefaix charrie à la cime un prototype appelé « l'édicule ». C'est une cabane éprouvette portée au sommet à seule fin d'étudier ses mouvements, voir si elle penche, glisse, flanche ou s'écrabouille sous la pression. La bicoque cobaye atteint l'éminence quand déjà à Meudon, près de Paris, en 1892, on boulonne pan à pan l'observatoire de Janssen selon les plans d'Émile Vaudremer. Il a des airs de sous-marin d'altitude. C'est vrai de l'idée (il est possible que l'édifice plonge dans les eaux sommitales) et de la conception : immergée sous la neige, sa base de cinquante mètres carrés supporte un étage en forme de pyramide tronquée, lui-même terminé par une tourelle réservée à l'optique. La partie basse prend jour par des baies situées à fleur de glace, entre deux eaux – elles seront vite recouvertes. Son plancher isolant est muni de trappes menant à des vérins mobiles qu'il suffit d'actionner afin de corriger ici ou là l'affaissement du bâti en fonction des dérives glacières. Comme aux sous-marins, une rampe en colimaçon relie le sous-sol à l'étage noble dont les parois sont redoublées, ainsi que les fenêtres ouvrant sur une agréable terrasse. Bois et fer constituent l'ensemble, tout rentre en caisses, tout se démonte et se remonte à la façon d'un Meccano, à chaque trou son rivet, les composants sont répertoriés, cotés, dessinés sur un manuel. Empaquetés, l'observatoire et sa notice quittent Paris par le PLM.

Débarqués au pays des alpages, les morceaux d'observatoire gisent au pied du glacier des Bossons où Jules Bossonney, chargé du fret, procède à la répartition des charges. Le vieux Janssen a ordonné la construction de deux cabanes intermédiaires où remiser le bel édifice en pièces détachées, l'une aux Grands-Mulets (3 051 mètres), l'autre aux Rochers-Rouges (4 509 mètres). Ces deux points de relais sont doublés de sommaires dépendances où gîteront les dockers du mont Blanc. Le déménagement est confié à Frédéric Payot, il va nécessiter 800 portages avec des charges moyennes d'une trentaine de kilos rapportés sur l'échine des commissionnaires. Les allers-retours cessent avec la venue de l'hiver, ils reprennent au printemps 1893 alors que les caisses ont passé Noël sous un manteau de neige gros de huit mètres. À force d'assauts à petits pas, treuillé, porté, halé, l'observatoire en vrac parvient au complet sur la calvitie du mont Blanc où d'autres équipes ajustent les structures, portes, fenêtres, planche à planche, tôle à tôle jusqu'à la coupole. Le gros des beaux jours se passe à colmater les interstices, à calfater les ouvertures et déjà, pour les soutiers de la montagne, à déneiger le socle, à actionner les vérins afin de redresser les planchers, qu'une bille n'ait pas l'idée d'aller rouler dans un angle. Les salles sentent le neuf avant l'arrivée du patron. Pour sa troisième ascension, une kyrielle de coolies trimballe Janssen sur son traîneau entre le borborygme des avalanches et les ronflements du savant disparu sous quatre épaisseurs de fourrure. On la voit de la vallée, à la lunette, la cabane brille quoiqu'il lui manquât le principal : l'optique. Mais qu'importe, Janssen au premier soir fait la nique à Vallot et la nique à Eiffel, là-haut, dans son laboratoire, son plastron de barbe pris de givre et ses yeux de vieille Madone renversés vers le ciel.

Encore trois ans pour que la grande lunette sonde la voie lactée de son œil rond, sans loucher, trente-trois centimètres d'ouverture à l'optique, et six années de mieux avant qu'un sidérostat capte la lumière astrale. Jamais le ciel n'aura été scruté de si près. Toutefois la masure du mont Blanc penche d'un côté, elle vacille – elle claudique comme son maître. Dedans ça grince. Les techniciens sans cesse descendent à la cave de l'observatoire, révisent l'inclinaison, jouent des vérins pour lui rendre un peu d'aplomb tandis que les scientifiques en sont réduits à fixer de hautes cales sous les tables afin que les pichets de vin ne versent pas. Parfois c'est d'un côté, parfois de l'autre selon les heures, on déplace les cales. Ils mangent de biais, dorment en diagonale, rêvent en oblique. La monture de la grande lunette rattrape le cours des astres tandis que les ingénieurs rattrapent les variations de parquet car la coupole a cette mauvaise tendance à perdre l'équilibre. On doit l'haubanner, l'armer de contre-montants. Dehors les congères s'amoncellent autour des quatre pans au point qu'il faut parfois une équipe de pelleteurs pour venir libérer un astronome attardé – c'est que les portes ouvrent dans le mauvais sens, vers l'extérieur.

Bien loin de là, Jules César, quatre-vingts ans, se mâchouille la bouche en se faisant promener dans sa chaise à porteurs sur les flancs du Vésuve. Il zozote, s'endort, sa bonne tête disparaît de moment en moment dans les fumerolles de soufre alors que sous le plaid il se roule les pouces à plaisir. Un cahot le réveille, il gazouille un air d'opérette, grogne, ricane, se reprend, songe à son beau laboratoire, aux nouveaux instruments dont il faudrait le doter et, pour bientôt, à son prochain voyage en palanquin du bas de Chamonix jusqu'au grand mamelon du mont Blanc. Car il va revenir, mettre un peu d'ordre aux étoiles, et pour cette fois il entend bien de ne pas s'arrêter chez Vallot. Il le saluera au passage, ses porteurs lèveront leur chapeau, au trot et d'un trait jusqu'à la cime.

Durant ce temps là-haut, le kiosque des sciences continue de s'évanouir dans une purée de tourbillons. Il s'incline, c'est patent. La neige l'assiège, il se tord mais surtout ses fondations s'enfouissent comme le présage du petit noyau de pruneau. Il se noie, s'amollit dans le bas-fond des glaces, la station coule à pic au sommet d'une montagne. Sa base est maintenant si profonde que nul ne saurait atteindre les vérins, et quand bien même, ils sont grippés. Certains se risquent dans la carcasse pour sauver des restes d'optique, démonter les instruments de science et de haut coût, la grande lunette, les miroirs, le météorographe, dévisser les lentilles avec partout autour le sinistre craquement des parois qui fait penser aux bruits du *Nautilus*.

Plus bas dans sa cabane, Joseph Vallot suit le désastre. Le temps n'est plus où il se risquait à donner des conseils mais il garde pour le vieux mandarin une entière franchise, une modestie sans arrière-pensées dans laquelle Janssen aura décelé jusqu'au bout les plus hautes formes de la duplicité. Ce qui n'est pas ; Vallot n'aura cessé d'ouvrir son refuge aux équipiers, aux contremaîtres et porteurs, d'offrir son bois, ses soins, ses couches, ses dépendances où remiser les instruments d'un prix « astronomique », souvent à l'insu du maître. Aux derniers temps il s'est risqué de son propre mouvement dans la baraque engloutie. À peine entré il découvre un incendie en blanc, vivace et durci, un feu caillé. Les salles ont un air de lendemain de fête, les parois ont pris du ventre, quelques planches murales rigolent aux jointures, elles bavent de neige. Plusieurs foudroiements se sont invités dans les lieux, des convives de tonnerre, des orages alcooliques. Ils sont venus boire un coup à l'observatoire, ils ont trinqué avec la ferraille, ils ont arraché du plancher l'escalier hélicoïdal, lequel se tire-bouchonne dans le sens inverse de sa spirale, ses dernières marches se balancent au rythme des bourrasques, se bidonnent, l'escalier tape de toute sa rampe au moindre coup de blizzard. L'anticyclone à la maison. Et plus étrange, comme par radiesthésie des altitudes, un tabouret colmaté de gel tient les pieds sans toucher terre, aimanté à hauteur d'une poutrelle. Un sabbat figé duquel émanent d'inquiétants cliquetis comme prélude au sinistre.

L'Alpine Club de Londres possède une photographie de l'intérieur prise à ce moment, en 1907 ; elle fait froid, elle est saisissante, une nature morte à la glace, ça sent le frimas. On voit dans le salon un baquet gavé de neige, une fenêtre livide aux montants de sapin, l'huisserie frêle, un râtelier voisin d'un paquet de cordes amoncelées, une échelle dont chaque échelon est coiffé de raies superposées, blanches comme des lignes de cocaïne parallèles car la tempête s'invite comme elle veut dans la salle. Sur cette image on voit que la montagne est entrée dans la cabane avec son désordre de montagne, la neige atteint la neige, la corde abandonnée dans ses replis dessine une géologie avec des monts de chanvre tapissés de gelures, ses nœuds sont des ressauts où s'accroche le détail d'un paysage. Elle fut prise dans le mois où Janssen, orpailleur du soleil, fermait tranquillement les yeux à Meudon, le 23 décembre 1907, alors que la baraque continuait sa plongée. Elle tint deux ans de mieux après la mort de son maître. Il arriva que Vallot s'y rendît en voisin – comme pour arroser les plantes. De la tourelle céleste, on apercevait encore les derniers centimètres dépassant du sommet, un téton. Avalée, la structure se disloquait, les vérins se cramponnaient comme une main morte sur une ligne de fracture qu'on appelle une crevasse. Celle-ci se déchira un soir et le palais des sciences bascula dans le vide, chuta du côté italien, alla s'éclater comme une cervelle sur les pentes inférieures du mont Blanc.

Vingt pas, peut-être trente

Pour Carole et Guy

« Il est brisé, n'y touchez pas. »
SULLY PRUDHOMME

On dit que toute une vie défile dans les quelques secondes précédant l'accident. J'en doute. Je n'ai pas essayé mais j'en doute. Peut-être, au mieux, surgit-il une seule image qui les vaut toutes, et il n'est pas impossible qu'au regard de l'instant encouru, hautement critique, cette image soit à ce point innocente, saugrenue, de celles au caractère inopiné qui viennent dans les rêves, que son inconséquence nous laisse croire à une clé de démultiplication des séquences ordonnées résumant notre vie, ce qui n'est pas. Avant le choc reviendrait toute la bibliothèque de notre existence, défilochée à l'accéléré... J'hésite à le croire. Autrement, peut-être voyons-nous l'inéluctable issue ramassée dans le prochain laps alors que nous nous raccrochons à un farouche instinct de survie fait de tous les instants qui la remplirent mais sans qu'aucun soit vraiment du déroulé. Ou encore, ceux qui en reviennent – car il faut en revenir n'est-ce pas –, se trompent d'instant, confondent la seconde précédant l'impact à tous les rattrapages psychiques éprouvés ensuite, cette impression de défilement n'étant rien d'autre qu'une reconstitution mentale de deux moments superposés, le très court temps de l'épouvante et la mesure qu'on s'en fait après coup. Mais le sujet n'est pas là, foncer dans un mur. Ma vitesse n'était de rien, j'avais vingt pas à faire, peut-être trente, une courte distance à mener sans qu'il se présentât d'obstacle, de mur ou de platane, aucun ravin, vingt pas très ralentis, à foulées lentes, conventionnelles aux enterrements. Là oui, j'ai pu débobiner les diverses images que je tiens de François Mauvieux, à son hommage, un peu des miennes en ce qui touche ma main.

Je n'étais pas de Cucuron mais de Beaucaire, ce qui ne fait pas loin. Orphelin, pupille, Jean-Michel. Je me souviens d'une abbesse en carriole, de Beaucaire jusqu'à Apt, moins sévère qu'exacte à me faire boire au litre de lait, de ses roides affections, comme elle m'enjoignait de m'endormir sur les cahots du chemin, ce que j'essayais. Mais plutôt elle. Je l'ai vue somnoler, c'est-à-dire siffler, puis ronfler. Une abbesse endormie. Sa tête renversée, son fredon grossissant, les grands méats de ses narines puis, lorsqu'elle ouvrit les yeux, l'expression de reproche à mon égard, un gamin de huit ans surpris à observer le sommeil d'une moniale. C'est tout ce dont je me souviens. Rien de la suite, quel fut l'attelage d'après, quel adulte à ma menotte sur le chemin de Cucuron, depuis Apt, car ce n'était plus l'abbesse.

Non plus, je n'ai pas le souvenir des embrassades avec les miens, mes parents d'adoption, savoir Suzanne Mauvieux, cousine de ma mère, et François, son époux, une branche familiale trop éloignée pour que je l'eusse rencontrée avant mon âge. Il y eut une première fois, fatalement ce jour-là, l'instant où je découvris le demi-cercle frappé sur la tempe de ce père, côté droit, une marque rougeâtre à la peau gondolée au-dessus de quoi la repousse des cheveux n'avait plus cours, comme une estampille capillaire qu'il ne cherchait aucunement à cacher. Cette tavelure portée au front m'est si familière qu'il serait faux de me souvenir quand je la remarquai pour la première fois. Au reste, de cette tache, il ne fut jamais question, ce qui la lui valut ; pas plus comment il la reçut que quand, et où.

Les Mauvieux voulaient qu'il y eût une nombreuse assistance rue des Vaureilles, pour mon arrivée, tout ce que la Provence comptait de proche famille, c'est-à-dire assez peu ; leurs frères et sœurs qu'on me présenta dès l'instant comme mes oncles et mes tantes, les noms d'Alban, de Clémence et d'Augustin, des cousines, des cousins, dès lors les miens, mais comment se tenir pour tel, se reconnaître une parenté inopinée d'une heure à l'autre ? S'il me reste peu d'images intelligibles de ce que furent ces présentations, sinon l'humeur heureuse, la plus juste est celle des grands âges de chacun, la cousinade et surtout mes parents. Peut-être comme seul souvenir, je vois les thuyas du jardin, les gouttes de suc dont pleuraient les figuiers et ma chambre à l'étage, fraîche d'un papier peint, mon lit et la commode, des jouets qui n'avaient pas servi. La chambre, les thuyas et la tache de côté sur le front de mon père n'ont pas de première fois, sinon toutes celles où elles se présentèrent à moi pour de riches années.

J'ai bien aimé les rues de Cucuron, leurs boucles abruptes et leurs détours, une façon tortueuse complice à l'enfance. Les montées nous valaient des aubaines essoufflées, chaque dédale reculait les heures d'ennui, ils relançaient les parties. Les recoins, les ruelles, les impasses nous faisaient rentrer après l'heure, bien des mioches payés de taloches pour avoir trop joué. Ces rues sinueuses ont quelque chose, elles ne préviennent pas, se terminent comme ça ou se raccordent à d'autres sentes, elles ont des secrets de raccourcis que boudent les adultes ; eux préfèrent un détour moins pentu. Même les mules, on leur accorde un crochet sans raideur. Pour un virage à trop courir, les murs nous attrapaient le coude, régalé d'écorchures. Dans l'une ou l'autre de ces rues il suffit d'être deux du même âge pour que les vieilles au pas des portes concluent à une bande de garnements. C'est vite oublié, elles le marmonnent à leur bonnet. Et dirait-on, chaque cavalcade converge au même point, au bassin de l'Étang où soudain notre existence d'enfant se diluait dans une foule d'adultes et de paniers, de commerçants, d'habitués, les vieux aux mêmes endroits, les bicyclettes, les triporteurs, ma mère Suzanne et mon père Mauvieux aperçus parmi les têtes, aucun n'ayant l'idée d'un reproche tourné à mon enfance. À Cucuron le bassin de l'Étang acquitte les humeurs ; on y passe, on s'y réunit sans le vouloir, c'est comme une place municipale qui n'en est pas. La pièce d'eau en occupe le centre et les badauds se poussent contre les maisons bordant les trois côtés ; l'espace n'est pas pour tant de monde. Pire aux dimanches quand le village s'y retrouve, et l'été, la fanfare à caser, pas même une fanfare, un orgue de Barbarie, un rémouleur ambulant sans compter les commerces qui dépassent sur le trottoir, le tonnelier, le vin en gros et le charpentier, il faut se tasser. Jour de fête, on suspend des lampions de platane en platane, par-dessus le bassin, on dirait une piste de bal, décorée, vide, avec une foule serrée tout autour du plan d'eau. Les danseurs évoluent dans les angles, on gigote enlacé aux bordures du bassin. Danser au carré. Au plus fort des hivers le monde est moindre et l'eau gèle, si bien qu'on se regroupe au milieu du bassin et non plus sur le pourtour. Et ce n'est pas tout, il y a ces arbres autour de la place d'eau, des platanes aux formes folichonnes. Ils commencent bien au tronc, sur peu de début, puis leurs branches centenaires fusent au ciel, pareilles à des poireaux, comme si elles avaient été ligotées et que leur touffe maîtresse en gardât une mémoire bizarrement branchue. Ces arbres, on leur dirait une coiffure d'autres pays.

Village à la mesure d'un gamin, Cucuron demeure encore à ma taille d'homme. J'ai aimé notre rue des Vaureilles, les thuyas en effet, le jardinet, la maison à étages, l'escalier du dehors d'où mon œil tombait depuis la plus haute marche sur la cour mitoyenne et sur son dépotoir de terre cuite, fariné de poussière. Il s'y trouvait notre voisine en toute saison, Blanche Leloin, assise du matin au soir, d'étrange allure, le buste fort, des épaules bâties mais les jambes comme amincies, et puis assise d'étrange façon. Elle avait le corps droit, un long tablier lui recouvrait la cuisse mais pas l'autre (comme unijambiste), cette autre toujours à découvert, nue les hivers, sur laquelle d'un geste de pâtissière elle plaquait des carrés d'argile mi-frais, sur sa peau même, le même mouvement plus de mille fois à la journée. Les plaques d'argile seraient bientôt des tuiles, cuites au four par Adrien Leloin aidé du fils. Elles épousaient le galbe de la jambe, exactement à mi-cuisse, avant le genou, si bien que le moulage prenait la forme d'une section anatomique justement calibrée, conique, puis Blanche Leloin avait ce geste d'en lisser la surface d'un aller-retour de main. Si elle changeait de jambe ? Je ne crois pas. Et ceci : est-ce que les courbures de Blanche Leloin possédaient par nature l'alésage idéal d'une tuile ou si, à force, les plaques d'argile avaient formé sa cuisse au patron d'une tuile ? On ne voyait pas son mari. Je regardais cette jambe.

Rue des Vaureilles en face vivait le répétiteur, vieil homme de chant. On remarquait que jamais sa voix ne traversait la rue, seulement celle des élèves, assez peu. Deux francs la leçon. Il est dit qu'aucune oreille du Luberon ne valait la sienne, fine, de haute acuité quand le maître de chant se trouvait privé du principal. Un mal lui avait tapé le muscle vocal, les deux cordes, ce qui donnait une voix réduite en poudre, tout égrugée. En guise de phrases, il s'efforçait d'aller chercher les siennes un peu plus bas, du côté de l'œsophage, dessous encore, au ventre, si bien que son voisé avait quelque chose qui rappelait le rire. Sa façon de parler. Les choristes à deux francs la leçon doutaient d'eux, ne sachant pas si ces semblants de rires les blâmaient ou les encourageaient, au juste, si leur chant progressait. Du talent d'ouïe mais peu de répondant. Aussi peu que d'élèves. C'était toujours le même refrain de rue à rue, une ode à Rosalie, une romance à dix syllabes,

Ces cris, ces pleurs que j'ai versés pour elle
N'ont pas éteint le feu de nos amours.
Mes amitiés sont à ma Rosalie.

Cucuron le tenait pour un « marrant », bon pédagogue à n'en pas douter mais marrant avec cette forme de voix car je n'invente rien, son nom était monsieur Marvoix, Hippolyte Marvoix. Mon père avait pour lui une entière amitié qui l'invitait à ses battues, car il faut y venir. Clerc de notaire, aimable à tous, homme rondelet doté d'une franche bouille, mon père François Mauvieux avait d'assez furieuses passions pour la chasse, grand féru, tout gibier, néanmoins le plus connu des bredouillards par toute la Provence. Comme môme, j'ai parcouru des acres et des ravins à ses côtés, précédé d'Hippolyte Marvoix. Je crois que la recrue, Marvoix, servait d'ouïe à mon père. Nous ratissions de longues distances, un chasseur et son fils menés par un maître de chant gloussant dans les sous-bois. Marvoix faisait l'appeau et la truffe, il levait, mon père envoyait aussitôt une décharge, dans les buissons et sans viser, ça claquait sec avant une lente retombée de feuillage. Chou blanc. Arme à double canon, suivait le deuxième coup complètement superflu, et lui : « L'est encore esbignée la garenne. » Marvoix et mon père tapaient du talon à ce manque de chance et moi, piqueur, ballot du peu, je puisais dans mon inutilité une certaine confiance de ne pas me reconnaître de leur confrérie. Énergumène à demi. Pas de chien, seul leur talent, Mauvieux et Marvoix à la chasse, giboyeurs à la manque, j'y reviendrai.

J'acquis avec Marvoix des rudiments de clarinette les jeudis. Il me faisait jouer *Rosalie*. J'ai connu rue des Vaureilles la chaude affection de ma mère et le puéril orgueil que plaçait mon père à prendre soin de mes joies. Il attisait mes jeux en s'y prêtant lui-même avec mille petits ridicules, lesquels disait sa femme n'étaient pas petits mais simplement ridicules. Jamais de vraie gronderie. Par ses attentions, ses enfantillages affichés et sa fierté concluante, mon père François Mauvieux s'attirait les douces plaisanteries du village, de tendres railleries. J'étais son fils à Cucuron, unique, tardif, c'était un notable, conseiller municipal, estimé comme le premier des braves hommes. Ma mère Suzanne me fit l'école, institutrice à Cucuron. Il était bon d'être passable, élève plus que moyen, de ne jamais recevoir un bon point de ma mère, aucune marque qui eût ressemblé à de la bienveillance aux yeux des autres. D'une part, mon bulletin scolaire me mettait à l'abri d'être perçu comme un favorisé, d'autre part l'âge de Suzanne paraissait qu'elle ne puisse être ma mère ; c'est là un point sur lequel la honte de son âge joua à mon avantage.

Jamais de réprimande. Quand tombaient les mauvais résultats, mon père avait cette manière de rendre le mors : il se détournait, occupé d'un volet, des bûches à remonter, du loir sous les combles. Pour une composition ratée ou un zéro en calcul, soudain mon père n'écoutant rien relevait ses bras de chemise, diluait trois mesures de farine coupées de moutarde, arrosées d'eau, toute une vinaigrette, un précipité en défaveur des loirs rôdant dans les charpentes. Puis il partait s'évertuer, faire une vie impossible à ce loir, dans les combles. Cette subite occupation lui permettait de nier le bulletin et les notes accablantes soulignées de trois traits. Nous dînions à son retour des greniers, mes parents et moi, sans aborder la question de mes piètres succès d'écolier. La suite fit de moi un apprenti boucher à l'enseigne de monsieur Jean, rue du Portail-de-l'Étang, puis le boucher de Cucuron à l'heure où monsieur Jean se retira du métier après m'avoir livré tous les tours et savoirs regardant l'apprêt des viandes. Pour la boutique, la succession, mon père traita avec lui mais c'est là autre chose. Je n'étais pas même apprenti lorsque c'est arrivé, une première fois, puis une seconde fois. Deux fois dirait-on comme l'arme de mon père tirait deux coups.

D'abord à mes onze ans, dans l'appentis où j'avais droit d'entrer quand il préparait le plomb, révisait le fusil, graissait l'âme du canon au furet. Il m'avait montré les cartouches, comment s'y prendre. Je m'amusais des petits tubes en carton terminés d'une base en laiton où se tasse l'amorce, la poudre. Comment presser. Puis insérer la bourre, c'est-à-dire une rondelle de liège ou de feutrine mais alors, comment la bourre doit être enduite côté plombs et parfaitement sèche côté poudre, bien positionnée, sans jeu. Enfin la bonne mesure de plombs, des numéros 8 versés à l'entonnoir dans le tube en carton, pas jusqu'au col car il faut replier la cartouche par une suite d'encoches régulières, l'écraser au repoussoir sur le pourtour de la couronne. C'est pour que le plomb reste bien fourré dans sa gaine. J'aimais l'endroit. Dès l'entrée la remise rendait de délicieuses odeurs, des mélanges tenaces de graisse, de poudre et de métal, de pierres à feu, des saveurs qui restaient sur la peau au moindre contact avec l'un des instruments dont l'établi était jonché. Un arôme d'armurerie. Quant à eux, les instruments, il y avait de quoi ravir l'enfance, des dosettes, des brosses, des petites cuvées pleines de grenaille de plomb où jouer des doigts, des sertisseurs à coulisse vissés sur l'établi. Des choses lourdes à la main (une culasse démontée), d'autres dénuées de poids, tout le corps des cartouches encore vides de charge qui faisaient entre eux un bruit de tubes en carton, calibre 12, un bruit creux, bien loin de ce que serait la détonation. Une fois fait, le petit arsenal de cartouches ne restait pas dans l'appentis ; l'endroit est humide, la poudre n'aime pas. Mon père rangeait le tout dans des caissettes à plafond coulissant, non pas cachées dans les étages mais entre les soupières, dans le buffet de la cuisine. C'est où ma mère rangeait le sel, exprès, contre les cartouches qu'elle appelait « le poivre ».

Il m'a montré comment faire, chaque étape, plusieurs cartouches en exemple, puis à moi. J'en ai confectionné une dizaine sous son œil sans qu'il les eût reprises quoiqu'elles fussent mal finies. Nous les avons tirées à l'écart du village, sur le chemin de la Ferrage, la dizaine au complet. Beaucoup foirèrent. Je l'ai senti peu sûr, empreint ce jour-là d'une joyeuseté prudente, rigolarde à demi. Il m'enjoignait de m'éloigner à chacune des cartouches, toujours un peu plus loin, estimait la distance avant de me décocher un clin d'œil entendu. Puis, canon au ciel, il détournait la tête, plissait des yeux en appuyant sur la gâchette.

J'étais donc à manier le sertisseur dans ma douzième année comme il tripotait l'arme au-devant. Je crois qu'il cirait la crosse. Le coup est parti. Les plombs en sortie de fût sont encore serrés, puis ils s'évasent, la charge fuse en bouquet, elle fait un cône. Je me trouvais dans l'axe, un rien de côté, trop près du canon pour que l'éventail des plombs ne m'atteigne. De peu. Le fracas sembla long, il en restait la dilution dans l'appentis, son timbre aux tympans et je me souviens d'une fine odeur de poudre fraîchement brûlée. Mon père était là debout, l'établi entre nous, la carabine à mon adresse avec la crosse calée sur l'aisselle, son chiffon dans une main et l'autre suspendue, le doigt en virgule crocheté à hauteur du pontet. Ce n'est qu'ensuite, il m'a saisi un bras à me serrer de douleur, comme s'il imprimait un mal en place de blessure, comme s'il tâtait au malheur de la seconde d'avant. Encore après j'ai vu son teint blêmir, ses joues, le front gagné d'une pâleur épaisse sinon la tache un peu plus rouge qu'il porte au côté. Il a dû ânonner quelque chose d'un juron, des mots inaudibles à l'effroi du bon Dieu, et ce furent bien les seuls car il n'y en eut pas d'autres, à personne ni surtout entre nous. Et par exemple, il serra l'appentis avec une chaîne, se tint loin du gibier durant toute une année.

Aux premiers temps ma mère s'étonna du soudain désamour de mon père pour la chasse, comme à dire qu'il n'était plus le même. Certains de Cucuron aussi, dont Marvoix, le maître de chant. J'aurais été le mieux placé pour en dire, parler du soudain revirement depuis le coup de feu dans la remise mais j'éprouvais trop de pudeur pour son propre silence fait de honte et d'une malepeur rétrospective. Au demeurant, sa détermination s'effrita au retour de la saison ; il se mangeait les sangs. Je venais d'avoir douze ans. Un dimanche, je l'ai surpris dans le cabanon, il bourrait des cartouches, en douce. Puis nous revîmes sa casquette des grands jours, l'emblème des taillis, une forme de galet qui lui faisait un moulage crânien, terminé d'une grosse écrasure à l'avant d'où dépassait la visière, pareille à un ongle coupé court. Encore un peu, il revêtit son habit de veneur, savoir des bottes accueillant des pantalons à grandes cornettes évasées vers la taille, là où elles se perdent sous une veste dont les pans faisaient jupe. Un matin dans l'entrée, au porte-parapluies, il y eut la gibecière suspendue, toujours la même, une sacoche d'un cuir mou qui de longtemps n'avait soupesé de perdrix. Autre matin, sur une patelle trônait la cartouchière, cette écharpe en vachette bombée de petites loges successives, tout arrondies, serrées, le cuir bruni dehors, l'intérieur peluché. Et comme de rien auprès des parapluies, moitié dissimulé sous la blouse de ma mère, il y eut le fusil. Il reposait sur la crosse, son double canon contre le mur avec une plate rainure entre les fûts et, au bout, les calibres jouxtés comme deux petits yeux acérés, rétrécis, singuliers – le regard d'une carabine. J'aimais la bandoulière passée dans les anneaux oblongs, l'un riveté à l'avant du canon, l'autre au bec de crosse, une grande mesure de sangle reliant le fer au bois. C'est par où le fusil se tient à l'épaule, pour marcher longtemps, rendre la mesure des pas trompés quand les perdrix vous voient venir de loin. Marvoix et mon père se remarquaient de loin, leurs pas les annonçaient, leurs leurres gosillés à tous les volatiles avec le pire accent des forêts.

Il reprit ses coutumes vers la fin de septembre, une fois seul d'abord, une fois avec le père Marvoix. Je fus de la troisième sortie à quelques kilomètres de Sivergues dans des vallons dégarnis, des terres bourrues à l'idéal du vent. L'un comme l'autre ignoraient ce qu'ils pistaient du côté de Sivergues mais pour le cas, comme souvent, mon père s'était chargé de gros, de la chevrotine, plein la cartouchière, plein la musette et deux douilles engagées. Je ne pense pas que nous nous soyons perdus, les deux rôdeurs s'en défendaient mais nous tournions en rond, tout à fait, faute à la bruine selon eux, une pluie fine bientôt doublée en averse. C'est arrivé au plus fort de la pluie, il y eut le départ d'une bête au-devant d'un talus, dans les fourrés, de quoi tirer à l'aveugle. Le coup porta ; il porta à moitié. J'aperçus le lièvre au travers des feuillées, le tarse charcuté, se tortillant l'arrière-train toujours plus loin dans le buisson, échappant. Marvoix aussi l'avait repéré, il incitait mon père avec d'assez grands gestes à tailler la broussaille, ce qu'il entreprit à deux bras avant de renoncer. Les ronces empêchaient, il s'aida du canon ; l'épaisseur empêchait, il tourna le fusil, fourrageant de la crosse comme d'une pale, le coup partit, il pleuvait, j'étais derrière, dans l'axe, non pas moi mais mon bras.

Vingt-sept ans ont passé depuis lors ; trois jours ont passé depuis que mon père s'est éteint. Une petite foule d'ici attendait devant l'église Notre-Dame-de-Beaulieu, ceux de Cucuron, de Lourmarin, de la Provence, un de Marseille et pas plus loin. J'étais en tête auprès de ma mère, j'avais vingt pas à faire en portant le cercueil, depuis le porche ouvert jusqu'aux deux chevalets posés devant l'autel. Une courte distance, une vingtaine de pas et l'image de ma main déchiquetée valant toutes celles où mon père, durant vingt-sept ans, la considéra. J'en avais perdu les trois quarts aux vallons de Sivergues. Le poignet y était, la suite rognée en diagonale, la paume beaucoup, trois doigts défalqués, de l'auriculaire au majeur. Restait l'index et le pouce plié sur sa jambonnette – le pilon d'une main. Vingt pas peut-être plus et l'expression de mon père durant vingt-sept ans, ses yeux infiniment perdus sur mes mains bien qu'il n'osât les regarder sinon à la dérobée, l'une entière – la gauche –, l'autre en forme de pince, ce qui jamais ne fit ma peine mais celle de François Mauvieux. Je le vis des années remâcher son silence, le visage amène, les yeux sincères et taciturnes, les traits hospitaliers avec sa tache au front. Les premiers temps, il crut bon de me faire porter une espèce de gant dissimulant l'injure, lequel ne tenait pas, sinon ligoté à hauteur du poignet. J'allais ganté d'une main, et comme cette gaine me gênait, chagrinait mes étés, qu'elle entravait mes gestes, ceux de l'écriture, ceux des jeux, ceux des moindres choses, comme aussi bien tout Cucuron savait ce qu'elle déguisait, je cessai de l'enfiler après mes quatorze ans.

À compter du coup de feu, mon père qui jamais ne m'avait appelé autrement que Jean-Mi m'appela Jean-Michel, comme en entier. Durant vingt-sept ans j'ai vu l'homme se tailler l'âme en pièces et sur cette courte distance, vingt pas, me revinrent les instants où il se dévorait de colères muettes ; lorsqu'il passait à la boutique, me regardait ligoter un rosbif, faire des nœuds réguliers sur la barde d'un gigot, à deux doigts, masser des cailles, dénerver une tranche de foie ; quand je faisais ma caisse, les commandes, le crayon dans ma main à moitié ; trinquer, les Byrrh du lundi, lever le verre entre amis, ça et l'envoi des dés sur la piste du 421 ; aussi lorsqu'aux apéritifs des dimanches, au bassin de l'Étang, on me serrait la main avec ce geste de tourner un bouton de porte plutôt qu'une franche poignée, une manière connue dans le village ; sa mine le jour de mes noces quand j'ai passé l'alliance au doigt d'Agnès avec les deux miens, comme il applaudit avec les autres sans tellement de vigueur ; toutes les fois sur la route de Lourmarin, d'Aix et d'Apt, dans la fourgonnette, François

Mauvieux passager tandis que je conduisais, que nous parlions lui et moi, ma main droite sur le volant, près de son visage, ses yeux à la vitre ; quand naquit Bénédicte, quand Agnès et ma mère insistaient pour qu'il tienne à son tour l'enfant dans ses bras, comme il semblait chercher ma permission d'un œil quinaud ; cette espèce de lenteur qu'il mettait à la parole ou plutôt non, sa lenteur d'écoute, le temps qu'il lui fallait avant d'entrer dans le propos, aux soupers, il ne s'y retrouvait pas, mais alors pas. Et ça encore, ce qu'il avait pu penser après juin 44 quand on me revit ganté d'une main à Cucuron, après mes ennuis. J'avais sans vrai rôle aidé Marius Calvin, des faits minimes de résistance payés avec un raffinement particulier. Par plaisir, ceux de mon interrogatoire trouvèrent ingénieux de changer de méthode, de s'en prendre à mes deux seuls doigts. Je portais ce gant jusqu'en août 44.

Il reste qu'au seuil de l'église Notre-Dame-de-Beaulieu j'ai retenu la plus radieuse image de mon père, François Mauvieux, la seule en vingt-sept ans, celle du dernier hiver. J'ai le goût de la pétanque. Je ne joue pas sans Lucien, matelassier de Cucuron, en doublette, et vraiment rien ne ferait que notre association puisse en être changée. On fait revanche chaque lundi avec les frères Dévalier, coiffeurs d'ici. Ils se fournissent à la boucherie, je vais moi-même une fois le mois me faire peigner chez eux, aussi bien Lucien que mon père, tout le monde va chez les Dévalier, coiffeurs pour hommes ; tout le monde en blouse grise, une serviette nouée au col, les chaussures sur un repose-pieds de fonte solidaire du fauteuil, qui pivote, chromé, moitié lourd comme un veau. Il est arrivé que mon père se fasse coiffer quand j'étais à attendre mon tour, assis derrière à lire le journal (derrière comme à Sivergues), que je lève les yeux, que je le voie m'observer dans le miroir, le miroir lui renvoyant l'image d'un homme lisant le journal, feuilles déployées, tenues d'un bord entre deux doigts. Mais enfin, les Dévalier sont de fameux boulistes, Cucuron en a fait une fable : lorsqu'ils vous passent la blouse, que vous n'avez plus de bras en quelque sorte, dessous, eux, avec leurs gestes nombreux voletant autour de vos têtes jettent sur ces bras un maléfice afin qu'ensuite les boules soient déviées. D'où leur surnom éculé, bâti sur la rime et le sortilège – on dit les frères « Abracadabra ». N'empêche, les Dévalier sont des boulistes de haut vol, tacticiens, des gars doués. Pointer, c'est qui marque le point ; tirer c'est qui chasse le point. Sur ces deux coups Lucien et moi valons les Dévalier, seulement ils possèdent l'art des faux rebonds, tirent profit de chaque aspérité de terrain, des moindres brindilles, jusqu'aux feuilles mortes, les mégots sur la piste. Mon père qui ne manquait aucune partie nous le disait, « Méfiez-vous, les Dévalier jouent les flaques d'eau ». Je suis bon pointeur, Lucien fait le reste, déloger, cibler la boule adverse, l'envoyer loin du cochonnet ou encore, lorsque la partie semble perdue, tirer le cochon, dans le mille, chambouler la donne – faire un carreau. Lucien bon viseur, les talons rebondis comme pour assouplir l'envoi, un bras ramené dans son dos, l'autre droit devant lui à hauteur de joue, boule basse, une épaule déboîtée, la tête inclinée contre, un œil sur deux.

Plus que nous mon père se prenait à nos jeux. Il observait, en marge, les mains derrière le dos, il instruisait les menées, guettant les points sans piper mot avec des petites flexions trépidantes quand nous tenions l'avantage ou alors, rembruni. Pour un tir perdu, il tournait sur lui-même, deux ou trois petits cercles à l'écart comme s'il effaçait l'instant d'avant ou alors, comme s'il voulait partir de dépit, sans se décider. Il avait repéré, mon père, un certain tourné de ma main, une dextérité inhabituelle, une disposition, comment la saisie d'une boule d'un kilo tenue à deux doigts seulement valait de précision à mes jetés. C'était novembre, une fin d'automne comme déjà au grand de l'hiver. Le bassin de l'Étang avait gelé tôt. Je l'ai vu s'approcher des Dévalier avec des airs d'énigme, une main sur le front palpant la marque qu'il portait sur la tempe, comme s'il avait beaucoup d'embarras. Les coiffeurs l'écoutaient dire, puis ils se sont serré la main. Alors je l'ai vu sourire – comme un qui ne peut s'empêcher. Puis il s'en fut nous trouver avec cette même façon de mystère. Nous faisions cercle, lui au milieu avec ses bras en aile recouvrant nos épaules, la voix basse, voilà nous dit-il, si le froid tenait, lundi, la partie de pétanque se jouerait sur la glace, au bassin de l'Étang.

Le froid tint, il s'accrut. Plusieurs de Cucuron s'étaient donné le mot, beaucoup venus en curieux qui franchirent la murette pour profiter du jeu, à même la glace ; on ne risquait rien, elle portait jusqu'au fond du bassin. Les Dévalier ouvrirent la partie après tirage au sort puis les mènes s'enchaînèrent plus que de raison, encore après l'heure où d'ordinaire chacun se retire à déjeuner. On osait moins que sur la terre battue, les boules au départ glissaient plutôt que de rouler. On aurait dit : comme si elles hésitaient à trouver le chemin initial, la trajectoire, jusqu'à ce que leurs stries mordent aux aspérités de la glace mais alors, contre tous nos calculs, à l'instant d'approcher le cochonnet, elles continuaient leur course d'un peu mieux, suivant leurs caprices. Le terrain patiné déroutait nos adresses, le sol se payait de nos envois. L'assemblée grandit place de l'Étang, bien des hommes, des commerçants lundi chômé, des ménagères, des chiens et des cyclistes, des enfants revenus de l'école, certains lustraient la piste par endroits afin que rien n'aille déloyer nos tirs et ceux des Dévalier. L'air était sec sous moins quatre degrés. J'avais pris le coup aux premières mènes : compenser, soigner le départ de la boule de mes deux doigts, à la pincette, l'envoyer droit en lui rendant un mouvement de rotation inverse au jeté, un très léger tourné de départ – qu'elle ne sache plus ce qu'on attend d'elle, la boule. Et les boules obéirent, cette contrariété de départ bridait leur course tout en les rapprochant du petit cochon de bois badigeonné en jaune, visible à dix mètres sur le bassin de l'Étang. Les coiffeurs jouaient à la peine, en terrain vicieux. Comme parade, ils tiraient nos points, ils choisissaient la voie des airs ; on voyait leurs boules décrire des figures d'asymptote par-dessus la glace, parfois dans le mille, parfois à côté, si bien qu'avant treize heures le bassin de l'Étang était criblé d'impacts, des petits cratères avec des zébrures bleuies, comme la lune en couleurs, la lune à Cucuron. Tout un matin, les Dévalier et nous, quatre types accroupis à l'envoi, chaussures plissées, dos ronds, genoux en équerre, mégot aux lèvres et la fumée qui obligeait à plisser des yeux comme si elle nous aidait à aiguiser la visée ; nous quatre aux dégagements, debout, la main louchée sur la boule, le geste suspendu – de toute la Toscane où nous avons passé nos noces avec Agnès je n'aurai vu que ça, le *Persée* de Cellini à Florence, la tête de Méduse soupesée d'une main, je dois reconnaître que sur la place de la Signoria de Florence je n'ai pensé qu'à la pétanque. Les mêmes à la fin des menées, assis sur nos talons à comparer les mesures entre les boules et le cochonnet, autant d'arcs de cercle pris du pouce à l'index ; j'avais le compas idoine au bout de ma main, les doigts étalons.

Nous poussâmes la partie jusqu'à quatorze heures, les Dévalier hauts perdants. N'importe, j'ai vu mon père exulter, Mauvieux pétulant, la goutte au nez sous les platanes taillés en forme de poireau, se triturant la tache au front ou encore, les bras installés sur le ventre avec d'irrépressibles tournicotis de pouces quand venait le décompte des points. Lorsque les Dévalier ont sonné la retraite, il s'est précipité vers Lucien pour l'accolade, puis sur moi. Ses mains ont pris la mienne, mes deux doigts dedans, dans la bogue des siennes. Elles étaient chaudes tant mon père avait soufflé dedans, les mains en conque, les pouces en orifice, tout un matin, sur la touche, François Mauvieux ce lundi de novembre, les traits déjà creusés de maladie.

Il en revoulut, un autre tournoi pour le lundi d'après mais le bassin fondait. Mon père s'y rendit chaque jour surveiller la surface, sonder, y mettre le bâton, voir les plaques se fendre quand les carrés de glace trinquaient entre eux, puis il passait à la boucherie me rendre son « rapport » sur les gelées. Au redoux de novembre suivit un hiver affadi, des froids trop brefs pour raidir l'épaisseur du plan d'eau. Il occupa janvier à guetter le verglas. Rien sous zéro. Pas mieux au thermomètre de février. Son embolie fut en mars, rue des Vaureilles, voici trois jours. Nous avons changé les places pour les vingt pas menant au catafalque. Les Dévalier tenaient derrière, Lucien à l'avant, moi côté droit. J'ai saisi la poignée à deux doigts. Ma mère fermait.

Les fourmis

Pour Robert Wyatt

Les grandes réjouissances se tramaient, la parade annuelle continuée d'un goûter, c'est-à-dire dehors, ceux des trois pavillons sur la pelouse, aux Volières, fête de Saint-Jean. Les résidents qui seulement se croisaient à la promenade du matin, à celle de l'après-midi, se mélangeaient depuis la mi-avril aux pavillons voisins où, d'ordinaire, ils n'entraient pas. C'était chaque mardi, les préparatifs. Le foyer des Roitelets servait d'atelier aux décors, celui des Mésanges aux costumes confectionnés dans des papiers d'argent et des rouleaux de crépon, enfin, aux Fauvettes, on répétait le chant, si bien que pour deux mois, les Mésanges se brassaient aux Roitelets, eux-mêmes aux Fauvettes, à toute combinaison et de plus intriquées, certains pensionnaires suivant deux ateliers. Ainsi Édith, elle est des Roitelets, elle prépare son costume au pavillon des Mésanges, elle suit chaque répétition du chœur au pavillon des Fauvettes. Et pour elle rien n'est facile, apprendre les paroles par cœur,

Sur la route, parapapampam
Petit tambour s'en va, parapapampam
Il sent son cœur qui bat, parapapampam
Au rythme de ses pas, parapapampam
Rapapampam rapapampam

Il ne faut pas se tromper, suivre la cadence, garder le rythme, *parapapampam,* le ricochet des syllabes, elle en a plein la bouche et puis elle doit marcher à la file en tenant d'une main son drap de couche passé sur les épaules, en déguisement, éviter de se prendre les pieds dans la traîne, la vôtre ou celle qui vous précède car aussitôt la cape se décroche et ce sont des beuglements. Marcher d'un bout à l'autre des couloirs avec passage au réfectoire quand certains internés des Fauvettes, les profonds saturniens, incapables de prendre part, mâchouillent leur absence, carrés à plein temps sur des sièges en skaï devant le poste de télévision sans en rien suivre, s'échauffent, s'agacent du retour incessant des choristes marchant au pas, hurlent à leur tour des *pam-pam-pam* avec plus ou moins de réussite, de longs cris effarés. Pareil aux Mésanges, mêmes scènes aux Roitelets, les salles résonnent de trop d'agitation, d'humeurs contrariées, de routines chahutées, trop de visages ensemble, des visages pourtant familiers lorsqu'on les croise à la promenade, dans les allées à gravillons, mais intrus dès lors qu'ils passent la double porte de votre quartier. Portes honnies, capitonnées, sur lesquelles beaucoup frappent des poings ou envoient un chariot de cantine après un bel élan, cependant garantes, preuve d'un dehors, d'un dedans, d'une répartition du monde. Ces portes abhorrées confèrent un certain apaisement, elles disent à ceux qui sont derrière, qu'au moins, ils sont quelque part. Chacune est égayée d'un œil-de-bœuf autour de quoi virevoltent des décalcomanies, des canards, quelques notes de musique en liberté de partition, le Sphinx de Gizeh stylisé qui vous décoche un clin d'œil, plusieurs étoiles filantes. D'elles, Edmond dit qu'elles sont dans le mauvais sens, il les arrache, il les inverse, les recolle, la salive n'y peut rien, les comètes chutent à ses pieds. De l'extérieur à la plupart des heures, on voit revenir son visage au hublot, ses mains replaçant les vignettes adhésives autrement qu'elles ne l'étaient, c'est sans cesse.

Encore ce mardi-ci aux Roitelets, maniant les gouaches, la colle blanche et le scotch, les bénévoles armés de ciseaux à bout rond taillaient des lés de papier kraft et des plaques de carton pour façonner le décor d'arrière-scène, pour la Saint-Jean, une route, des arbres enneigés bien qu'on fût au printemps, des arbres chiffonnés lorsqu'ils s'énervaient après trop d'heures appliquées, rataient une branche, selon eux, une branche pourtant bien tournée, ou alors si elle refusait de s'arrimer au tronc, des kilomètres d'adhésif pour tous ces arbres, sans agrafeuse. En voici un d'achevé, une espèce de saule à voilure émeraude. Il est joli, ils y ont mis des pommes un peu partout, c'était l'idée de l'un, des boules de scotch malaxées, peinturlurées en rouge, chaque boule sa ficelle, des nœuds inaccomplis quand, à côté, table voisine, se fabrique un sapin. Et les petites mains du sapin de ricaner en se couvrant la bouche, moquant le saule-pommier, l'autre clan raillant le sapin (c'est un peu vrai, on dirait un if, le résineux est ébranché sur tout son tronc, deux bombes entières de neige synthétique vidées à sa cime le font ressembler à une horrible pâtisserie atomique), jusqu'à l'imparable repartie d'Yvonne montrant du doigt le prototype d'à côté, « Qu'ils ont fait une faute, qu'il y a jamais des pommes en hiver », et c'est un peu vrai aussi. Le ton enfle, gros temps au foyer, les travaux manuels virent à l'empoigne, les godets versent, les pommes en scotch s'écrasent sur le lino, l'une emportée, collée aux mules d'Huguette, Huguette qui n'en a cure, en robe de chambre. Première levée elle déambule depuis tôt ce matin dans la salle commune, son poste de radio grésillant à l'oreille, elle répand la nouvelle pleine d'un bien-être affolé, celle d'une tragédie aérienne quand personne ne l'écoute, elle répète par les couloirs ce que dit le poste, « tous les membres de l'équipage, Tupolev » (Huguette ne parle que d'un côté, une ligne hémiplégique lui remonte la face, elle parle en coin mais alors, l'indéchiffrable prononciation est compensée par l'effort vocal), elle apostrophe les figurants revenus un à un du pavillon des Fauvettes, elle leur assène la nouvelle avec sa boule de scotch prise au talon, « Tupolev, l'avion n'était pas pasteurisé », mais eux, retour de chant : « *Ramampampam.* »

L'institut des Volières consiste en un corps principal fourni de deux ailes dont l'une touche à la route menant à Saulces-Monclin, l'autre à la corne d'un bois où coule la Berlotte. À douze kilomètres est Rethel, les Ardennes. La distribution en U enserre un parc modique ceint d'un muret en vieilles pierres recouvert d'enduit bâtard derrière lequel s'étendent des pâtis, une allée partageant en effet deux volières terminées d'un toupet de ferronneries, comme on voit aux paquets cadeaux. Les deux volières sont dépourvues ; l'une accueille des chaises remisées, dans l'autre est encagé un épervier neurasthénique, une bête sur le retour, un mâle nommé Arkansas. Il dispose d'un beau volume circulaire dont il ne sait tirer parti ; il ne vole pas, statufié au même point d'une branche de prunier, mais comme le tronc penche et qu'Arkansas souffre d'une patte atrophiée, cela lui rend une certaine égalité de port, une correction de gabarit, grosso modo un épervier. Ses mirettes sont voilées par le vieil âge. Sur les photographies décorant les couloirs de l'institut, on retrouve sa stature bancroche, ses yeux lingés, le bec pris de bubons comme un coulis pétrifié, une maladie qui lui barre la vue. Mascotte des Volières, il est aux soins d'Alain, un discret obnubilé des Mésanges. Alain semble-t-il connaît le langage secret des migrations, il passe des heures devant la cage d'Arkansas, regard pour regard, il lui dit les grandes routes du sud à coups de borborygmes, les routes de l'ouest avec des roucoulements assez flatueux, les mains en conque, il lui chante les routes du nord dans une espèce de pleurnicherie flûtée, l'oiseau résolument bouché aux appeaux des trois points cardinaux. Arkansas, épervier abruti, témoin tous les ans de la fête de Saint-Jean, obligé, son prunier empoté servant au décor quel que soit le programme ; cette année *Le Petit Tambour,* on a passé sa branche à la neige carbonique pour imiter l'hiver.

Parmi ceux qui répètent le chant est Édith. Elle se débrouille des paroles désormais, elle fait la part dans les couplets, quatre fois *parapapampam,* et *rapapampam* en fin de strophe, ce qu'elle doit chanter. Peu d'autres y parviennent. Elle les incite à l'onomatopée par une astuce à elle, décomposée sur ses lèvres, c'est simple, « Papa rame » au couplet, « Rame papa » à la chute, mais combien d'efforts perdus alors que les roulements de syllabes embrouillent l'ordre des pas, combien d'arrêts, de reprises ? Jeune Édith, premier tambour de la parade, elle en porte un au biais de la taille enjolivé de pompons, le fût croisé de cordelettes de toutes les couleurs. Suivent douze choristes nantis de barils à lessive coupés dans la moitié, les couvercles à leurs mains, les bidons emballés dans du joli papier d'aluminium et, derrière eux, en fin de troupe, dix porteurs de lampions à fenêtres translucides que l'on fabrique les mardis à l'atelier des Roitelets. Cette année encore, Émile tient son rôle, il ouvrira le cortège, il donne le balancement. Édith chemine ensuite, en retrait du soldat. Il marche un peu courbé, comme qui a froid, de long en large, en bottes (pour l'instant des bottes de jardinier, vertes, il sera temps d'en trouver de plus crédibles), emmitonné dans une couverture teinte souris. Le difficile est la démarche, pour Édith, la synchronisation. Elle doit mener le chœur, plagier le tambour avec les bras sans frapper, les baguettes maintenues au-dessus du caisson pour ne pas couvrir la mélodie sortie d'un magnétophone. On lui a surtout dit d'aller à pas de loup en pesant ses foulées, fléchie, engourdie ; on lui a dit de « ralentir le pas, comme marcher dans la neige ». Elle va trop vite, elle se trompe, en plus de quoi elle est déguisée en nuage, de la tête aux pieds. On lui demande d'être « vaporeuse, atmosphérique », elle en a le costume : moussue, ceinte de froufrous, beaucoup de tulle autour des fesses, une tigelle invisible arrimée dans son dos avec, plus haut que sa tête, en suspension, un panache de coton figé à la bombe de colle, elle l'a fabriqué, une espèce de strato-nimbus qui a le chic de basculer par-devant son visage. Alors elle n'y voit plus, les plumets de coton lui titillent les yeux, elle le dit, « ça me chatouille ». Le rôle ne va pas de soi, elle doit flotter du mieux possible, tenir son ventre, battre la mesure, ondoyer du bassin en appuyant ses pas au plus lourd du terrain. Et puis chanter, ne pas perdre les paroles. Derrière elle vient Josiane, Josiane qui fait le vent, autre embarras. On comprend le vent grâce à une pile ingénieuse dissimulée à sa taille. La pile amplifie le souffle continu que Josiane renvoie dans un cornet tenu à deux mains (elle a de la chance Josiane, dispensée de chant), la même pile ventile une vingtaine de lanières en papier sulfurisé, peintes, qu'on voit voltiger dans son dos. En fond de scène sont les arbres.

Émile est des Mésanges, depuis quand on ne sait plus. Voici un garçon d'un âge inexplicable situé de vingt à quarante ans mais au juste ? Son allure déconcerte, on le croirait touché d'une grande scoliose mais il n'en a pas, une scoliose par instants, à d'autres moments non. Il se tient droit et soudain désaxé, ce peut être de côté, ou bien porté vers l'avant, des fois vers l'arrière, les reins creusés avec ses mains poussées devant, à plat, comme s'il voulait reculer un mur. Sa silhouette efflanquée est continuée d'une tignasse en apostrophe. On lui dirait la tête faite au moule avec les joues marquées à la cuillère ; il porte au bas de sa personne des sandales en toute saison. Gentil garçon, son flegme s'enraie à de certains moments, Émile connaît de subites séditions personnelles que rien n'apaise, des pagailles intérieures qui l'isolent des autres. Ça lui passe. Il a des acouphènes à la tombée du soir, chaque jour, des sons mauvais contre lesquels il lutte en criant. C'est alors, dit-il, qu'il ne sait plus « orienter sa tête ». Pour le reste il se montre serviable et obligeant, au point que ses années aux Mésanges lui valent d'aider aux cantines. Il mange avant les autres, s'emploie, tranche les rondelles de pain pour le service du midi, régule les quignons dans les corbeilles, dresse les tables. Quand vient le coup de feu il répartit les portions de céleri dans les coupelles en pyrex, les dispose aux étages du chariot, renouvelle les cruches, puis tout s'emballe : le céleri revient alors qu'il prépare vingt-quatre assiettes sur la paillasse, une part de colin dans chacune, une platée de riz qu'il veut bien construite, jolie, d'égal monticule, la purée de carottes à côté, la pointe d'oseille, une touche de beurre blanc, faire vite, ne pas laisser refroidir, et puis le pain, les pichets d'eau, tout en fumant. Émile fume aux gamelles et quand vient le moment de détacher la cendre, les mains prises, il se penche à l'évier sans rompre ses gestes, vise à peu près le bac, clape des lèvres, la langue aide, la cendre tombe, c'est parfois à côté. Parfois le mégot entier. Il fume par-dessus les assiettes à dessert, vingt-quatre îles flottantes, vingt-quatre paris-brest selon les jours. Son travail lui vaut un menu traitement, une somme de peu engloutie en tabac, de quatre à cinq paquets par jour, d'où ses doigts ambrés de nicotine, jaunis aux couleurs du cérumen. Pouces improbes. On se demande comment Émile trouve encore à téter les derniers centimètres, quand le foyer touche les doigts, sans filtre, dix pulpes insensibles à la brûlure. Voici une dernière bouffée, longue, âcre, ce n'est plus même un mégot pincé du bout des ongles, des ongles illimités, tout rouillés de goudron. Puis d'une pichenette le mégot atterrit sur le lino. Il n'est pas le seul. Aux Mésanges comme aux Roitelets, aux Fauvettes, les sols en plastique sont mouchetés d'impacts roussis, partout des auréoles, par terre et sur les rebords de fenêtres capitonnées.

Fin de service, le commis des cuisines se rend aux poubelles, à l'angle de deux pavillons. C'est en plein soleil, l'heure à laquelle s'attarde Émile. Les bacs sont entourés de grilles qu'on ouvre avec une clé. Une clé, seul Émile en possède aux Volières, aucun n'y songerait, une clé, un prestige qu'il serre au fond de sa poche sans se prévaloir, le petit bout de métal comme une droiture auquel est accrochée une languette à fenêtre fournie d'une étiquette sur laquelle est écrit : « Les Poubelles ». C'est donc en plein soleil, le local à poubelles est pavé d'un dallage en gravier sur lequel il répand des saveurs à tous les endroits, jour après jour. Émile appâte à chaque office, il sucre les carreaux dans les lignes de jointure, il badigeonne les dalles à coups de sirop d'ananas, de pâte à choux prélevée aux paris-brest, raclée de ses doigts, il émiette des feuilletés là où l'ombre des poubelles ne touche pas. L'heure est la bonne, alors Émile s'arme d'une loupe – encore quelque chose qui lui appartient : une clé, une loupe, ses deux essentiels –, elle ne le quitte pas, il la nettoie plus que souvent en manière de tic. Le grossissement l'indiffère, Émile ne regarde pas dedans, il opère agenouillé sur les dalles de gravier, affine la distance, incline la loupe jusqu'à obtenir un foyer des plus fins, le petit cercle de fournaise maintenu au centre de l'optique qu'il promène au sol en manière de réglage. Il fume. D'une main il joue de la loupe, resserre, agrandit, étroitise le dard de lumière, de l'autre il va mettre ses doigts sous le faisceau, voir s'il est à température, mais alors il le retire, autrement vite qu'avec une cigarette. Émile ajuste, promène le petit projecteur sur le théâtre des opérations, plein sud aux poubelles, là où une colonie de fourmis s'excite au sucre glace. Il en élit une, braque le rayon sur le corps de l'insecte et ça commence. La bestiole fuit, monte et descend, escalade les graviers à toutes pattes. Elle échappe un temps mais Émile en savant matador resserre le trait lumineux et la voici à température, hissée au sommet d'un gravier, on dirait qu'elle pense, immobile, recroquevillée, une fourmi en chien de fusil, elle frit, il s'en échappe une infime fumerolle visible à la loupe avant que la lentille pourchasse un autre congénère, plusieurs à la suite, des rounds microscopiques, des corridas accroupi, un carnage, les victimes caramélisées dans une goutte de yaourt.

Édith a repéré les manœuvres d'Émile derrière les containers. Elle aussi se dévoue aux Volières, ils sont peu, qu'il s'agisse d'épauler aux cuisines, de biner les parterres, de coiffer les aînés, autant d'encouragements thérapeutiques prônés par l'institut. Elle est en probatoire à la buanderie, chargée du petit linge, des ballots qu'elle rapporte aux trois pavillons. Édith n'aime rien tant que « l'odeur du séché », tout tiède sur les joues. Retour de blanchisserie, elle vit Émile au ras du sol à épier le pavé, ses gestes nombreux comme s'il crayonnait le parterre et ils se sont parlé par beau temps. Il a voulu la former aux fourmis. Il lui a montré, loupe en main, ses chasses, les chevauchées optiques, les troupeaux minuscules pataugeant dans le sucre, ivres, la sarabande, comment giboyer, tenir le rai de lumière, les à-coups, les brusques déports, comment agrandir la focale afin de tempérer la canicule, épuiser la fourmi entre le chaud et le tiède, puis l'estocade entre trois gravillons. Virtuose, Émile capable d'affiner le rayon jusqu'à viser l'abdomen, le thorax ou la tête. Il y a la torsion de l'insecte à la fin, puis la mofette qui s'en dégage. Elle a suivi les galopades jusqu'à l'imperceptible feu follet, Édith l'a vu sous le verre bombé, à battre des mains, elle a distingué les pattes à la loupe, la pustule à cuisson, les antennes en berne.

« Ça leur fait mal ?

— Penses-tu ! »

Émile explique les propriétés de leur cuirasse, un phénomène unique dans la nature. Il invente, il raconte de bonne foi que le filament des ampoules électriques est obtenu à partir de cette substance, le plastron des fourmis qui sert encore à fabriquer la pointe des stylos-billes, les catalyseurs, les composants de fusée, il parle molécules, « elles ne sentent rien ».

Édith aura dix-sept ans le jour de la Saint-Jean. Elle a la figure des sosies « 21 ». Sosie des coiffures à frange, sosie des visages soumis aux écarts de l'âme : soudain, une jovialité mondiale étire son minois, elle a les yeux fendus dans l'hémisphère d'une bouille impayable, et l'inverse aussitôt, elle passe de la félicité à ses néants, fébrile puis fermée comme un obus, des petits ensoleillements suivis d'insondables éclipses avec le regard d'aucune rémanence, un bout de langue sur le pas de la bouche. Râblée, Édith vue de dos a ce renflement au départ de la nuque, le bossage des patauds. On reconnaît une silhouette inhabile, basse d'épaules, ceinte d'une faveur abdominale avec deux mains miniatures. Sa dégaine n'a aucun amorti, elle marche sans l'aide des bras. Elle a la poitrine comme Maillol les conçoit, pondérée, inversement proportionnelle aux tournures d'ensemble. On ne sait pas, soit elle éprouve l'embarras de tout son corps ou l'exact contraire, un haut confort de soi. Sa coiffure, ses cheveux par-devant ressemblent à l'instantané d'une vague sur le point de submerger un môle : son front. Elle aime à se coiffer, une main sur la brosse, l'autre lissant, la langue circulaire cherchant partout autour l'extrémité des mèches avec l'aide des yeux. Lorsqu'elle porte la main au visage pour se coiffer, se frotter les joues, replacer ses lunettes sur le bouton du nez ou conclure un reniflement avec la paume, ses doigts écarquillés se courbent vers l'arrière, doués d'une souplesse remarquable. Elle ôte ses lunettes sans répit avec le geste assidu de se briquer les paupières en serrant ses deux poings. Elle explique ce tic : « Rire, ça me rend ophtalmique. »

Aux poubelles, les premières traques d'Édith n'ont rien donné, manque d'adresse. Elle balaie bien trop vite, ricane, change de spécimen, en poursuit trois plutôt qu'un en poussant des petits cris, des glapissements très rossignol et rogommes à la fois, les pommettes affolées. Elle n'a pas la patience, Édith perd les fourmis, trop véloces, trop lente à la loupe, aux embardées subites, Émile les rattrape à la culotte, pas toutes. Sur le ciment décampent les petites meutes éperdues, quelques fuyards échappent au gril tandis que d'autres se goinfrent de compote. Édith peine à la manœuvre, éblouie, dépassée par les gestes, les va-et-vient sur le terrain de jeu, partout à la fois, alors Émile a modifié la partie. Il a tiré une serviette éponge des baluchons de linge, bien blanche, étendue sur le sol comme un petit stade au milieu duquel il a lâché une fourmi esseulée qu'Édith pourchasse en vain dans les bouclettes en coton. Tendre Édith, infatigable Émile, il faut les voir aux containers devant la serviette éponge, assis en tailleur, deux silhouettes attentives portées sur un même point, quatre genoux agités comme au départ d'un envol, leurs piailleries d'heureux énervements, comme Émile prend les poignets d'Édith pour diriger le manche, leurs mains, vingt doigts ensemble, les cavalcades entre les gravillons, la maestria des fourmis.

Il y eut d'autres séances infructueuses. Édith gagnait en vitesse quoique son geste manquât de justesse, maladroit à tous coups, heurté, sa main flouée par les suites d'entrechats dont est capable une fourmi en déroute. En manière d'entraînement, Émile obtint des Volières le droit de recevoir Édith aux Mésanges, dans la salle de jeux, là où l'on sort en fin d'après-midi dominos et damiers, les petits chevaux en plus d'un charmant circuit d'adresse : voici deux potences reliées par un fil biscornu. Il est conducteur. On allume. D'un plot à l'autre, il faut mener un anneau métallique sans qu'il touche le fil – cinq centimètres de diamètre. Au moindre contact, une loupiote clignote, c'est perdu. Édith et lui auront connu de belles joies avec ce fil entortillé. Sur la ligne de départ elle fait provision d'une grande goulée d'air. Le fil descend d'abord, facile, tout droit, l'anneau va son chemin sans que le poignet faille tandis qu'elle émet un piaulement crescendo, strident à l'approche du premier virage, mal négocié, car ce n'est pas la tête qu'il aurait fallu tourner, la tête, la langue ou le bassin, mais la main, si bien qu'en sortie de virage, raté, le signal s'allume. N'importe, Émile lui masse les mains (il dit, « je te les prélasse »), et mieux, il lui enseigne avec un doigt les arabesques du circuit en traçant sur son dos tous les pièges et détours de trajet, des reins jusqu'à la nuque, dans les deux sens. Lui sait mener la bague au long du circuit, vivement sans désarmer, la tête rejetée en arrière, les yeux au bastingage des paupières tandis que sa main libre prise à la carotide réfrène ses ardeurs. Après des jours assidus, Édith parvint à s'affranchir des deux passages clés, en épingles à cheveux, des tortillons avec retour, et s'il lui arrivait encore de relâcher la bague à mi-parcours pour se frotter les yeux ou si, trop fébrile, touchant au but, elle brûlait l'étape en jetant l'anneau sur le fil afin de s'acquitter des derniers centimètres, elle réussit sa première traversée intégrale du manège électrique à l'approche de la Saint-Jean. On la vit jubilante à la table de jeu, pleine d'heureux gazouillis couronnés de notes rauques, crâne sur ses pieds plats, se tressant les doigts alors qu'Émile, déjà, resserrait l'anneau au diamètre inférieur, quatre centimètres, l'invitant à une nouvelle partie. Alors Édith fit celle qui reprend toutes ses forces, la langue méthodique, tournicotée, les yeux plissés sous des sourcils abstraits avec, ce qu'on voyait d'eux (les yeux), des oscillations pendulaires comme si chacun au même instant eût été contrarié par des moucherons imaginaires. Elle rata mais n'importe, fin de noviciat, une fois suffisait.

L'instructeur et l'acolyte se retrouvèrent le lendemain sous un soleil médiocre, au safari des fourmis. Émile ouvrit l'affût, bavard d'avis tactiques : toujours ramener l'insecte vers l'intérieur des dalles par mouvements concentriques, couper la route par une suite de survols, qu'aucun ne gagne la pelouse à couvert d'un brin d'herbe. Édith ne fut pas longue à cuire sa première fourmi au creux des gravillons ; il faut dire qu'Émile avait largement miné le terrain dès onze heures du matin, trois cuillerées de sirop d'érable augmentées de cassonade, un bourbier plein d'effluves, de quoi estourbir l'animal dès avant la battue. Édith opérait sur le ventre, de tout son long, ses deux mollets cisaillant l'air en manière de griserie, un mouvement parasite qu'Émile enraya en lui maintenant les chevilles – et il sentait les jambes sous sa poigne qui continuaient à vouloir battre. Double foyer, Édith tenait la loupe au plus près de ses lunettes, sa main d'attaque étayée par l'autre, serrée si fort qu'elle dut s'interrompre à la troisième fourmi, le poignet timbré par son bracelet-montre. À Émile, « C'est là que ça me picote, dans mes veines », et lui d'apaiser la rougeur avec la permission des lèvres, au creux du poignet, une fine ligne de bécots décochés en menus rebondis. La passe reprit, seize fourmis tisonnées à eux deux, ils les comptaient, Édith aux prises avec ses petites Walkyries personnelles, une dix-septième agonie, l'imperceptible dégagement gazeux dans les graviers, l'insecte praliné en bordure d'une goutte d'érable. Celle-ci, la dix-septième fourmi, Édith la recueillit, un doigt levé au soleil, plein de saccharine avec au centre le petit point rôti, songeant qu'avant peu elle aurait dix-sept ans. Fin de braconnage, Émile lui nettoya le doigt, c'est-à-dire avec la bouche, le sucre et la fourmi disparus, et elle : « Tu sais bientôt, je vais être un nuage. »

Vint le jour de Saint-Jean. Un jour de triste abord chargé d'ondées, de celles qui grisent les jugeotes. On disposa entre deux pluies les arbres en papier dans l'allée des Volières, devant la cage d'Arkansas, mais non, les beaux effets de gouache se mirent à couler le long des troncs, les ramures s'imbibèrent et les branches plièrent aux premières gouttes d'une nouvelle averse. Certains parlaient de se rabattre dans le plus grand des réfectoires pour la parade du soir, aux Fauvettes, d'y planter le décor. En plus de la pluie une consternation feutrée pesait depuis le matin sur les trois pavillons, plus lourdement que le baromètre. Tout est parti d'Huguette, comment l'apprit-elle, Huguette des Roitelets ? Elle errait depuis tôt sans lever les pieds, comme une glissade enchantée par les couloirs, les mains colletées sur son peignoir, ouvrant les portes, plusieurs fois les mêmes, à tous les étages, chambres, douches, petits coins, jusqu'aux placards, répétant la nouvelle, « Robert... », non plus un Tupolev mais Robert, « Robert est mort à table d'un accident de la route, Robert! ». De juste, Robert des Fauvettes au petit déjeuner s'était effondré devant tous, un aliment passé par le mauvais conduit, le chemin respiratoire plutôt que l'œsophage. Une biscotte, rien n'y put, un défunt aux Volières. Il y avait la décence, s'il fallait maintenir les réjouissances de Saint-Jean, le folichon défilé des petits tambours ? S'entend. Toutefois oui, il fut décidé que la fête se tiendrait, et comme la pluie cédait, avant dix heures, on transporta une fois encore les arbres dans l'allée avant qu'une nouvelle rincée nettoie leur peinture. Les douze arbres gâtés revinrent au pavillon des Fauvettes d'où Robert fut exfiltré dans un esprit de bienséance, les mains croisées sur le sternum, autre chambre. Des éclaircies, des ondées, si bien qu'avant midi plus personne ne savait où planter la forêt en carton.

Le déjeuner fut émaillé de petits tollés ordinaires dans les trois unités, parce que la fête approchait, parce que la pluie n'avait pas permis la sortie du matin et qu'à midi roulait l'orage ; qui à se revancher les œufs en meurette, qui à sortir de table pour allumer les lampions du banquet rassemblés dans les salles, à entonner les strophes du *Petit Tambour* quand, de tablée en tablée, aux Roitelets, Huguette arpentait le lino en reprenant sa mélopée, « ... Robert, ce matin, à table, d'un accident de la route ».

Pas mieux aux Mésanges, une désolation. Après ses prises de vent aux premières clartés, Alain comme à son habitude s'était rendu à la volière d'Arkansas pour lui souffler les directives du jour sur les routes migratoires, ses baragouins d'ornithologue (« plein est ce matin, quart sud avec légère correction de trajectoire à l'approche des Dardanelles »). Mais il n'y eut pas de feuille de route, une pitié, l'épervier faisait une drôle de mine, dans l'humus, inapte à migrer. On l'a dit, sa branche de prunier servait d'orthopédie à son allure démise, mais comme il était, sous la pluie, au sol sans plus de perchoir, l'oiseau rendu à son naturel évoquait les mendicités de Jérôme Bosch : on remarquait son aile déboîtée qui pendait d'un côté comme une triste gabardine jetée sur un dossier de chaise et, de l'autre côté, son espèce de poliomyélite, sa piètre patte atrophiée. La veille en vérité l'oiseau avait ingurgité de cette neige carbonique ornant sa branche, pour goûter, on lui voyait encore des traces de mousse sur l'occiput et les ailes un peu meringuées. Rapatrié aux Mésanges, il paradait sur les tables, sautillant de son mieux entre les œufs meurette avant qu'Alain lui ménage un lit de laitue sur lequel Arkansas passait son mal.

Enfin aux Roitelets l'irascible Barnabé renâclait au plat du jour, de la brandade, « les éternelles arêtes à boustifaille » dissimulées à dessein dans les grumeaux de pommes de terre, selon lui, une purée qu'il maltraitait d'un revers de fourchette plutôt que d'y goûter. Il en appelait au bon Robert, il l'enviait, où qu'il fût, à jamais dispensé de brandade, « Robert qui dort maintenant comme un coq en pape ». Ses humeurs auraient pu se tarir sans Jeanine, sa voisine, diplômée en philosophie, épuisante Jeanine lancée dans un débat illimité à propos du décès de Robert, Jeanine tolérante aux giclures de purée lui aspergeant le bras, tant qu'elle dégoisait : « Sais-tu Barnabé, au fondement de la mort se trouve le principe de ne plus pouvoir demander à l'intéressé s'il préférerait être en vie », mais lui de noyer son assiette avec le reste de la cruche, sourd à tout principe phénoménologique.

Par les fenêtres cinglées de pluie, Émile en fin de tambouille regardait les flaques barboter sous l'averse, la pitrerie des gouttes, comme si chacune à elle seule se croyait capable de faire déborder la flaque, comme si une flaque débordait du paysage. De mégot en mégot il pensait aux poubelles en soupesant sa loupe au fond de sa poche. Ce devait être une mare, là-bas, les fourmis à l'abri, tous ses collets à reprendre, les badigeons de sucre, ses sentiers lumineux. Rares sont les saisons auxquelles braconner les fourmis, l'automne et l'hiver font relâche, avril annonce les premières traques prolongées tout au long de l'été à l'exception des mauvais ciels ; Saint-Jean cette année, ce serait un jour sans. Au reste, depuis ses équipées en compagnie d'Édith, les tournois solitaires lui semblaient sans attraits. Saint-Jean de pluie, les dix-sept ans d'Édith, son amie des fourmis trop occupée à mettre la dernière main à son déguisement, tout en nuage. D'un tiroir des cantines, il sortit son cadeau préparé de longtemps, lourd à la main, enveloppé dans du papier marqué de fleurs entre lesquelles Émile au feutre noir dessina une procession de fourmis, de grandes et de moindres, toute une colonie qui convergeait vers le bolduc. Au centre du paquet, à la croisée des rubans, une fourmi principale menait la caravane. Elle était affublée de lunettes comme en portait Édith, pointée d'un trait sous lequel Émile avait écrit : *ma reine*. Puis, le paquet dans sa poche, il regagna sa chambre où réviser son rôle, c'est-à-dire faire les cent pas, comme fourbu, la tête dans les épaules, engoncé dans sa couverture en guise de surplis militaire.

Bientôt Émile quitterait les Volières. Après tellement d'années à fendre les couloirs, l'institut avait trouvé à le placer comme apprenti dans une pâtisserie de Rethel, chez monsieur et madame Ornemoisan, rue d'Artois, à l'essai, bientôt mitron. Il y songeait dans sa chambre, la pâtisserie Ornemoisan, la boutique, un lit à l'étage, un salaire à soi seul mais alors, tout le monde était tombé d'accord, Émile le premier, la mission locale et les Ornemoisan, il faudrait ne plus fumer. Il y songeait, le tabac, le carnaval des fourmis, les fins de parties avec Édith, désormais moins d'un mois. Il avait formulé une requête aux Volières dont la réponse se faisait attendre : qu'on les autorise à passer une journée à Rethel, ils seraient de retour pour le goûter mais l'institut tergiversait, on lui disait des « peut-être » avec une grande douceur, des peut-être remis. Édith et lui, une journée ensemble. Alors les jours passant Émile fumait et davantage quoiqu'il donnât le change. Aux fourmis après leurs chasses, il se passait les doigts au citron – son jus dilue la nicotine. Édith aussi les lui frottait puis tous deux demeuraient côte à côte derrière des containers, exorables à eux seuls, étrangers au restant. Aucun n'évoquait le départ d'Émile, pour bientôt, l'idée les faisait taire. Elle avait le regard chiffe, une lingette de citron à la main et dans la bouche le mécanisme de réfléchir en se mâchonnant les muqueuses. Près d'elle Émile se consultait la glotte du bout des doigts, les orteils envahis de fourmis qui rebroussaient chemin à hauteur des tibias.

Avant seize heures la grande salle des Fauvettes fut dressée. Les douze arbres s'appuyaient contre le mur du fond, beaucoup refusant l'aplomb, ce qui faisait l'effet d'une lisière aux allures penchées, une orée de traviole. Seul un arbre déniait le décor, le saule-pommier dont l'assiette empêchait qu'il restât debout ; à chaque tentative, il emportait ses voisins à la bascule si bien qu'on le laissa à terre avec autour ses pommes en papier scotch. Au centre des feuillées présidait Arkansas sur une console, l'oiseau encagé sous le treillis d'une cloche à fromage, mal remis de ses diarrhées. Une centaine de chaises comblait la salle, certaines occupées depuis le début de l'après-midi par une poignée de résidents, soit qu'ils prissent place très à l'avance pour l'inaccoutumé retour de la Saint-Jean ou, au contraire, par routine, qu'ils n'aient su déroger à la sieste immédiate, durable, localisée à l'endroit même où le déjeuner les avait laissés. Le réfectoire ouvrait sur le parc par une baie vitrée le long de laquelle les gouttes de pluie se courtisaient entre elles, hésitantes, soudain décidées à se rejoindre au détour d'un zigzag pour nourrir un filet, quand tout s'accélère, jusqu'en bas des vitres. Devant la baie, deux tables attendaient les confiseries qu'on disposerait sur les nappes au dernier moment, après le défilé. De rares parents, quelques familles se présentèrent à l'heure dite aux portes des Volières, pas plus de huit individus à prendre place au premier rang dont la mère d'Édith, son beau-père à son bras. Puis, dans l'ordre, pavillon par pavillon, on fit entrer la petite communauté, tous ceux de l'assistance qui ne prenaient pas part à la chorégraphie sinon quelques-uns restés dans les chambres, trop loin d'esprit pour goûter au divertissement. Il fut long d'investir le parterre des Fauvettes, de tempérer les remous avant d'asseoir chacun. Beaucoup d'un premier mouvement allaient tâter le décor ou rendre leurs cajoleries à l'épervier sous sa cloche en treillis ; beaucoup allaient passer leur nez dans la loge où les petits tambours attendaient leur entrée ; beaucoup changeaient de place, déplaçaient leur chaise en des endroits préférables de sorte que très vite la disposition au carré prit des formes accidentelles, sans cesse renouvelées ; beaucoup s'asticotaient pour une place, prétendaient à des sièges occupés, l'un d'eux principalement, celui que réservait Huguette à sa droite, vide au premier abord, mais non. Sur le dossier, elle avait plié le dernier pyjama de Robert, afin qu'il en soit, une chaise disputée, défendue à fracas. Durant ce temps montait des coulisses un barouf étouffé fait d'impatiences et de jacasseries d'où fusaient les premiers *parapapampam,* à vide, conjugués, mais enfin, tout se tut au départ du magnétophone, une pleine séquence de pipeaux enthousiasmants à l'issue de laquelle Émile fit son entrée par la porte de droite, allant de son pas travaillé, se tenant les épaules par les paumes comme font ceux qui grelottent. Vertes, ses bottes de jardinier avaient été passées au noir, comme en ont les soldats. Aux pipeaux s'ajoutèrent les premières mesures de tambours lâchées par le magnétophone, une suite de roulements scandés, assourdis, montant par paliers ; c'était l'instant d'Édith, sa venue en scène. On aperçut son pied dans l'embrasure ou plutôt, la précédant, le nuage avant-coureur flottant par-dessus sa tête, le panache agité de bas en haut qui répondait à ses foulées appesanties, de celles qu'ont les voyageurs dans une neige épaisse. Un nuage tout blanc et, dessous, Édith aux joues brûlantes. Suivait

Josiane, mime du vent. Elle donnait de la voix dans un cornet, tout son souffle comme une bourrasque permanente syncopée par les reprises de respiration. Les banderoles ondoyaient dans son dos grâce au ventilateur sanglé entre ses omoplates, qu'on entendait, un ronron continu. Derrière venait la troupe des petits tambours, douze comme les arbres, sur deux rangs, chacun son baudrier, chacun son fût de lessive du même côté par-dessus quoi ils singeaient le mouvement des percussions. La marche se fermait par le bel ensemble des lampions qui figuraient la nuit quoiqu'il fût dix-sept heures, juin en plein jour. Le carrousel entrait par la porte de droite, sortait à gauche, tournait par les chambres avant de répéter le même circuit, un bref trajet, si bien qu'à tout instant une partie du chœur occupait la scène, Émile freiné dès le deuxième tour par l'arrière-garde des lampions, obligé à contrefaire le pas, talonné par Édith dont l'avant du nuage venait buter dans son dos, une danse, du sur-place, une parade à se mordre la queue. Il y eut six tours ainsi, quelques costumes chutèrent, deux arbres versèrent, les rimes se mélangeaient, *rapapam,* le vent de Josiane se fit de plus en plus incohérent. La mélodie prit fin au retour des pipeaux, quand les tambours s'éteignent, quand il faut rendre sa révérence. Ils saluèrent, tous en ligne, Édith au centre, la tête comme un coup de soleil, Émile raidi dans ses bottes, promis pâtissier, leurs doigts entrelacés.

Nul éclat n'enraya la parade. Attentif aux six tours, le gros des pensionnaires applaudit le ballet. Seul Edmond s'était levé aux premières notes. Comme il était placé près des portes à hublots, il n'avait pas reconnu les décalcomanies ornant les ouvertures – aux Fauvettes, ce ne sont plus des motifs d'étoiles et de canards mais une flottille de voiliers, tout un autre monde. Il les regardait depuis sa chaise avec les yeux d'un empaillé, plein d'une pénétration lointaine quand, soudain, une voix impérieuse l'incita à repositionner les vignettes selon son entendement. Il les recollait encore selon ses lubies quand la revue des tambours céda la place aux gâteries du goûter, lorsque chacun refluait vers les tables pleines de meringues et de petits pains, à volonté. Émile en costume de scène servait au buffet, fort à faire. Il versait dans les verres en carton des mesures raisonnables de sirop, doses de menthe, doses d'orgeat, passant de godet en godet avec la même dextérité qu'aux fourmis tandis qu'Édith dans un coin de la salle se voyait cajolée par sa mère. Sa mine avait perdu tout éclat rutilant, Édith pâlotte qui dodelinait des fesses en manière de déni ; il y avait entre elles de l'insistance, des grimaces, les premières larmes d'Édith, une dispute à laquelle le beau-père eut sa part. Émile observait depuis la buvette tout en se défendant d'une nuée de bras tendus, des bras qui se montaient les uns par-dessus les autres, verres vides. Le buffet fut pris d'assaut, on se servit soi-même.

Amère fin de Saint-Jean. Édith et le soldat se sont retirés dans un couloir des Fauvettes, loin du banquet, costumés, assis joue contre joue, deux têtes comme font les tournesols en fin d'été. Leurs doigts se câlinaient en longues périodes, des petits cercles succincts, des pléonasmes de caresses errantes sur des lopins d'avant-bras. Des gribouillis d'index. Qu'est-ce qu'une chatouille ou une volupté ? Elle dit, « Tu me picotes les veines, ça me donne la poulante ». La nouvelle, c'est que la mère d'Édith la prenait pour l'été, au soir même. Elle reviendrait aux Volières quand Émile n'y serait plus. Blottis sans s'enlacer, ils se tenaient muets, précieusement muets dans l'instant, le regard désert. Aucun des deux ne vit passer Barnabé, la bouche pleine de tartelette à l'abri des deux mains. Émile se décida à pianoter des doigts sur le poignet d'Édith, il imitait une fourmi lui remontant le bras, et elle, tout bas, « Ça me fait des guilis ». Puis sa main disparut dans sa poche d'où elle sortit le petit paquet qu'il fit danser devant leurs visages.

« C'est mon cadeau pour moi ?

— Pour toi, mieux qu'une loupe. »

Édith, jour de ses dix-sept ans, ses mousselines à la taille, son nuage à la main et, dans l'autre, le cadeau déballé, un chalumeau, de ceux qui servent aux crèmes brûlées, un chalumeau prélevé aux cuisines des Volières. Elle rattrapa sa langue. Le rouge lui inonda le front alors qu'elle ôtait ses lunettes, comme on s'y prend pour un baiser.

Laurent Chemin

Pour Romain Bertrand

Aux premiers jours de mars 1915, bois de la Chapelotte non loin de Badonvilliers, deux compagnies du 37e régiment se déploient. On ne sait plus avec cette guerre quelles sont les heures indues pour un assaut, les heures judicieuses, très tôt, à l'aube, la nuit ou en plein midi, on les a toutes essayées, voici des mois que les surprises mortelles n'ont plus de préférence, plus aucune heure n'est propice au bon esprit des guets-apens. La première compagnie tenait aux ordres du capitaine Dafoin, contremaître d'une unité de machine à coudre dans le civil. Dafoin décida de l'heure au doigt mouillé. Il s'agissait de reprendre une position à cent vingt mètres au-devant de Badonvilliers, par les sous-bois. L'autre compagnie répondait au capitaine Vaubernier. Les deux montèrent passé quinze heures. Jean Dafoin peu avant d'attaquer incita ses poilus à se séparer de l'excédent afin que les dos aient leur aisance ; il y va de l'enjambée, des épaules, d'une souplesse remontée des tibias jusqu'à l'œil et c'est ainsi qu'un lot de havresacs demeura vers l'arrière, à même les mottes, tout un barda consigné au terrain. En deux heures d'offensive le fiasco de Badonvilliers connut son petit carnage humain alors qu'aux morts s'ajoutait l'infamie d'un rapt. Les réchappés de la compagnie Dafoin retrouvèrent leurs musettes à tout vent, troussées, du linge à l'abandon, des tabatières vidées, des miches de pain, des feuilles éparpillées, des lettres reçues de quelques jours et leur réponse inachevée, des photographies de noces, d'enfants, d'aïeux, des tatas et des oncles en travers du chemin, des rasoirs, un pipeau, des canifs, plusieurs mouchoirs deux fois salis, par l'usage qu'on en fit, par leur grand déballage près de la Meuse. Sept hommes manquaient dans les rangs de Dafoin mais autant qu'eux, autrement, le pillage couvrit la compagnie d'un chagrin aux allures d'une goutte imbuvable. Sept camarades, cent vingt mètres d'offensive inutile et des intimités vandalisées. Qui fit le coup ? Certainement ceux de Badonvilliers, des bougres fuyant le bourg en se payant à l'aveuglette sur les leurs. L'autre escouade, celle de Fabien Vaubernier, perdit bien plus de matricules encore mais du moins les bagages étaient là.

Dafoin le soir décida d'une nouvelle percée avec toujours cette règle, monter léger, et pour cette fois dit-il, l'un des biffins serait dispensé de l'assaut, préposé, veilleur de sacs. Toutefois lequel parmi les dix-sept hommes, à qui l'aubaine ? Ça s'est passé dans une creute sous un faisceau d'acétylène au maigre bénéfice des visages. Plusieurs dans la troupe penchaient pour un tirage au sort, tirer l'élu aux dés, quelques-uns parlaient du plus âgé et d'autres, par conséquent, du plus jeune. Les mines s'allongeaient à la ronde, des regards pris de défaut avec des pipes éteintes dans les barbes, un homme sur dix-sept, les arguments butaient aussi sur la lassitude des jours derniers, les nuits de veille. Alors Dafoin coupa court. Il désigna Laurent Chemin, un type qu'on aime bien, le Breton de la 20e compagnie ne parlant que sa langue, à peine soixante mots de français acquis en sept mois et encore, une grammaire des tranchées, Laurent Chemin dont tout le paquetage fut chapardé, son colis d'il y a trois jours, lui plutôt que les seize déveinards parce que soutien de famille, père de cinq enfants, un métayer de Guingamp. Mais Laurent n'a pas tout bien compris, ce qu'on attend de lui et pourquoi ces moues sombres alentour, ce qu'a dit le capitaine, pas plus qu'il n'a saisi un mot d'Henri doublé d'une bourrade, « chançard ! », alors il a souri de son mieux. Une chose est de monter au front, de suivre les gars, c'est simple même si ce n'est pas de bon cœur, mais ce que lui demande Dafoin résiste à sa compréhension. L'ordre est alambiqué, le capitaine l'a désigné, pour quoi au juste ? Il comprend qu'il s'agit de lui et de quelque chose. Alors Dafoin de le lui répéter avec sa moustache linguistique, Laurent d'élucider les mots de son gradé. Ça devint plus clair, son supérieur y ajouta des gestes, pointa les sacs amoncelés dans la creute, cette fois Chemin entendait bien, il a remercié mais tout de même, en aparté, quand chacun se détournait, le métayer s'assura des directives auprès du camarade Henri. Et depuis cette minute jusqu'au réveil, la tête sur sa boudine, Laurent se représenta comment bien faire pour tout le monde.

L'attaque fut menée à l'heure où la nuit n'avait pas tout dit ; on vit les hommes secouer le matin à qui manquaient des rations de sommeil. La garnison gratifia le Breton, dix-sept œillades à tour de rôle en plus des poignées de main, dix-sept recommandations particulières, une par bagage, puis Laurent se posta, planton des musettes, carré au terrain, les pieds entourés de sacs, de sangles et d'ardillons, des gros et des petits ballots ventrus, cabossés de gamelles à la renverse, un relief de paquetages étalés sur la route de Badonvilliers, à la lisière des bois, avec un îlot d'homme au milieu, Chemin. Il vit monter la 20e compagnie dans la feuillée. Celle de Vaubernier suivit, déployée en éventail. Rien ne tarda longtemps, Chemin entendit les premières discutailles de fusils, des tirs métrés avec des salves engouées, le crépitement du bois haché, des branches, le décor émondé, l'écorce pulvérisée, parfois des relâches, des laps sans éclats avant-coureurs de nouvelles bordées. Aux fusils s'ajoutaient d'autres culasses, d'autres tromblons, le calibre oblong des obus renvoyant des brassées de terre sur sa vareuse, Laurent à plat ventre corrigeant la bolée de son casque à deux mains, un casque qui jouait de son crâne comme d'une rotule. Cariatide de sa propre tête, le métayer faisait la part des bruits, ceux du mortier et la gifle des grains cinglant le tissu. Il s'aplatit avec mille soins, soucieux de ne pas peser sur les besaces, d'écraser les calots, les gris-gris, la mangeaille, le gâteau d'autrui. La nuit cédait. D'éclair en éclair Laurent percevait dans son dos le meuglement d'un bovin, quelque chose d'animal. Les bêtes il sait. C'était un veau que la pâleur du jour révéla, attaché contre une murette aux dernières masures de Badonvilliers, les yeux révulsés à chaque beuglement. Un petit veau de deux mois jugeait-il, pas même un brouton. Chemin aime les veaux, leurs oreilles d'endives, leur regard centrifuge louchant sur les côtés, loin du système nerveux, l'arcade ahurie et le mufle plein de rhume. Casqué de travers, Laurent le factionnaire entrait ses doigts sous le bol d'acier pour se couvrir les oreilles, cernées de tapages, le fracas des projectiles, l'enrouement du veau, les gerbées de terre qui ne rendaient pas pareil selon qu'elles fouettaient le métal ou le tissu, la capote ou le casque, le drap, le fer. La bête braillait, des meuglements d'enfant-veau dans les regains d'artillerie tandis que le métayer faisait le tour de ses yeux, un coup sur ses ongles aperçus en gros plan, un coup sur tous ces sacs à gardienner – il les recomptait à ras du sol, voir si rien ne manquait, dix-sept en cercle en plus des effets de son capitaine, dix-huit sacs, aucun éventré –, un coup vers la corne du bois où claquait la mitraille, un coup sur le veau entravé derrière lui. En se retournant, il lui était facile de reconnaître ce qu'il aimait des veaux, leurs cils, la petite ravine au partage de l'empreinte crânienne, le tourbillon de poils estampillé entre les yeux, les pattes arrière ouvertes en compas. Les jeunes veaux sont très jolis, on les dirait nés sur une patinoire, ils ne savent où placer les sabots, guettés d'un grand écart. Une bourre de paille pendait tristement de sa croupe ; la bête aurait voulu meugler au ciel tandis que la corde bridait l'encolure à hauteur du paleron. Souvent, ses pattes avant se dérobaient sans crier gare, les sabots en dedans, alors le bouvillon demi-pendu reprenait jambes en s'aidant du licol. Un veau a faim, pensait Chemin, « il a de l'effroi et j'ai mes consignes ». Le préposé aux sacs savait qu'autour de lui plusieurs baluchons renfermaient des pots de lait, mais la discipline ? Désigné par Dafoin, Laurent pour rien au monde ne se serait éloigné des paquetages, encore moins aurait-il prélevé sur le bien de ses camarades, ne serait-ce qu'une goutte de lait, fût-ce pour un veau. Quant à déroger, ramper, aller flatter la bête éperdue, c'eût été reculer vers l'arrière, s'esquiver des ratissages quand ceux de sa compagnie montaient devant. Garder les sacs. Aussi Laurent Chemin entendit-il la bête gueuler jusqu'à tard le matin, s'efforçant de dissocier les sons, la poudre et les plaintes poussées à bout de museau. Vers dix heures le veau se tut, ne faisant rien que pourlécher la murette, langue grise, pierres rugueuses.

Jean Dafoin et ses hommes couvrirent à peine cinquante mètres de terrain. Il fut le premier à culbuter dans les sous-bois, premier d'une compagnie dont les rangs ne comptaient plus que trois pioupious à l'issue du combat, sinon Laurent. Encore ces trois-là n'eurent-ils pas de pensée pressante pour leur barda confié à l'arrière ; ils tournaient de l'œil dans une antenne improvisée, au hameau de Burey-en-Vaux. D'ailleurs sur les trois, l'un passa. Le veau survécut à cette matinée – il servit autrement, bientôt après. De l'autre compagnie dépliée en seconde ligne, celle de Vaubernier, il ne restait que six hommes, six et le capitaine rendu à son premier devoir dans la tranchée conquise avant midi : faire son rapport, établir les pertes. En lorgnons, debout dans le boyau, Fabien Vaubernier égrena un à un les noms de sa brigade, puis ceux de la compagnie Dafoin. Ses yeux descendaient la liste ; répondait qui savait, tant de trépas, tant de blessés, lui cochait quand se fit un silence à l'appel de Chemin, « Laurent Chemin… », un blanc. Le capitaine remplit d'une croix la troisième case – ni mort ni civière, la croix des portés absents –, deux petits traits de crayon à l'engrenage d'une vie, celle de Laurent Chemin. Là-bas au bois de la Chapelotte, devant Badonvilliers, Laurent couvait les sacs à quatre pattes, mal épousseté des pans de sa capote, les pantalons tapissés d'un hachis de mitraille. À genoux désormais, il chassait d'une main les rejetées de terre entrées dessous son ceinturon, sous le tricot, jusqu'au nombril, des cendres forestières fourrées dans le caleçon qui dégringolaient le long de ses jambes ; l'autre main trifouillant la jugulaire de son casque comme il louchait de tendresse vers le petit bouveau sans savoir que son nom venait d'être porté à la ligne des absents – « Abandon de sa compagnie ».

Les cours martiales n'ont pas le temps. Elles sont hâtives, sans tellement de paperasses. Les tribunaux discrétionnaires ont de moindres prévenances qu'aux époques ordinaires, ils tranchent à l'étau des combats, ils se nourrissent d'exemples impliables, d'imitations édifiantes qui pèseront sur le moral des prochains assauts. Il y aurait bien eu les rescapés de la compagnie Dafoin pour venir témoigner en faveur de Laurent mais ces deux-là à l'instant des délibérés n'étaient bons qu'à gémir sur une civière de Saint-Dizier, à l'Hôtel-Dieu ; apprentis éclopés. Lorsqu'ils le purent et bien après, leur déposition se dilua dans les quarante-cinq mois de carnage que réclamait encore cette guerre à l'appétit des nations. Pour l'instant Laurent Chemin se pliait au réquisitoire contre un tableau de classe, assis sur une chaise du cours élémentaire de Badonvilliers, un cas disciplinaire au banc des écoliers. Près du tableau pendaient des instruments d'instituteur, une grande règle pâle, jaune, frottée, elle et son rapporteur en demi-cercle, des brosses, la blouse de lin accrochée à une patère, du bout du col, les épaules avachies, pareilles à la silhouette d'une chauve-souris. Un panneau pendu au mur montrait le bœuf, le schéma d'un bœuf expliqué aux enfants, un bœuf de plein profil comme une carte de géographie parcourue de pointillés frontaliers délimitant ici le rond de gîte, là le flanchet, l'onglet et le plat de côte, le territoire de la macreuse, autant de morceaux, autant de noms de pays que Laurent connaissait pour ce qu'ils sont, dans sa parlure. Ce n'est pas que Chemin manquât de mots, on peut toujours s'entendre à l'inégalité des langues si on y met le temps ; la parole peut l'illettrisme, seulement l'assemblée tenait à en finir. Au métayer de comprendre les débats quand il était « traduit » devant une juridiction, devant six gradés, jamais Chemin n'en vit autant à la fois, lieutenants et colonels d'audience dans l'école d'un village, pas même ses supérieurs, *des* supérieurs. Entre lui et ses juges le rapport linguistique valait cinq contre un, moins par écart de dialectes qu'en vertu d'un retard d'interprétation dans la menée des plaidoiries, d'un flottement entre la charge et les réparties, du protocole, d'une certaine qualité de tournures, d'un flagrant décalage cognitif qui passait pour des aveux bafouillés, en raison des niaises applications que déployait Laurent Chemin avec sa bonne foi du bien dire. Aux questions sèches il perdait pied, envoyait son regard à l'affiche, au bœuf prédécoupé, les basses côtes, le tendron, l'onglet et l'aiguillette, autant de mots lardés sur un profil de boucherie alors qu'aucune mention de carne ne désignait la tête du bovidé, un museau muet. Trop bas, le dossier d'enfant lui rentrait dans les reins quand les genoux de Chemin heurtaient le pupitre, il lui fallait étendre les jambes, loin devant avec au bout ses fers crottés, si bien qu'on lui voyait une allure évasive. À trop les étendre, un temps, la pointe du soulier vint toucher la botte d'un colonel et les deux pieds à la fois se retirèrent, vivement, chacun pour des raisons de convenance hiérarchique. Il écoutait de tous ses yeux avec en bas du nez, en manière de bouche, le crin moustachu, comme la chaume coupée ras au rebord des toitures. Ça lui faisait une brosse d'avant-poils à la parole. À lui de fouiller dans les intonations de l'instructeur Larivière, président de séance dont il reconnaissait l'accent pointu qui se chante à Paris, mais pour les termes, il ne savait pas. Il laissait dire. De moment en moment le toboggan des phrases retombait sur l'inflexion qu'ont toutes les langues, ce timbre relevé au tremplin d'une question. Il reconnaissait une question, mais pour savoir laquelle… Alors passé un blanc Laurent bredouillait quelque chose comme on se gratte la tête. À lui de tordre le breton, d'y faire entrer sa panoplie de français et quitte pour l'accent, son œil rivé sur l'encrier de porcelaine trouant la table d'écolier, ça et les gouttes indélébiles fondues aux veines de bois. On l'a dit, il disposait d'une soixantaine de vocables qu'il fallait caser dans ses réponses sans beaucoup d'à-propos, c'est pourquoi sa défense marquait le crétin. Tout y passa dans le désordre selon que venaient les mots. Chemin narrait les jours d'avant comme on passe une rivière en sautant de pierre en pierre – un pied sur un mot de français, une grande enjambée pour un autre et va le breton. Ça faisait au relief du verbe des séquences sans lien, « campements, estafettes, pains d'épice, bandes molletières, Henri, culasses, pâte de coing, les chevaux, fils "bardelés", popote, ambulances, Badonvilliers, accordéon, patrouille et même les "fritz" » pour compléter les dialectes. Un mot du président, « Cessez de vous défosser ». Laurent comprit « fossé » ; il acquiesça, tout sourire, oui, les fossés. D'autres parlèrent avec des questions, Chemin avait brûlé tout son vocabulaire, seulement lui restait-il quelques cartouches lexicales, « Meuse, escadron, la soupe, Dafoin », pas plus. Comme on le pressait, il en vint au pillage des besaces avec son laborieux patois, les chapardages, les bardas détroussés, l'affaire de son colis, comme il fut dépouillé d'une barre de nougat, de ses chaussettes de change, tabac et lettres, tout un sac et la mission confiée par le capitaine Dafoin. L'instructeur Larivière le ramena au matin de l'assaut. Exactement il demanda : « Si vous en fûtes ? » « En fûtes… ? » Loin, très loin en lui Laurent sentit là-dedans quelque chose qui s'approchait d'« enfuir », aussi par trois fois dit-il « non », fermement, quand sa réponse semblait pencher vers l'aggravant. Il redit non ne sachant plus tellement, flairant la bévue, un non remplacé par une espèce de oui à moitié qui voulait faire disparaître ce non. Larivière s'y reprit, Laurent s'étendit longtemps sur les canardages, les grains de terre, comment aucune besace ne fut ouverte, pas une goutte de lait qui ne manquât, soldat Chemin à califourchon sur les idiomes, soldat Chemin dont le regard finit par croiser le bœuf en pointillé à côté du tableau, soldat Chemin poussant son éloquence ; il invita le petit veau de Badonvilliers, un veau à son procès, il raconta avec ses mots, comment cette bête gueulait contre la murette aux limites du bourg, un de trois mois, peut-être deux avançait-il, en tout cas un jeunet. Un beau charabia. Jamais Laurent Chemin n'eut recours à l'argument de ses cinq enfants ; c'est du veau qu'il parlait, sans s'arrêter, tout en baragouin. Larivière y revint une dernière fois. « Êtes-vous monté, oui ou non ? » Non, dit Chemin, « j'étais aux sacs » (« *mirout a raen a seier* », du breton). On lui fit répéter, cette fois en un mot. « Non. » Le tribunal trancha comme on en termine avec une bête acculée, une bête qu'on n'ose plus regarder. Il entrait dans l'arrêt moins de discernement qu'une vaine pitié dédouanant les assesseurs d'une part de la sentence : jugé de sottise, ce type n'étant d'aucune malice.

Cour pénale ou cour d'école, ce que Laurent Chemin convaincu de reniement aura compris de la séance ? Il est facile de le tenir pour un simple d'esprit, lui qui dans son jargon demandait à l'aumônier venu le voir au matin, « Mais, au moins, cela ne va pas m'enlever ma prochaine permission ? ». Laurent est croyant, il sait ce que vaut l'apparition d'un prêtre dans une ferme, il a connu ces visites, pour des voisins, pour son père, lui-même est allé en quérir quand il le fallait. Il est possible que cette question dérisoire regardant sa permission dissimulât l'inconcevable représentation qu'il se faisait de son sort, qu'il ait usé d'un euphémisme pour ne pas dire au prêtre et s'avouer à lui-même : « Je ne verrai plus les miens. » L'aumônier Lejosne rapporte que Chemin tira sitôt son portefeuille fourni d'une collection d'images, ses cinq enfants les uns les autres et une sixième photographie sur laquelle il appuyait son doigt, sa femme, avec un commentaire que Lejosne démêla du patois : « Mon père, ce sont mes médailles. » L'exécution s'est passée contre un arbre.

Les détails précédant la salve sont consignés dans le volume de Réau, *Crimes des conseils de guerre,* 1925. On y retrouve les minutes d'un procès *minute,* l'accusation lapidaire et rien moins que prouvée, les échanges entre l'abbé Lejosne et le métayer de Guingamp dans la salle de classe. Il n'y a pas loin de cette salle à l'arbre dans la cour de l'école. L'abbé dépose que tout au long du chemin le Breton suppliait d'aller montrer ses six photographies à ceux du peloton, ce qui n'entrait ni dans les codes militaires ni dans l'emploi d'une soutane. Le livre de Réau dit combien le rapporteur de la sentence eut de peine à faire entendre sa lecture au complet sous les adjurations meuglées de Laurent, sans reprise de souffle, mains liées, yeux bandés, comme il secouait les épaules. Puis le rituel, les douze balles dans le corps, toutes ensemble, ceux de la compagnie tenus d'y assister, et le coup de grâce porté cinq centimètres au-dessus de l'oreille comme le précise l'article 52 du code de justice militaire. Et pour finir, le cortège en musique devant l'amas au sol.

Réau encore, il fait état de la version tardive des deux réchappés de la 20e compagnie, de leurs témoignages en 1920, concis, sans tergiverser, comment le capitaine Dafoin avait cité Chemin pour surveiller le fourbi, comme il fut envié. Laurent Chemin fut réhabilité dix-neuf ans après les faits, le 17 février 1934, tout effacé, ça et dix mille francs de dommages versés au veuvage. La révision de la cour spéciale de justice est portée au *Journal officiel*. Pas pire texte, pire que les balles, l'amendement chipote l'acquittement, rachète la sentence officielle en inversant les imbécillités. Les conclusions innocentent un benêt de crétin, l'idiot posthume : « Allant au feu pour la première fois, Chemin était un débile mental, illettré, à l'éducation militaire rudimentaire [...] ayant perdu le contrôle de lui-même en raison de son affolement. » Les attendus sont du bout des lèvres, farcis de conditionnels, tout un galimatias épinglé sur le râble d'un bougre : « Attendu au surplus que les précisions établissent qu'il a pu se méprendre sur l'étendue et sur l'exécution d'une consigne qu'il aurait reçue de garder les sacs lorsque sa compagnie était engagée dans le combat, qu'ainsi, en admettant qu'il ait commis l'abandon de poste qui lui était reproché, un doute subsiste sur la volonté qu'il a eue de le commettre, et comme conséquence, il ne saurait en être pénalement responsable. » Laurent lavé, mort par la France.

Le dernier feu à Ferrassières

Pour Annie et Jean-François

« Sublimer, se dit des choses qui s'esleuent et s'en vont en haut en fumée, quand elles sont touchées par le feu. »

BERNARD PALISSY

Il est des arts bigleux. Ainsi l'estampe, discipline de gaucher quand tout commence à l'envers, on grave dans le mauvais sens alors qu'une fois fait le dessin est soumis à l'*épreuve* de la presse. Le mot vaut l'italique puisque la presse mécanique telle qu'on en voit l'usage dans une eau-forte d'Abraham Bosse (1642) montre un homme arc-bouté par les bras et les pieds sur une barre à roue qui ressemble à celle des engins de torture, avec volant, leviers, courroie de démultiplication, pour l'écrasement. Un métier éprouvant. Et l'ouvrier de Bosse, imprimeur en « taille-douce », dit-on, soutire au geste autant d'épreuves foulées sur des feuilles de vélin – première, deuxième épreuve…, le recommencement. Encore deux cents ans, un autre procédé libérera des douces brutalités de l'estampe tout en jouant lui aussi de cécité. Si l'on grave à l'envers, qu'on soumet le dessin à la presse, la photographie réserve ses formes de myopie. Pour que monte l'image, il faut en passer par le révélateur, c'est-à-dire la chimie et, après

Nicéphore Niépce (un joli nom négatif fait de « Ni Ni »), après Daguerre, W. Henry Fox Talbot assouplira l'aveu de l'image du côté de Lacock, son dévoilement et sa répétition par l'intermédiaire étalon qu'est la figure négative. Pour voir dans le bon sens, n'est-ce pas, il s'agit d'abord de voir à l'envers.

Il n'est pas de discipline plus bigleuse que la céramique. En travaillant le potier voit, il modèle son amas de glaise, il le forme par le tour et la main, il voit en trois dimensions mais pourtant, on dirait, avec cette façon de tripoter, de palper, de tâter, on dirait que le potier a les manies atrabilaires des aveugles inscrites au bout des doigts. Il touche, plein de petites frénésies accumulées, aussi vite que la pulpe des doigts court sur une ligne de braille. C'est étonnant combien les aveugles se veulent rapides, pugnaces, pressés de l'enchaînement des gestes, tendus à la résolution d'une poursuite entêtée. L'avez-vous vu le potier qui plaque son abattis de terre sur le tour à pédale (on l'appelle la « girelle »), l'humecte, le fait monter en un vase effilé, puis descendre, lui donne une allure de soupière, puis d'hanap, de dame-jeanne, place tout à coup quatre doigts dans le col pour ventrer l'ouverture, la pièce changeant de taille, la voici récipient et à nouveau pâton informe, soudain vase, outre, broc ? Une affaire sans paroles. Dextres, le potier et l'aveugle incarnent une revanche sur la maladresse, ils disent aussi combien il n'y a pas lieu d'être furieux de son sort.

L'argile est un art digital ou plutôt, *prestidigital,* un peu comme le boulanger croise et décroise la pâte de ses bras, plaque, mais là, de mieux, l'artisan céramiste a touché le talent du fakir, celui des enchanteurs, des charmeurs de serpents, je ne sais pas, un nonchaloir sorcier, son pain capable de lévitation. Où veut-il en venir ? Lui le sait comme l'aveugle quand à chaque avatar nous serions tenté d'interrompre ses folies, lui dire « Arrête-toi là mon ami », mais non, le fatras de glaise saoulé de tournis perd sa forme avachie pour devenir fine flûte. « Monter » la terre est une joute de vieille souche. L'impartialité giratoire n'accorde aucun relâche à l'*interprétation* des mains – au sens pianistique –, lesquelles sont de mèche au contact du bol, l'une réfreinant l'expansion, gendarmant la ronde-courbe, l'égrisant, l'autre tombée du coude qui va creuser l'intérieur de la pièce quand le pouce à califourchon pourlèche la paroi, la marque de ce qu'on appelle un «croutelis». Et la girelle imbécile de tourner; elle a beau toupiner, sa mécanique n'est d'aucune audace, seules les mains sont maîtresses du geste, complices des orteils qui impriment la vitesse du plateau, relancent le tour à pédale.

Mais ce n'est rien encore. S'il y prétend, s'il se targue d'embellissements, le céramiste va s'éteindre les yeux. Il va répandre sur le pourtour des pièces une pâte fondante, louche, à peu près incolore, blanche ou moins, un condensat dont le feu réveillera les valeurs chromatiques. Ainsi, il émaille à l'aveugle, glace sa pièce d'une pâte vitreuse. De la silice, de l'alumine, tant de feldspath, du kaolin, le composé blafard rendra sous la flamme ses pointes d'oxydes et ses gammes de couleurs, ce bol enduit d'un émail indécis sortira sous un bel orangé, un vert chamarré, telle glaçure à peu près translucide fondra en une robe au rouge épatant – et ce n'est pas toujours ce qu'attendu, tant mieux à l'idéal. Palette de borgne. Les dosages changent la donne, les ajouts, l'application des badigeons, la place qu'occupe la pièce à l'intérieur du four, la courbe des températures, la nature des terres barbouillées de couvertes dont la viscosité se mesure en «poise». Autant de nappages, de vitrifications à l'épreuve du feu; l'émail est l'épiderme du bol. Folle d'aléas, la caste céramiste, peut-être, compte moins d'artisans routiniers qu'il n'y a dans ses rangs de Balthazar Claës, potiers d'absolus qui jamais en une vie n'atteindront telle pâleur céladon ou la souveraine teinte sang-de-bœuf. Le souhaitent-ils sans cesse à reprendre? Le céramiste est ce doux dérangé en ratage des levers de soleil, en déboires des grandes cuissons, et si l'on doit à Gaston Bachelard *La Psychanalyse du feu*, 1938, il serait bon qu'une branche de la psychanalyse observe d'un peu près l'inconscient du potier.

En plus du tour, en plus des glacis fades dont le feu dira les couleurs, le four rend aveugle. Un grès se fixe à l'approche de treize cents degrés, après une longue montée. Il y a sur les parois du four lardées de capitons et de joints réfractaires des judas auxquels l'artisan prête son œil. Viseurs étroits, l'œil n'y tient pas aux dernières limites du feu, et pour ce qu'il aperçoit dans le « regard », c'est un fulgurant éclat de lumière poussée au-delà du blanc où tremblent des halos, ceux des pièces enfournées. Le pyromètre dit une chose quand le potier s'en remet à l'estime. Il y a du « paysan » chez lui, regarder le ciel, se fier aux nuages ; il a son idée, il prête un sourcil à l'œilleton, le feu en est là de sa couleur qu'il compare à des nuanciers peints de ses mains, un registre des chaleurs données à petits coups de pinceau, des échantillons de gouache. Dans le four cet orange affadi est aux parages de 300 degrés, 500 pour ce jaune, quant à ce rouge cerise, il annonce 750 degrés. On s'en approche. À force de cuissons le cahier du potier est crassé par ses doigts, comme un aveugle relirait toujours le même livre en braille. Le céramiste a le bon sens paysan et l'âme des chasseurs qui envoient leurs chiens au-devant car il dispose aussi de pyromètres dérisoires qu'on appelle les « montres ». Les montres sont comme des ongles de sorcière hérissés sur une barrette grossièrement malaxée, cinq picots témoins fusibles à des chaleurs graduelles, selon leur composition. La première s'affaisse, elle plie, elle fond quand la deuxième se met à pencher, la troisième ensuite, *et cætera* au fil des heures ; 1200 degrés, la dernière s'aveulit alors que la première n'est plus qu'une flaque au pied de la motte. Aussi bien semble-t-il ces cinq doigts seraient la main du potier livrée à l'intérieur du four.

Mais on ne voit toujours pas. Les montres sont toutes tombées. 1300 degrés, pense-t-on. Alors cesse le manège des bûches, on scelle l'ouverture avec un pan de briques, le feu est jointé, il va seul, strangulé. Dedans la fournaise décroît, les couleurs repassent à l'envers, trois, quatre jours avant d'ouvrir, aussi longtemps que fut la montée. Le gueulard est bouché, on ne voit toujours rien. Enfin le céramiste porte des coups de masse sur la murette de briques, le jour entre au four dont s'échappe une dernière avalanche de brandons, des petits dés équarris rendus au sol, le Vésuve à ses pieds, un joli cône de déjection. Ça fume, une brume épaisse sature la chambre à feu, elle rechigne à disparaître, sans quitter les lieux. Paré de gantières, le potier brosse la braise d'accueil, déblaie l'écoutille du grand feu, avance une torche. La fournée est en place, ombrée par la voûte, les pots cliquettent en refroidissant, ils font ce bruit d'accastillage sur les mâts, on ne voit pas bien.

Tourner, enduire, cuire, en somme qu'est-ce qu'un potier? On peut dire ce qu'on veut, il serait démiurge à lui seul, un petit pot-pourri de la mythologie, Héphaïstos et Vulcain l'homologue, Prométhée, Hypérion, l'aveugle Tirésias, Zeus tutoyant les éclairs mais c'est se tromper. Le potier n'est rien de plus que Sisyphe. Il se condamne à refaire et rouler toujours le même bol.

•

C'en sont deux à Ferrassières sur le plateau d'Albion, des potiers, Aubin et Marinette, compendieux. Regardons-les derrière les vitres à meneaux, tous les matins à leur place assignée, elle, le dos à la souillarde, lui devant, leur tablier. Les deux silhouettes en vis-à-vis confèrent au décor le silence qu'on connaît aux tableaux anciens, elles jouent de symétrie, bustes penchés, la table entre elles, un pichet, le bougeoir et le pain d'une livre pareil au dos d'une baleine, nos potiers sans bouger, les coudes sur le rebord et cette façon qu'ils ont, comme recueillir l'eau, comme on se lave le visage : ils tiennent un bol, mains lovées, aussi rondes qu'un genou, elles le portent aux lèvres dans un geste de haute prévoyance, lorsqu'on lampe et qu'à la fois les paumes se chauffent au contact du grès car il est deux régions du corps mieux faites aux températures, au contact des petites fournaises. Ce sont les mains et la bouche. C'est pourquoi il y a cette communion de la paume à la lèvre, pourquoi ils se taisent quand leurs deux mains autour ont l'allure d'une prière. S'ils boivent? Rien ne bouge ou par moments, des gorgées en quinconce. Le bol s'incline, la lèvre remue, à peine, ils n'entendent pas leurs petits bruits mouillés, les bras n'ont rien fait, le torse n'a rien dit, une giclée passe, à croire qu'ils pleurnichent entre les longs répits de boire.

Aubin et Marinette vont cuire. De quelques jours ils ne seront plus à table ensemble, même à se taire, comme quatre fois l'an. Ils vont cuire leur collecte de bols tournés à la saison. Vincent Débichet est pour venir dans la matinée. On l'a prévenu d'un mot – « Nous cuirons le 6 août. Comptant sur toi, Aubin ». Comme chaque fois Débichet partage la besogne bien qu'il manque d'aplomb et de ferveur, quatre-vingt-deux ans, le *jeunet Débichet,* dit Marinette qui en a trois de mieux, comme Aubin, quatre-vingt-cinq ans. Vincent n'a pas de four, il prête ses bras quand l'amitié potière héberge à Ferrassières sa récolte de bols mise à cuire avec celle des autres. Il est d'Aurel, le bourg voisin, un village haut perché au bas duquel se faufilent les eaux de la Nesque. Aubin et Marinette sont de Ferrassières; quoique. Loin des frusques dont ils se vêtent et des rusticités dont ils font loi, ils ont mené une première existence à Paris sans quitter le pâté de la gare Montparnasse, drôlement, dix ans d'abord rue de l'Arrivée, puis dix ans rue du Départ, des deux pièces. Aubin et Marinette Garidou, noueux, secs comme des copeaux de parquet avec des bras carottés, chiches, des tailles de minaret (elle le dépasse), des gens d'ascèse, d'une volupté discrète, épris d'une haute discipline des jours. Des piles d'habitudes : les levers, l'habillage, une toilette de peu et les repas dont l'heure ne varie pas, qu'on ne saurait sauter.

Mais alors des dîners sans régal, des déjeuners pugnaces et discrets terminés par la note d'aucune sucrerie ; l'extra, c'est de saler l'artichaut. Tout le reste revient à la girelle, le pain de glaise, tourner les bols incessamment, malaxer, émailler, cuire aux trimestres.

Longtemps Aubin et Marinette furent en blanc par métier, en blouse, assistants d'Émile Roux à l'hôpital Pasteur, préparateurs de cornues, gardiens d'échantillons, régisseurs de cobayes. Après avoir épongé les paillasses, nourri mulots et campagnols, étalonné leurs baves matinales entre des lames de verre, ils touchèrent au titre de laborantin. En quittant chaque matin la rue de l'Arrivée, la rue du Départ, les époux Garidou rejoignaient l'Institut où ils vivaient des heures penchés sur un microscope, les doigts aux molettes, debout à moins de petits pas insignifiants menés des éprouvettes au bec Bunsen, de là aux robinets dominant les hauts cuviers de rinçage avant d'offrir leur iris aux bacilles (toujours la même pupille car il y existe une « manualité » de l'œil) avec comme seule assise le bord d'un tabouret sur lequel inviter la même section de fesse entre deux maniements. Il leur en reste une disposition : le couple à Ferrassières n'a pas l'amour de s'asseoir. Pour Roux ils auront tant stérilisé, ils auront pourchassé le vivant et l'enzyme, les séquences microbiennes, l'action protozoaire, la venue des spores, l'origine des fièvres et la nature des fermentations. Pour Roux à la pipette Aubin et Marinette ont mélangé des cellules dans des milliers de coupelles étiquetées avant de les confier à l'incubateur, bien des bouillons, des minestrones de bactéries à reposer, des panachés d'amides. Puis ils attendaient, dix jours, un mois de macération sans ouvrir, que prenne le germe. Pour Roux toujours des soirs durant, ils se firent greffiers de ses notes et leçons, assesseurs de son grand séminaire sur la « microbie technique ».

Tout est parti de là, des étalonnages, des infinis mélanges à la touillette avant de soumettre les creusets de verre au temps d'incubation, puis l'attente, l'hermétisme des jours. Ils ont voulu savoir, les passions conjuguées de la chimie et de la biologie les ont poussés dans la Nièvre au printemps 1922, savoir au juste par rapprochement de métier ce qui se passait dans la tête d'un potier mêlant les émaux comme ils le faisaient des bacilles, les mariant en d'infinies combinaisons, livrant sa pièce au four, à l'incubateur, à l'isolement. Les deux laborantins n'auraient pu mieux tomber, à Saint-Amand, pays potier sur la rive gauche de la Vrille dont les cantons gadouillent de cette suprême terre de Puisaye. On s'y botte aux saisons tant marque le sol, tant le pied s'enfonce, vacille d'un pas à l'autre, soudain pris de bocages, cerné d'étangs. Les Poyaudins, ceux d'ici, leur ont offert leur bonne cordialité potière, l'abbé Pacton curé d'Arquian épris d'argile, Léon Pointu, Eugène Lion et Nils de Barck aux yeux suédois, tous suiveurs de l'école de Carriès. À leur endroit les Garidou ont trempé aux traditions de la terre, avec eux ils se sont dessoiffés au sancerre, au pouilly comme au cidre. Les artisans de l'argile leur ont signalé cette patrie de La Borne plus au sud sur la route de Bourges, une contrée travaillée de terrains meubles où les filons sédimentés de couches argileuses ont pour nom, en minéralogie, la molasse, une roche engourdie dans laquelle la racine des plantes va se décourageant. Molasse, il en résulte « mollasse » à l'étymologie pour désigner des caractères humains, avec un *l* de plus, un redoublement de labiale comme pour mieux aveulir le caractère de ceux qui ont reçu ce trait des indolents – ça et son dérivé, « mollasson ». N'importe. Lorsque les Garidou débarquèrent à La Borne avec leur blanc-seing d'Émile Roux afin de comparer les cycles de fermentation, ils furent reçus, reçus par des enragés du grès, une caste d'artisans au parler énergumène, comme des quakers ou, tous ensemble, comme une bande de facteurs Cheval, une colonie de mystiques avec laquelle s'entretenir des vérités du vernissage et de microbiologie, des déclins de température, des hasards, de l'enfournage et de la patience.

C'en fut fait dès leur troisième séjour à La Borne. On dit « attraper le virus », une expression qui leur sied bien ou plutôt, ils changèrent de virus après avoir rendu leur tablier à ceux de Pasteur ; ils trahirent Roux, quittèrent la rue du Départ avec leur peu d'économies pour ricocher au printemps 1924 dans une bergerie de Revest-du-Bion, Haute-Provence, loin de leurs tubes à essais et de leurs marinades de germes. Transfuges, ils y tournèrent durant moins de deux ans, cuisirent à tout bois et par toutes flammes avant que les plus furibondes, un matin, n'aillent embraser l'ancienne bergerie jusqu'au ravage plénier. Charpente, toiture, plancher et murs cédèrent à l'explosion du four qu'on aurait dit gavé d'une charge anormale de mélinite. Il était 8 h 10 au moment, 8 h 45 quand les deux Garidou pouvaient se déclarer nus comme des clous.

Faux départ, propédeutique à la poterie. À quelque temps de là on les retrouve à Ferrassières où ils ont transporté des tombereaux de débris et de tuiles échappés des décombres. Ils serviront à remettre d'aplomb les restes d'une grange connue sous le nom de Fond-Puits, doublée d'une masure demeurée à l'état d'éboulis tant qu'ils bâtirent le four. Car le four avant tout, à bois, de leurs mains. Vingt mètres cubes, une forme de cigare, un four à voûte, un four contre les pans duquel ils dormirent au premier été, dedans, comme à moitié ciel, leur sarcophage, couchés dans l'alandier où une étourderie sans volupté exempta Marinette de ses périodes, jusqu'à une fausse couche survenue au deuxième mois qu'ils accueillirent avec soulagement. Une fois le four dressé ils rétablirent les pans de la masure attenante pour la faire ressembler à quelque chose d'un logis. Fond-Puits à Ferrassières compte ainsi l'atelier de tournage, vaste, doté de trois girelles à pédale, une chambre de séchage couvrant les pièces à cuire, une remise où se fait l'émaillage (baptisée le « Labo », comme un salut à Émile Roux) et le principal : le *foyer* élevé dans la grange, celui où roule le feu quatre fois l'an, et le foyer, cette maisonnée où les époux auront versé quarante années au temps. C'est de ses fenêtres qu'on les a vus tenir leur bol un matin, avant une flambée de grand bois. Ainsi Aubin et Marinette ne sont pas de Ferrassières, mais lorsqu'on a désintégré une bergerie du dix-huitième siècle et consacré un four dans lequel se sont révélées les couleurs de plusieurs milliers de bols, on peut se dire d'ici malgré les discrédits mitoyens.

Le bol, c'est l'alexandrin du potier, la mesure métrée. Aubin et Marinette ne les regardent plus comme des utilitaires, des usuels, des objets, mais comme le prisme de la répétition. La matière pour la matière. Une moindre tragédie de Racine enfile 1700 alexandrins ; eux pareil, en bols. Depuis le temps, leur présence encombre chaque recoin de Fond-Puits, il s'en trouve partout, à chaque détour, dans la cuisine et les couloirs serrés d'étagères, dans les chambres, empilés, dans la salle d'eau. La grange en est pleine. Beaucoup dorment à l'année au jardin qui ne sont pas les moins réussis. Ils en donnent partout même à qui n'en veut plus, par centaines, ne s'en font pas payer et le plus curieux tient à ce qu'elle et lui aient leur bol attitré dont ils ne changent jamais. Revenons les voir à la fenêtre ce lundi-là, les Garidou plein de fadeur, leur façon de tenir le bol près des lèvres. Les mains l'épousent, elles ont gardé la mémoire du façonnage lorsque, dans un geste tutélaire, elles couvaient l'argile fraîche pour lui rendre sa forme renflée. Et les mains recommencent, tous les jours, elles cerclent, palpent le bol à l'instant du café, les paumes en pelote comme on tient un oiseau. Pelote, potelé, poterie. Tant qu'ils tournent, la girelle envoie partout son manège de glaise imbibée quand des coulures crottées dégoulinent de leurs doigts en se frayant un chemin par tout l'avant-bras, avec une flaque terreuse marquée au point du coude ; il leur en reste quelque chose, aujourd'hui, quarante ans à tenir ce bol, un ressouvenir, comme une incontinence, les Garidou ont tous deux des rejets de moka vers la bouche, lui par les poils.

C'est une drôle de chose qu'un bol. Il a connu tous les stades, de la terre arrachée, pétrie, mélangée, trempée, reposée, tournée, séchée pour des mois, cuite à bas feu, émaillée, remise au feu puis, refroidie par paliers avant l'ouverture quand il tinte – comme claquer des dents, comme babiller. Défourné à la pince, par la couronne, c'est désormais un récipient à jamais, pas plus qu'un bol, ce petit quelque chose que Valéry compare à une planète refroidie. Tout ceci n'était que pour une gorgée de café dont un reste va saliver sur la lippe des deux biologistes.

Les bols d'Aubin et Marinette ne sont pas signés. Pas plus vous que moi ne saurions dire de qui ils tiennent. Eux oui, plusieurs choses les distinguent. Tournés, ils portent au col un serpentin de rotation, une ligne toupie, hélicoïdale, mais les deux Garidou ne font pas dans le même sens. Leur girelle est munie de courroies croisées au contraire, Aubin tourne de droite à gauche, elle dans le sens des aiguilles d'une montre, c'est pourquoi les spirales sont inversées. Les bols ensuite ont leur cachet d'enfournage ; on ne les pose pas à même la plaque, leur culot collerait à la cuisson, alors on met dessous des petits patins de glaise pétris à doigts, de vulgaires boulettes d'argile ôtées à froid d'un coup de mailloche (sur le sol de la grange après quarante années il s'en trouve par milliers, tout un lit). Or, Aubin a l'habitude d'asseoir ses bols sur trois tétons, Marinette en met quatre et quand on les retourne, à regarder dessous, on voit la façon de l'un et celle de l'autre, les rondelles, trois ou quatre auréoles, c'est important.

Ce n'est pas tout. Selon l'un, selon l'autre, leurs pièces sont frappées d'atavisme, du geste originel plus décisif sans doute que les températures du four, quand on envoie la motte d'argile sur le plateau du tour, vlam ! Il faut centrer exactement, beaucoup se joue au plaquage sans quoi le bol va partir de traviole, voilé. Les doigts n'y peuvent rien, la motte se déforme en tournant, elle s'affale, c'est inexorable. Cibler le tour est un art que l'on possède ou non, il y va du « cerveau de la céramique», de son âme et de son nombril. Viser le centre absolu. Aubin n'a pas la prédisposition de Marinette, tireuse d'élite, ses bols en gardent un infime strabisme du jeté, ils ont ce quelque rien dans la silhouette ; personne ne le remarque mais tout de même, c'est un peu comme un derviche qui aurait dans le chausson une semelle orthopédique.

Enfin Aubin et Marinette ont leurs afféteries. Chacun tourne sa collection et, sur le nombre, comme aux lapins sacrifiés d'Émile Roux, ils élisent des cobayes, des spécimens préférables ou de moindre caractère sur lesquels ils se livrent à d'inlassables chimies. Lui, il place au fond du bol une pincée de pyrites, des petits nodules de fer qui marqueront le récipient de points noirs ; Marinette accroche un fil de fer sur le pourtour où pend un pochon de gros sel dont on verra l'irisation à la fusion. Les sujets sont notés, placés de telle façon dans le foyer qu'ils profitent d'un commerce éminent avec la flamme. Ils en tirent des recettes, de fausses lois ou des secrets trompés, ils recommencent.

•

Vincent Débichet a mené son auto d'Aurel à Ferrassières, tout proche quand on prend par le ravin de Bassette. Simca 9, l'Aronde peinant d'un pneu fit son entrée à Fond-Puits chargée de caisses paillées. Elles contenaient l'assortiment de ses bols, la criée Débichet, ce qu'il donnera à cuire. Sitôt bonjour on déballa les bols, un à un sur la table à tréteaux, dans la grange, quand le moteur encore déchauffait le chemin avec des sons de culasse à couvert du capot. Le rapprochement peut sembler contestable, impropre ou scabreux, pourtant Débichet a la tête d'un mardi après-midi, c'est-à-dire quelconque, sinon quelques poireaux distribués sur la face. Ses lunettes arrondies ont pour elles la joyeuseté de ce que son âme a perdu. Taille courte, son nez frotte aux épaules du couple. Son ventre est si creusé qu'il existe une grande marge de chemise à carreaux par-dessous des bretelles à boutons. Il blèse un peu, on l'a toujours connu ainsi, il a du mal avec une lettre, le *j*, elle penche vers le *z*, ce qui lui vaut le sobriquet de « Zigoto », affectueux surnom que lui réservent les deux biologistes dans son dos et quoiqu'avec le temps, toute camaraderie émoussée, ils le pensent, de lui, entre eux, « un vrai zigoto ». Voici plusieurs années que les humeurs d'Aubin à son endroit ont perdu toute délicatesse mais Vincent veut bien faire, se plie aux ordonnances du maître. Ce jour-là Débichet ne disait rien en déballant ses pièces, soufflant sur certaines pour ôter de supposées poussières, une cérémonie sous l'œil des Garidou, comme une revue. Aubin visait les bols, un sur trois avec sa moue condescendante travaillée d'un tic réprobateur à l'endroit du sourcil. Hors l'ancienne amitié, il a pour Débichet une confiance réduite en façon de poterie. C'est pourquoi il porte haut les bols, les soupèse, estime au palper s'il n'y a pas là-dedans des bulles d'air ou si l'argile est sèche à cœur. Pas pire qu'une pâte humide, elle éclate au feu, fléau du four, le bris bombarde à la ronde et l'étage est perdu. Aubin fait mine d'admirer alors qu'il désavoue le séchoir où Vincent entrepose ses pièces au bas d'Aurel, à l'entresol des sources de la Nesque. Il tâte les pots un à un, soupèse, les épluche du regard, longtemps comme un douanier, en sourcier, une inspection mise sur le compte du goût. Ensuite Marinette, hypocrite.

Les époux Garidou n'ont plus aucun penchant pour l'art de Débichet. Il tourne bien, il a pour sûr du flegme dans les doigts, l'épaule de ses vases a de l'esprit, de la candeur, ses panses ont du sang-froid et rien à dire sur le délinéament des embouchures. Seulement, Vincent, voilà, il tripote, il verse « dans l'artiste », à son âge, il farfouille des fantaisies, il ajoute l'inutile. Ce peut être trois anses rapportées sur un broc, il met des pieds à ses bols, il en fait qui penchent, il « tournase » des fioritures (*tournaser*, c'est parfaire la pièce achevée, reprendre sa silhouette, la retourner sur la girelle pour l'affiner depuis l'assise jusqu'au col), il larde le ventru de croisillons à la roulette, une roulette à découper des raviolis, il en met partout. Il invente des défauts, des parodies d'aléas, il gâche pour tout dire. Et cette nouvelle manie : les becs, les versoirs, il les frappe grossièrement à l'encoche du pouce et quand le bol est bien rond il le déforme, il lui met des tapes ici et là pour faire brut, mieux rustique. Saladiers archaïques. Il taloche ses jardinières. Ça déplaît, ses minauderies agacent mais Vincent Débichet a son ticket d'entrée au four, il peut bien faire ce qu'il veut à moins que sa fournée soit sèche.

Débichet déférent souriait aux opinions muettes des Garidou. Eux, les époux, sont avares en festons, nulle coquetterie ne pare leurs pièces, nul chichi de facture ne les embellit, du moins le croient-ils ; qu'ils le veuillent ou non, leur façonnage n'est pas exempt de l'imitation inconsciente d'une rusticité d'antan. Aux siècles passés les bons potiers dont ils se réclament, ceux de la Puisaye, gens de peu, usaient d'émaux à précaution ; ils sont longs à produire, difficiles à broyer, coûteux, aussi pour un pichet se contentaient-ils d'en barbouiller le col et l'épaulement, d'une coulée, vite fait, un peu l'anse et pas plus, là où le chiffon nettoiera les coulures de vin à l'emploi. Aussi le cercle d'émail est-il imparfait, épais et moins, peinturluré de biais, l'émail bavote sur le pourtour et le reste du broc est à nu. Aussi, les Garidou dans leur sincérité potière simulent la pauvreté à leur insu, ils reproduisent cette parcimonie des anciennes pratiques, non par économie mais par une espèce de filiation esthétique. Ils laissent vivre les bavures, favorisent les surcharges plus ou moins heureuses, comme elles viennent, les morves d'émail sont les bienvenues en plus de quoi ils nourrissent l'idée qu'un beau grès se doit d'être triste.

Le lundi, ils ne sont pas pour cuire. Vincent est là pour reprendre les mesures de bois. Aidés d'un gaillard de Saint-Trinit, Aubin et Marinette durant des mois ont approché les stères auprès du gueulard, douze stères couchés en piles, le bûcher réparti selon un ordre d'entrée en scène avec, d'abord, les fagots de départ, puis le gros, des calibres de chêne et de hêtre qui font le socle du feu et la mémoire des braises. Suivent les essences mi-dures calibrées en javelines, le bouleau et l'acacia refendus sur des petites sections de cinq à six centimètres, elles donnent la vitesse de croisière, elles sont la constance des flambées. Enfin les monceaux de sapin pour la furie du dernier jour, la recrudescence du brasier. Ces variétés tour à tour enfournées donneront la cadence des flammes dans un lent crescendo, sans heurt, sans hâte. Les tas sont à reprendre, douze stères à l'audace des trois octogénaires : Vincent dépérit des lombaires, Marinette est vaincue d'arthrose, pour Aubin, ses hanches le harcèlent. Le bois fut débrouillé durant trois jours, sérié, toute pile revue. Ils firent relâche le jeudi, un jeudi marqué d'une démission au langage tant que le vent se chargeait d'abrutir le plateau d'Albion. Le soir à couvert du four ils disputèrent de céramique – que dire d'autre –, de recettes ancestrales, des vertus de l'enfumage, les Ming, les Qing et les maîtres anciens que sont Gallé, Bracquemond et Caplet en plus de ressasser les grandes annales de leurs fournées en attaquant des os de lapin du bout des incisives.

Maintenant vendredi, Marinette s'est glissée dans le four, à plat dos, à la bougie, revoir la voûte, les interstices, les brèches colmatées depuis la dernière cuisson, si les enduits d'argile ont bien séché dans les fissures. Elle a raclé la coupole prise d'une couche vitrifiée, faite de cendres et d'anciens sels attachés au plafond, des stalactites bleuâtres qui en chutant vont esquinter les pièces à cuire. Vincent après elle, il y est entré, le Zigoto, une reptation des omoplates, ses lombaires à la peine, on lui voyait les jambes dépasser du gueulard tandis qu'il révisait la « fausse-tire ». La fausse-tire : un mur ajouré, une demi-tonne de briques disposées en damier qui se dressent entre la chambre à feu et la chambre de cuisson – comme un jubé.

La fausse-tire casse la flambée, redistribue les flammes, masse l'air, elle fait jeu de tamis à chaleur car les bols enfournés ne sont pas au contact immédiat du grand feu. En quelque sorte elle agit comme les bronchioles du four. Vincent au retour a dandiné du dos avec des reculons de fesses en bougonnant la nouvelle, que la fausse-tire gardait tout son aplomb dernier. Vers le soir vendredi le mistral fâchait moins. Ils ont mis du charbon, une grille avec dessus des rondelles d'aubergine et trois colliers d'agneau. Appétit bancal, excuse d'agneau, il grillait à seule fin d'observer l'allure de la voûte, si des fumées témoins s'en échappaient. Ils n'auront rien goûté.

•

Les cuissons sont des fêtes, quatre à l'année, quatre fois vendange. Elles rappellent la transhumance avec les sonnailles de départ (la montée du grand feu) et la « désalpe » (le retour, la décrue du grand feu). Près du brasier vont le geste et l'outil, la mangeaille et le parler, un diable partage qui pousse aux réjouissances. Il y a beau temps, les cuissons Garidou attiraient ceux d'ici sans qu'ils fussent conviés, on se montrait, on venait trinquer au verjus, brimbaler le bois, asticoter les flammes, se piquer les yeux et envenimer la joie. Seulement à Ferrassières, le joyeux n'y est plus, on dirait la corvée.

Dimanche 5 août, la compagnie fut augmentée d'Augustin, quatre-vingt-huit ans, doyen, Marie-Clothilde, même âge, la doyenne. Ils sont de Valreas. Il y a cette drôle de chose dans le Vaucluse, c'est un département taillé comme n'importe quel autre, de dessin, de découpe, d'étendue, mais le Vaucluse a dans la Drôme un petit complément subsidiaire, rond, isolé, sans toucher aux frontières départementales, comme une pustule insulaire, un orgelet dans le cadastre de France ; la Drôme a dans son sein une pastille du Vaucluse, Valreas, d'où viennent Augustin Lherminier et sa solide amie, Marie-Clothilde

Lefrançois, des potiers. Haut perchés, pareils aux Garidou, ils ont le corps hissé sur des jambes réverbères, le tronc mince et des bras défournis. Lui a une main qui clignote sans cesse, aussi sans rien faire, par le poignet, il la réfrène. Quant à elle, sa vue ne lui permet pas tout, pas grand-chose à distance, son cristallin s'enténèbre et elle refuse le soin. Ainsi, chacun du petit monde a pétri durant ces derniers mois, ils ont monté la terre en pédalant du tour, des bouillabaisses d'argile qui rougiront dans la chambre de cuisson. Ils donneront leur vigueur pour les jours de fournaise en échange d'une place à Fond-Puits, cinq potiers, tous acolytes, même wagon, cinq compagnons de glaise rassemblés dans la grange à bigler sur leur grand déballage de saison. Bien léchées, crues, les pièces impriment une poussière aux doigts. Elles attendent à la ligne, une majorité de bols, quelques cruchons, des fioles et les sempiternelles assiettes d'Augustin Lherminier. C'est difficile une assiette, ça ne prend pas comme un vase, il faut réprimer, interdire l'élévation, garder l'aplati mais sans trop, qu'elle ne grandisse pas, qu'elle « s'augmente » à l'horizontale sans perdre l'incurvé, savant travail dans lequel le magnétisme a sa part. Beaucoup tient à l'argile, il faut une terre ameublie, mouillée sans dépasser le point d'affaissement. Augustin en fait de belles, soucoupes, écuelles, assiettes à dessert et il se fait mal voir. Voilà : les pans du four sont rainés, on y engage les plaques par paliers selon la hauteur des pièces. Disons des bols – quoi d'autre que des bols ? –, des bols donc, mais alors, à l'étage, voici les assiettes d'Augustin qui prennent en surface alors qu'elles gaspillent du vide au-dessus d'elles, une perte, l'encombrement.

La petite troupe potière portait des yeux bénis sur ce ramassis de vaisselle écrue couvrant huit tables à tréteaux, chacun de regarder son propre ouvrage, rêvant loin, songeant à l'aubaine des flammes sur les glaçures, comment se figera la couleur idéale, si elle prend, « œil-de-paon », « aventurine », « vert reptile », « pierre-de-fer » ou une suprême grisaille, quel sort attend les belles bavures dégoulinant des parois, comment la terre se fendillera au feu, des hasards pensés, des hasards enviés, calculés pour la millième fois en une vie. Chaque bol est un coup de dés, voici pourquoi ils ont cette furie de les tourner afin que tout recommence ; refaire, s'approcher, « rater mieux », leur félicité. Il serait bien que les potiers fréquentent les casinos, ils le doivent au métier, savoir combien il est intenable d'être à la fois le parieur et le croupier. Ainsi rêvaient-ils bras ballants quand de mesquines hypothèses se rappelaient à leur intelligence. Si elles tiendront, ces légions de bols enduits d'émaux blafards, panse à panse, comme autant de petits soldats de plomb pour une reconstitution de la bataille d'Austerlitz ? D'avance, à grands sourires tordus, ils pestaient à part eux de se voir refuser leurs poteries, faute de place. Si l'un s'avisait de déplacer un article, aussitôt, au moindre geste, on suspectait une malintention. Ceux des bols isolés sur la table du fond se sont sentis exclus, ils ont renaudé en silence, et quand bien même, à bougonner tout haut, les voici tous à peu près sourds. Potiers suspicieux, « potiers jaloux » dit Lévi-Strauss, défiants, debout jambe à jambe à contempler les garnisons d'argile d'où dépassaient des formes importunes : douze théières, celles de Marie-Clothilde alors qu'on avait dit seulement des bols et des assiettes pour cette fois. Or une théière vaut deux bols, d'occupation, quand les siennes sont fournies d'une anse à grande oreille en plus du versoir si bien qu'une seule tient lieu de trois bols. Non pas trois mais quatre avec le couvercle cuit à côté. Total, douze théières « mangent » quarante-huit bols. Tout de même, on lui a fait sentir, l'encombrement, Vincent l'a dit qui n'a pas tort mais alors, mielleux, caudataire, premier acquis à la cause d'Aubin, maître de feu, Aubin qui sans rien dire tâtait des doigts fâchés l'humidité clandestine demeurée dans les terres.

La parade des bols prit fin à l'invite de Marinette pour une collation d'accueil : le pain et chicorée générale. Alors on revoit la scène, sans facéties, sans paroles, cette fois dix coudes attablés, dix paumes coiffant la bolée comme si elles tenaient des petits mondes suspendus avec les gestes ajournés au délai des lampées. L'un des bols bascule aux lèvres, c'est une décision de gorgée avec le bruit d'aspirer. Ils boivent en différé, parfois ensemble – comme les cloches du village, l'une avant l'autre et puis à l'unisson. Cinq mines fades, d'âge, de cogito et du néant de soi avant les manœuvres prochaines. Ils ont le maintien lent, des dehors contristés, des égards rechignés. On aperçoit les doigts de Marinette, ses pouces sautent aux yeux, ils fichent le camp, l'arthrose envoie la phalange à la perpendiculaire de l'index. Tant mieux au métier, l'âge est pour elle, cette déviation du pouce lui sert de stylet pour ourler la collerette d'un bol ou marquer le versoir d'un pot. Aubin s'est retiré nourrir les lapins. Dans la grange, le four montrait ventre vide.

•

Combien le four des Garidou a rougeoyé durant ces quarante ans ? On le sait, ils tiennent des registres, de forts livres reliés, des pages lignées à colonnes, datées, elles disent la durée des cuissons, les participants, le nombre de pièces, l'essence des bois, le tempo des températures et pas de bavardage. Sur une double feuille sont tracées deux droites. À l'abscisse, les paliers de chaleur marqués de 100 à 1 300 degrés ; à l'ordonnée la suite des heures. Une diagonale divise le graphique sur laquelle les potiers inscrivent des croix à temps compté. Si la croix dépasse la diagonale, c'est que le feu va trop fort, alors on le freine, mais lorsqu'elle est en dessous, c'est qu'il traîne, et on rattrape, on l'augmente. Le bon brûlis, la juste cuisson montrerait une suite de croix à l'intersection, sans varier, en parfait chevauchement sur la ligne oblique.

Marinette a ouvert le grand livre. Elle a inscrit à la plume :

Ferrassières, 6 août 1962,
lundi.
Cuisson 158.

Les mêmes noms reviennent au fil des pages, les leurs, Vincent Débichet, Marie-Clothilde Lefrançois, Augustin Lherminier et celui de Lucette à toute session, Lucette d'Angledin qui rejoignit Fond-Puits la dernière, qui ne cuit rien. Elle a le nez vertigineux, le torse peu flagrant, le rhume chronique et le pas abîmé. Elle en est, elle décharge les autres, elle régale aux journées de grands feux, compose des mets communs plus que variés, repas sur repas afin que les potiers soient à la tâche comme à leurs répits. On la paye en amitié, on la paye en bols. Elle a porté à Ferrassières les choses de saison, des cageots de salades, ail, fruits, poivrons, du haricot, plusieurs pains, son pâté de tête et combien de fanes dépassant des paniers. Et cette fois pour le gros des menus, c'est un porcelet de belle nature que Vincent Débichet a déchargé dans ses bras avec une suite de petits pas jusqu'à la cour. Couturé par-dessous, le cochon de lait sonne creux du bas-ventre à la gorge, il a le sourire. Un tout-petit pâlichon. Empalé dans l'après-midi, il n'a rien perdu de son rictus tandis qu'il cloque à la broche, les pattes liées, étendues comme s'il sautait un ruisseau, le dos graissé au pinceau. Lucette le fait monter et descendre aux crans des landiers par un jeu de leviers. Il suinte, le thorax farci de semoule pétrie aux olives. On apprécie Lucette qui agrémente encore les heures creuses tant que monte le feu, elle joue du piano, des improvisations déglinguées qu'on se désole à écouter : parce que beaucoup n'ont plus tout leur tympan, qu'il manque une part des notes, que le piano a ses grandes ankyloses, que les vrombis du four prennent le dessus ; Lucette a beau plaquer, la tempête du feu étouffe les accords passé 800 degrés. Et puis l'instrument n'est plus très beau à voir, un Zimmermann 110 en ébène de Macassar, il loge dans la grange, moucheté de guano. Ses cordes n'aiment pas les hautes cuissons.

Pour l'heure elle oint le porc, ne se mêle pas. Surtout quand vient l'instant le plus sensible : enfourner. L'affaire est physique, le poids coûte ; les portages se font à bout de bras, l'allonge est frêle et le charroi chevrote, vingt bols pris de tremblote sur la plaque qu'il faut hisser dans les rainures du four mais ce n'est pas ça. Si Lucette s'absente, c'est qu'elle connaît les humeurs au moment d'enfourner, quand chacun se regarde de biais, qu'on se chicane poliment les bons endroits. Rien ne cuit pareil selon l'emplacement, la source des chaleurs, les circulations de l'air, le voisinage des pièces entre elles. L'affaire est consensuelle, on se cède les places recommandables sans en penser moins, chacun de ravaler, de rectifier, de décaler les bols d'un centimètre sur le plateau avant que d'autres doigts corrigent autrement, un quart de tour ici, et là, cinq millimètres plus à droite. Les potiers s'épient. Ils scrutent, fléchis, varient l'angle, voir si deux pièces ne sont pas en contact sans quoi deux bols en sortiraient siamois au défournage.

Ce jour l'enfournement aura duré plus que d'ordinaire. Vincent s'est piqué une première fois lorsque Aubin l'a remouché, en plein : « Dis donc toi, tes trois bols là, mets-les à l'étage du bas », deux impératifs à la phrase. Débichet s'inclina avec une expression placide et courroucée qui lui faisait une gueule de faux ticket. Les trois bols en question sont descendus d'un cran puis, en tapinois, il les a remontés, fondus parmi d'autres. Encore Aubin la seconde fois, à Vincent : « Eh bien l'ami rends-toi utile, va aux pompiers veux-tu », deux impératifs à la phrase. Alors il y est allé, grinchant tout au long, il s'est rendu à Sault, un aller-retour à bicyclette à la caserne des sapeurs, comme chaque fois, prévenir qu'à Ferrassières une cuisson se tramait chez les Garidou, des fois que. Les bols entrèrent à peu près tous, les assiettes d'Augustin, la cargaison presque au complet, parquée au cordeau, très peu de pièces retoquées sinon deux théières de Marie-Clothilde. Deux théières déboutées, une éviction mal vécue, on ne l'a pas vue d'une heure, retirée au jardin, maugréer.

Le long bûcher s'entassait dans la grange avec en tête le fagotin de départ, près de la gueule, le hêtre à la suite, le chêne, jusqu'aux résineux. Les cordes de bois n'y tenaient pas; elles dépassaient loin dans la cour, là où le cochon rôtissait, contournaient le puits pour finir près d'un talus d'anciens tessons – pots cassés, jarres fendues, détritus d'argile, ramequins ratés. Un chemin libre longeait la muraille où bientôt les potiers pousseraient le chariot plein de bois jusqu'à l'âtre. Augustin Lherminier est allé mettre un œil aux judas pratiqués dans la brique, voir les montres à froid, les bols, ses assiettes une dernière fois. Aubin et Marinette tournaient les molettes du poste TSF à la recherche du bulletin météo, tant c'est vrai : les pressions atmosphériques influent sur la montée du feu. Vincent Débichet revenait de Sault à bicyclette, Marie-Clothilde finissait de bouder, quant au porcelet, il ne semblait plus le même, le groin jovial et les yeux malheureux, Jean qui rit, Jean qui pleure, boursouflé. Au gré des tours de broche, ventre au ciel, on remarquait l'aine creuse, la peau tendue sur la ligne de cartilage comme une toile de tente sur un arceau; dos au ciel, des filets de graisse ruisselaient du rachis pour aller chuinter dans les braises. Sa panse ploie, empiffrée de semoule aux olives. Emporté par son poids, le cochon bascule à chaque tour de broche, il chute au même cran puis remonte l'engrenage avec une nouvelle lenteur, si bien qu'il ne cuit pas pareil, mieux roussi sur un flan, rosé sur l'autre. Sinon, il a son petit cul d'athlète. En soirée ses coutures ont craqué, une part de semoule s'est perdue dans le charbon. On l'a repris au fil de fer avec quoi Lucette lui a rafistolé le ventre. Non loin couvaient les bols enfournés, on voyait ceux des premiers rangs par le cintre d'entrée, leur silhouette en quinconce avec, dessus, l'ombre voûtée. Il ne manquait que l'allumette, le petit brûlis de départ, treize milligrammes entre deux doigts, un minuscule fétu qui servira d'amorce aux douze stères, six tonnes de bois avalées, trois jours de grand feu.

Le maître de cuisson brandissait l'allumette à portée de son visage comme une brindille de maréchal, Aubin, le grattoir dans l'autre main, bras écartés, sa barbe au centre. Le geste réclamait la parole, elle tardait. Si grand fût-il, l'âge lui donnait toutefois l'aspect d'une virgule perdue dans un plastron de cuir quand son peu de tignasse s'auréolait de trois portes : la plus basse pour le passage d'un homme, incluse dans une porte moyenne par où passer les charges de bois, elle-même encochée dans les battants de la grange, Aubin devant, chaussé de galoches bousées d'anciens crottins de glaise durcie. Nous entrions dans la cérémonie, l'heure rhétorique. Propos moulus, les mots d'Aubin chevrotaient dans sa bouche, il dit : « Méfions-nous ! voyez-vous, nous baissons comme des pentes, Marinette, moi, et vous aussi d'ailleurs. C'est que…, non ? Eh bien ! » Un temps puis plus bas, « Car voilà, tourner, je le confie à ma peine, mais alors cuire, hein, forcer là, c'est-à-dire… Bon, ce sera notre dernier grand feu à Ferrassières ». Puis Lucette s'est lancée dans Mendelssohn, des doubles croches envoyées aux poutres, le lyrisme à l'écho de la grange. Quatre fois l'allumette a foiré. Elle finit par prendre à force de jurons, elle incendia une feuille de journal tortillée en chandelle, jetée dans l'alandier. Alors ils s'y sont mis sans fantaisie, les vieillards aux fagots, Lucette à Mendelssohn quand le cochon pirouettait dans la cour, emperlé d'huile.

•

Le premier temps n'est pas pour cuire. Le critérium du feu commence à bas régime, à petites foulées, 100 degrés pour dégourdir les bols, ôter l'humidité du printemps dans les chambres du four – un feu de « bassinage » dit-on, un bas ronflement. Une fois les bols culottés, ils ont nourri le four autrement, par gros chêne et bois de hêtre, des heures de suite qui ont pour nom la « moulée », les uns farcis d'arthrite, les autres chatouillés d'une conjonctivite ordinaire, beaucoup la goutte au nez malgré les chaleurs du mois d'août et les renvois de la première fournaise. C'est un étrange ballet des stères à l'alandier, risible, désolant, cinq octogénaires en marcel offrant leurs rations de bois, les coudes à l'os comme on voit aux rotules des compas et les bras parcourus d'une peau inemployée. Plus haut les biceps font des petits casques apparents. Sur le circuit veineux, aux mains principalement, ils ont des taches aléatoires marquées du bleu au violacé, le sang lie-de-vin. Lucette, Marie-Clothilde, Marinette, les trois n'ont pas de soutiens-gorge – à cause de la prochaine étuve mais aussi, le vêtement superflu n'arme rien à leur buste. Elles portent une espèce de chemisier en coton, ample, par lequel, de face, dans l'encolure, se dessine un creux thoracique au partage de deux appendices tristement agités quand, de profil, selon les postures, on surprend sous l'aisselle la plissure de leurs seins rabattus. Ce n'est d'aucune indécence. Froqués ou moins, ils vont tour à tour vouer leur bûche à l'alandier, autant de petits voyages inquiétants, les pieds raclant, autant de traquenards à leurs pas, des chiffons traînant au sol, des outils laissés là, d'anciens bols brisés dans la terre battue. Le retour est encore plus lent, les potiers vivent des petites bousculades en se croisant, à qui va, à qui vient porter sa bûche, puis ils se postent à l'écart le temps d'un congé, insensibles aux mesures de Chopin pianotées de mémoire. Une toux, une rouspétance, ils y reviennent.

Le feu peuplait le silence de Fond-Puits, ajoutant ses touffeurs à l'été tandis qu'au soir la compagnie potière dînait du porcin, un peu de maigre prélevé aux cuissots, des portions chiches que Lucette pointait du couteau, les hôtes soupçonneux des parts d'autrui, quoiqu'ils chipotassent. Chacun serrait sa part de semoule dans un coin de l'assiette, sans beaucoup diminuer. N'était le feu, au plus fort du repas, on aurait perçu le bruit des bouches au travail, leurs notes horripilantes, les petites forces maxillaires exercées sur un lit de salive noyant les denrées. Chorus, manger sans se regarder, manger droit dans le vide. Augustin Lherminier se plaignit du cochon, trop sec à son goût, il l'énonça dans une espèce de conversation à lui seul ; aucun ne dit que c'était bon, chacun d'avouer ne plus aimer la viande, avec le temps – « on ne court plus après ». En dessert, des sabayons de Lucette. Ils se hélaient parfois du menton quand revenait leur tour, lorsqu'il était temps d'envoyer une bûche de moment en moment. Ainsi jusqu'à la nuit quand l'équipe de jour se retira, quand la brigade de veille se remit aux brassées de bois. Au reste les quarts sont purement formels puisqu'ils dorment et si peu et si mal ; bientôt les tours de rôle n'en sont plus, ils se confondent, le feu tient l'insomnie, les potiers traînent à cinq autour du four sans puiser au repos.

Le mardi au matin les montres affichaient 700 degrés dans la chambre à feu, 500 dans la chambre des bols rehaussée à l'arrière du four. C'est un sujet de hantise, inéluctable, l'écart des chaleurs entre les deux loges : l'ardeur s'amenuise en sortie de four, la crypte arrière doit suivre, sans cesse il faut rattraper la mesure, câliner l'air, l'épanouir dans les compartiments du four et pour cela oxygéner le feu, débraiser. Il se trouve un cendrier sous l'âtre qu'une trappe libère. Sitôt ouvert, un édredon de braises dégorge du caisson que les potiers remuent à la bêche. Rincer les brandons. Les pelletées sont pour un tonnelet de métal jouxtant le four, il en tombe durant le trajet, des myriades d'étincelles, des abeilles de lumière poussées de rouge à blanc, autour des pieds et dans les airs, plus haut que les visages. L'un fourrage les jonchées d'escarbilles en détournant le nez quand un autre luron humecte à l'arrosoir le plancher alentour. L'eau fait là-dessus de grandes fumerolles protestataires desquelles émergent leurs silhouettes. Ces curages sont fréquents, ils mouchent l'alandier, ils ventilent, regonflent l'air. La chambre de cuisson prend du revif, elle respire. Alors les potiers de Fond-Puits excitent les flammes de toute leur sénescence.

Entre deux bûches ils vaquent, s'emploient ou dodelinent. Ils n'attisent qu'aux instants essentiels, précisément, sans se concerter, sans avis, quand le feu a l'idée de se la couler douce. L'un ou l'autre s'avance vers le gueulard au gré des heures, balance sa bûche, trois ou quatre à la file. D'ouïes rabougries, ils reconnaissent dès l'envoi le crépitement furieux, quand les grumes dégazent. Puis le son tarit, la bûche va brûlant de son bois, les potiers laissent aller afin que la chaleur se transporte d'une chambre à l'autre par le comptoir de la fausse-tire. Ils se rasseoient, comme oublieux mais non, une espèce d'oreille mentale les prévient quand la flambée se dénerve. Alors nouveau manège, ils plaquent les mains sur leurs genoux pour secourir à la levée du tabouret, marchent aux stères, tricotent des petits pas, approchent, lancent le bois et s'en reviennent. Tout le mardi, des gestes accablants chargés d'impotence et d'un vouloir inépuisable, harceler le gueulard. Ils y retournent bûche à bûche, ils prennent sur leur gâtisme. Au soir Lucette fit Brahms et des choses de Schubert aux noms impromptus. Le cochon revint à table, la semoule sans plus de jus. Si c'est le déjeuner ou le temps du dîner ? L'heure est en eux, la seule, celle du feu alors qu'ils ne savent trop s'il est midi ou passé minuit. Ils ont ergoté le fromage, les montres titraient 950 degrés à l'alandier, plus de 800 pour la chambre des bols. Vincent entre deux bûches s'est prêté à des pas de danse, comme pour lui, joyeux d'on ne sait quoi. Marinette a mis l'œil aux judas, elle a vu les bols irradiés, ils grelottaient dans la lumière, transparents d'incendie. Qui est allé se coucher ?

•

Mercredi le 8. La nuit et le matin ont ralenti le four : une pluie, un vent de retour, le feu souffreteux. On voit les croix sur le graphique, toutes sont en dessous de la diagonale entre trois et six heures du matin. C'est le vent, un vent qui s'invite dans la grange chargé des arômes de lavande dont le plateau d'Albion est infusé, une senteur que bataillent les grands roulis du feu. On hume par intermittence, le nez attrape des touches de lavande dans la fumée, elles donnent des petits souvenirs de la couleur bleutée dans tout ce rougeoiement. Vincent s'est chagriné du vent, il le croit rempli d'iode, plein de Méditerranée, très mauvais selon lui, « Ça corrode le feu, ça le rouille », dit-il en s'effleurant le bout du nez, l'index inquiet, et de citer le nom du vent, le *méjournaou* qui souffle de sud à nord, léger ouest, « une vacherie pas bon du tout ». Aubin a haussé les épaules comme une réponse à l'idiotie, ça dès le café, et pour la première fois à l'adresse de Vincent Débichet, il a lâché le surnom en fin de phrase, « … toi et ta météorologie de zigoto ». Las, autour de la table couvait une âcreté d'aucune courtoisie accentuée d'allusions fugitives, celles de Lucette à propos du beurre, d'un drôle de goût (« … il est bientôt pour être rance »), celles d'Augustin sur la pâte de coing jugée fibreuse, à grains, et puis Marie-Clothilde en manière de reproche, à l'adresse de tous : sans rien boire et manger elle affichait à table ses deux théières, les recalées du four, les hors-jeu, poudreuses d'argile, pâles d'émaux. Ils en étaient là quand le facteur a toqué, porteur d'aucune lettre mais délégué par les sapeurs de Sault, voir si tout se passait bien. Ils l'ont reçu sans égard, on ne lui a rien offert et, en partant, comme nous, il a vu par la fenêtre les vénérables potiers serrant leurs bols à hauteur de lèvres.

Nous ne possédons pas le livre d'heures, celui de la cuisson 158, ni ce registre ni les précédents. On y aurait lu les heures du mercredi, six pages remplies à la plume, la montée du feu, les temps de flammes oxydantes ou, au contraire, réductrices, les rotations, les minutes, des passages soulignés, des mots hâtifs resserrés en fin de ligne, des lettres pliées d'écriture pour tenir à la marge, comme si elles fondaient. Chronique du feu. Elle dit la course des chaleurs distribuées dans les chambres, elle dit les montres, les charges de bois, les envois d'acacia, les débraisages, des choses factuelles et sans affect sinon peut-être les cotations de couleurs, l'échelle des teintes fauves allant de la « grenade mûre » à la « framboise écarlate », la palette des rouges précédant le registre des jaunes, tout y passe, un almanach fruitier, un vrai jardin, « melon vif », « ananas gazé », « clémentine écarlate », citrouille, citrus, « carotte ardente », « poivron de Malaga », allez vous y retrouver, le feu vitaminé, le feu cacatoès. Puis les couleurs redescendent les échelons, revoici le rouge, les mayonnaises orangées, un peu l'abricot, le groseille et l'ébloui sous les rouleaux du feu.

Le grand livre des flammes n'est plus dans lequel l'écriture se fait soudain plus vive à l'approche des 1 300 degrés, quand la flambée atteint son terme, l'instant où le feu ne souffre aucun répit. On y aurait lu qu'à 13 h 08 un coup feutré retentit dans la salle des bols – c'est beau, il est dit, « un fracas ouaté » –, une lointaine détonation considérée sous des rapports de logique, de conjectures et d'intuitions chagrines, un bruit décrit dans un copieux paragraphe tandis qu'ensuite, six minutes plus tard, 13 h 14, deux mots succincts s'intercalent dans la chronique du 8 août 1962 car en effet : « Débichet tombe. »

Débichet trébucha à l'heure dite contre une plaque en tôle. Sa tête a porté sur un angle du four, une arête vive lui crevassant l'arcade sourcilière et mieux à son crâne comme il voulut se rattraper, sa main emportant un râtelier où s'entassaient de vieilles choses, pots, jarres et gourdes vernissées, toute une vaisselle. Une pile fournie de douze assiettes s'est reçue dans la région la plus aride de sa calvitie quand la chronique des cuissons si fournie de détails n'en dit pas plus, « Débichet tombe». D'entiers paragraphes se plaisent à décrire les nuances du feu sans qu'il soit question des saignements de Vincent, comme le sang grabataire coule aussi bien que d'une plaie d'enfant sans rien avoir perdu de sa couleur, une teinte qu'on garde en soi, qui jamais ne vieillit. Ils l'ont porté hors de la grange, Débichet étendu dans la couche des Garidou, la tête pansée, enfouie sous les compresses contre quoi revenait toujours la même tache imbibant la gaze, brune, noirâtre, avec autour un cercle vineux dont le diamètre grandissait. Le minutier du feu ne reprend qu'à 14 h 02, après un blanc d'une demi-heure, le temps des prévenances rendues au chevet de Vincent. Il geignait. Aubin l'a consolé d'un mot rassérénant, « on revient », et les potiers de gagner le brasier du pas le plus preste.

En bas dans la grange le gueulard menait grand ménage. À regarder le four avec une main en visière, les formes se gondolaient, les murs flottaient, le sol ondulait, la chevauchée du bruit, un fléau. Les montres avançaient 1 250 degrés à l'avant, un peu moins à l'arrière. Encore un peu, ils y touchaient ; encore un peu mais l'abord du four repoussait la manœuvre quoiqu'il fallût remplumer le feu. Voici le moment où les potiers inondent le parvis à grands seaux afin d'approcher, gantés jusqu'à mi-bras, la tête lingée comme des Touaregs, chaussés de lunettes de soudeur ; on leur voit le nez, des demi-gueules de radis dans tout ce bruit exorbitant. Séniles, ils vont au feu roulant, s'avancent, jettent de loin, goinfrent les flammes, ils envoient l'acacia, les résineux *larga manu,* n'importe quel fagot sans désemparer, les javelines de bouleau et si l'une bute devant, elle y reste (« C'est *tant pire* » dit Augustin). À tant de bois la démence du gueulard devient telle que leur allonge n'y suffit plus, ils vont par les côtés du four comme un bandit écoute aux portes, jettent à l'estime, reculent en se couvrant d'un bras ce qu'ils ont de visage. Le livre dit à 16 h 11 : « Blanc total au judas, la dernière montre est tombée. »

Mercredi 16 h 11, la voix ne sert plus sinon à tousser. C'est par gestes et grands signes qu'Aubin a sonné la fin du sabbat. Il reste un rite, l'antienne depuis quarante ans, le tour potier, une signature, tous ceux du feu d'offrir au four un ultime margotin, une botte, chacun son bouquet comme une attestation, un certificat de brasier. Marie-Clothilde envoya la première, puis Marinette mais raté, son fagot sans toucher à l'endroit, puis le vieil Augustin sans trembler. Lucette se récusait, ils l'ont poussée, elle aussi a lancé sa branchette. Aubin le dernier, le dernier feu à Ferrassières, il s'est cru obligé à un geste grotesque (pardon, *pompier*), il a mis dans la gueule tous les registres des fournées, quarante ans, les annales de Fond-Puits.

Il manque une gerbe à la flambée 158, celle de Vincent Débichet allongé dans les draps des Garidou. Il a des plaintes gentilles doublées d'oscillations, plus faibles, tout à fait résiliées quand un filet de sang sortit de son oreille, pas beaucoup, assez pour loger la mort en échange. C'est l'instant où sa bouche choisit de s'ouvrir. Là-bas dans l'écurie du feu ils aveuglaient l'entrée du four, brique à brique, enveloppés dans des couvre-lits, accroupis au gueulard, une murette sitôt floquée à la truelle.

•

La « déchauffe » vaut la montée, trois jours. Ils ont revu le soleil autrement, du jaune avare, comme un bol sur fond de bleu. On les retrouve une dernière fois, les potiers au village d'Aurel, dans le cimetière riquiqui à l'enterrement du Zigoto, le samedi. Ils sont pénibles, jacobins de la glaise, en grande tenue de céramistes, des vastes frocs à pans flottants et le tablier maculé de leurs dernières bavures, du limon délibéré sous les ongles. Leurs chapeaux de rapin dévoilent la faillite du cheveu. Ils n'ont pas pu s'empêcher, plutôt qu'un peu de terre prise ici, là où elle est, celle d'Aurel, ils ont jeté dans la fosse leur poignée d'argile, de la terre de Puisaye, molle, chacun son envoi, deux mètres de haut avec un bruit bouseux sur le couvercle. De retour à Fond-Puits ils ont porté un toast devant le four emmuré. Dernier hommage à Débichet, un vin rustaud accompagné des restes du cochon façon vinaigrette. Aubin a dit trois mots, Lucette s'est mise au piano, quelque chose de Grieg ou de Schumann, difficile à dire (c'est dire), des accords indécis perdus sous les premières cognées libérant le four. Il y eut un bel ajour par où est entrée la lumière. On aperçut les bols jubiler derrière la fausse-tire, pas très bien, pareils à des oranges illuminées, les bols, ceux de Vincent, ils pétillent, comme un chant, une rhapsodie. L'espèce de sonate a cessé, Lucette aussi s'est rendue voir.

Le haut-fond

Pour Cécile Touitou

La respiration vous revient dedans. On s'entend haleter, et l'on sue. Lui, l'œil, voit à travers un grillage. L'ouïe s'affole des subites remontées de la cage pulmonaire, des brèves suffocations que nul ne perçoit, des apnées entrecoupées de décharges. Sous le masque tout semble s'inverser dans une espèce de claustrophobie faciale : entendre avec le nez, sentir par les oreilles, voir le monde réticulé derrière un damier alors que le corps est contrit dans une camisole, jusqu'au bout des doigts. C'est surtout le visage, il sécrète, il exsude des bordées d'odeurs, un arôme hormonal. Les capitons du masque sont gorgés de relents d'endorphines, abreuvés d'une rance haleine; rien de plus repoussant que d'approcher son visage d'un masque d'escrime. On ne sent pas ses propres exhalaisons, mais qu'un compétiteur pour une raison quelconque aille mettre son museau dans le masque d'autrui, il en éprouvera l'immédiate infection, tout un formol de suées. La cage faciale est pourtant ajourée mais ses bourres synthétiques après quelques tournois ont pompé les lactations de l'escrimeur lequel, sur la piste, dans sa tenue d'hygiéniste, ressemble à un condamné qui aurait bondi de la chaise électrique, ou sinon, à un infirmier devenu fou subitement. Ça ne se voit pas, l'escrime est bouche ouverte, le souffle est quadrillé, un sport sous cloche, une discipline introvertie à couvert d'un domino bombé sur la face. Les duellistes ressemblent à des écoutilles, à des hygiaphones ou aussi, à deux lampadaires : un fuselage terminé d'un globe. Les touchers sont furtifs, aseptisés, ils se limitent à une pastille en bout de fleuret, une pression de cinq cents grammes au centimètre carré, pas plus, chaque occasion tactile excitant des capteurs électroniques par l'entremise d'une cathode accrochée au froc ; elle fait un petit bec plutôt ridicule à la culotte. Les passes ressemblent à des coups d'orage, sans foudre, sans bruit, sans éclair, deux combattants comme des paratonnerres. Les ferrailleurs ont dans leur dos un enrouleur, une ficelle comme en ont les pantins. Au moindre contact s'allument des loupiotes témoins, la pastille déclenche un signal sonore dans lequel s'entend le vrombissement d'une aile d'insecte amplifié. C'est un sport de silhouettes, sans ambition musculaire, sans athlète, dans lequel les coups n'en sont pas, seulement des décharges rendues avec cette fulgurance dont les mouches sont capables. D'ailleurs on en dirait, des mouches, les duellistes en ont le principal, leur tête entière n'est plus qu'un œil de mouche grossi cinq cents fois, plaqué sur la face, une espèce de mouche cyclope, un masque orbiculaire derrière lequel il est loisible d'observer sans être aperçu. La vue à petits carreaux, des assauts à croisillons. Les deux s'épient surtout, les lames n'osent pas dirait-on, elles se reniflent l'une l'autre, s'attouchent, jouent du cliquetis, elles s'aguichent – on appelle ça le « sentiment du fer » –, les titillages d'acier sont menés depuis un grillage, tout un art d'escarmouches sous treillis. Blond ou laid, maigrichon ou brun, celui d'en face, c'est vous. Rien ne permet au profane de distinguer les adversaires sinon que l'un est à gauche, l'autre à droite sur la piste. Des joutes désinfectées. La cotte blanche ne laisse aucun lopin de peau à découvert, les concurrents en laminé s'affrontent comme des apiculteurs de taille malingre, ils ont des gestes électroniques, évoluent sur une bande de quatorze mètres et pas un pouce de plus, ils vont et viennent comme deux ombres chinoises seraient prêtes à s'emballer sur le mur. Et soudain, c'est fini. Combats d'insectes, deux cosmonautes squelettiques se cherchant noise. On n'aura rien compris. Quel dénouement et qui remporte le point ? Ça va trop vite, tout s'emballe au dernier moment. Ces choses-là, l'absence de visage, le blanc imposé, la brièveté des passes, l'obscure règle des lames, la pauvreté des points de vue qu'une caméra peut en tirer font que l'escrime reste encore de nos jours délaissée par les sponsors ; les publicitaires ne parient pas chipette sur ces joutes. Une discipline inabordable, deux duellistes encagés, blindés de faciès, aucune syncope lisible sur le visage.

Accompagné de son oncle, Élie Arnicol croisait l'acier les samedis avec des fleurettistes de son âge, des minimes d'ici, à Perpignan, de longues séances hebdomadaires à mouliner du poignet, un bras derrière la tête comme qui s'épinglerait le cuir. Puis, sur les gradins, il regardait son oncle, ganté, fin fleuret, notaire à Collioure, Hubert Arnicol, une fraise au cou, quelque chose dans les jambes d'assez sécateur, des amortis, des démouchetés, des attaques, l'oncle à la reprise avec des avoués, une revanche avec un dentiste, des hommes de loi, chaque samedi, casaques blanches, des comptables, des administrateurs à l'échauffement, un consul honoraire à la retraite, tous avec des gueules de guichet. On les retrouvait aux douches cette fois démasqués, sans plus de hublot sur le visage, une serviette éponge à la taille, pharmaciens et huissiers de justice, Élie dans le lot, effilé, maigrelin. Il porte une large tête mais plate, sans plastique, une harmonie à bascule entre le terne et l'ingrat. Qui le verrait assis dans les vestiaires se frapperait de sa mine falote, de son attention plâtreuse, quelque chose de l'humeur des tortues inscrit dans la paupière, sa tête comme le grand défaut de lui-même. Élie portant l'ennui d'un corps pubère, glabre, le poil indécis, jeune Arnicol s'ingéniant chaque soir à inspecter les nouveautés de son faciès, voir par où prendra la confirmation de son âge. Elle va prendre. Il a principalement la lippe alourdie vers le bas, emportée par le poids d'un perpétuel étonnement, comme une cause. Elle pèse si bien que ses yeux ont tendance à s'affaisser avec, le regard en versoir, capable de peu de lointains. En pleine faillite d'attraits, Élie est affecté d'une peine à ordonner l'hégémonie de ses émotions ; c'est une pile de désirs ne sachant où brancher ses cosses. Treize ans, il a ses embarras exorbitants. S'il faut rire avec les autres, ce n'est jamais sans sa main plaquée sur le nez, comme s'il se défendait d'un distrait chagrin de gaieté, et lorsque rien ne prête à rire, il cherche à occuper ses bras plus longs que l'anatomie en réclame, de virilité grêle. Le garçon est timoré, plein d'allures navrées et d'entrains craintifs, adoptant volontiers les ressources qu'ont les caméléons pour se fondre à ses camarades de Port-Vendres. Mais alors, un caméléon daltonien, toujours à rebours des couleurs, s'empourprant pour un mot quand chacun affiche une mine limpide et puis pâle à la bonne humeur d'ensemble. Travaillé d'ardeurs à la traîne, il voudrait plaire à Odile, la femme la plus célèbre de sa vie, qu'elle éprouve à son endroit un millième du charme dont elle l'inonde. Odile Anglade avec laquelle il aime à contempler ses chaussures – les siennes, pas celles d'Odile – car la regarder, c'est parler, et parler c'est répliquer quand il ne sait que dire. Et le saurait-il, Élie ménage ses paroles en vertu d'un retard de mue. Son timbre à son âge repose encore sur deux harmoniques, ténor et castrat, à califourchon, une voix saute-mouton. Ses phrases de bon début sont trahies à la chute, les trois dernières syllabes versant dans le fausset. Il s'en persuadait, encore un peu et cette voix basculerait du bon côté, elle s'ancrerait au grave une fois pour toutes, sa pilosité naîtrait chaque matin comme déjà elle point sur le visage d'Emilio Gattaz, l'ami de son âge, un émigré de Tarragone, du dru. Bientôt, ses intonations s'enracineraient quelque part, bientôt il aurait à se raser. Emilio n'était pas le seul, quelques poils avaient pris sur les joues d'Albert Crespel, sur le menton d'André Ripoche, chiches, encourageants, alors à lui. Pour l'heure il regardait son âge comme irrévocablement borné par sa voix indomptable, une voix faillible passée par toutes les moqueries du collège, aux récréations, dans les couloirs, à la gymnastique, Élie ravalant son ridicule au creux de ses paumes lorsque son timbre s'égosillait dans l'aigu. Élie, le souffre-douleur. Longtemps on l'avait appelé le « Séraphin » entre camarades, mais Yvon Cazedeval eut pour lui dès le milieu de l'année un petit nom nouveau adopté par chacun, l'« Hongre », l'Hongre quoique aucun de l'amicale ne sût très bien le sens exact du sobriquet ; il suffisait que le baptême soit lourd de raillerie, il l'était, « Élie l'Hongre ».

De tous, Cazedeval est le plus ingénieux en propos mortifiants. Élève moins que moyen, il sait user de formules et d'images délictueuses à qui les comprend. Il redoubla de risées aux premiers jours de l'été, de sarcasmes regardant l'escrime, une pratique relevant davantage de la danse que du combat selon lui, un sport de chatouilleux où l'on se taquine en frétillant d'une gambette sur l'autre, où l'on se rend mille politesses en agitant un « fleuret » – Yvon marquait le mot, appuyant sur le diminutif avec une voix flûtée : « Je vais vous dire, vous savez ce qu'ils vont faire à Perpignan le samedi, l'Hongre et son oncle, le bichon et le freluquet de notaire ? Ils font joujou à s'exciter, mimer des riflettes en petits chaussons, se faire des amusettes en combinaison. »

Le gros de la bande, c'est-à-dire Yvon Cazedeval, Albert Crespel, Emilio, Marcelin Sandron, André Ripoche et quelques autres donnaient leur temps au moulin de La Seule, une bâtisse morose à la sortie de Port-Vendres. La Seule jouxte d'anciens corps de ferme à l'abandon et quelques habitats tassés en fin de village, en sorte qu'elle n'a rien d'une masure isolée. On y entre par une porte dégondée. Les rencontres au moulin se faisaient plus fréquentes aux mauvaises saisons, durant les jours d'averse lorsque, disait Emilio avec son accent catalan, « il pleut des cornes de vaches qui pissent ». Mais pas seulement, la ruine était devenue le terrain de jeux des meneurs qui tenaient pour suspectes les gamineries de plein air, un lieu où se débarrasser des dégoûts de l'enfance, des vétilles, un lieu à l'abri où s'essayer à des doctrines viriles en s'adonnant au vague à l'âme du mauvais âge. Ils forcèrent une trappe au grenier qu'on atteignait par une échelle de meunier, garnirent les lieux d'un mobilier de fortune, des caisses sur lesquelles s'asseoir, un touret de chantier servant de table basse et autres agréments de séjour : des bougies, un ménage en fer-blanc, le calendrier d'une auto-stoppeuse sur les routes du Massachusetts, chemise western et jambes croisées sur sa valise. Avec ses clous dépassant des lambris et ses pentures arrachées on eût dit de La Seule un repaire à tétanos. Dans un esprit de socialisme, les gamins avaient charrié à l'étage une console ouverte à la communauté dans laquelle s'alignaient des réserves de bouches : sirop d'orgeat, berlingots, lait concentré, grenadine, bâtonnets de réglisse offerts comme des cigares, des tiges qu'on mâchonnait à cœur de bois en plus de véritables bouffées de tabac. Socialisme à demi, Cazedeval gardait sur lui les clés de la console. Pour mieux se libérer des heures infantiles et se payer de maturité, ils laissaient traîner les journaux du moment, ceux d'hier et de six mois – une guerre en Corée, cette chose du Marché commun, l'échelle mobile des salaires prônée par Pinay, Tignes englouti… –, autant de manchettes parcourues en suçant des sucres d'orge, jambes étendues comme des magnats.

Depuis l'été le clan des filles se mêlait aux lambinages illimités des grandes vacances. Le moulin de La Seule offrait cette mixité proscrite dans les cours de récréation par les décrets de la Quatrième République ; on y retrouvait les sœurs Hardouin, Monique et Josiane, Louise Lescure, Nicole Hallé, parfois Odile Anglade, l'égérie d'Arnicol. Filles et garçons se donnaient des airs, des maintiens affectés, les uns se montrant crânes, désinvoltes, babillards ou encore lointains, impassibles aux énigmes intimes, celles des corps en pleine mutation, les réunions brassant tous les levains de la puberté. Admis à La Seule, Élie Arnicol s'y rendait sans jouir du sentiment de possession communautaire auquel chacun pouvait prétendre. On souffrait sa venue par ancienne habitude, on l'admettait parce que sa fadeur servait de contrepoint au collectif, parce que sa seule présence écartait de vous les quolibets ou encore, qu'il était bon de lui suggérer qu'à tout instant sa place était révocable. Une raison plus profonde lui ouvrait les portes de La Seule : sa sœur mûre de quinze ans, une fille comme faite, le va-tout d'Élie malgré lui, Martine Arnicol qu'on voyait peu depuis son entrée au lycée Saint-Louis-de-Gonzague, pensionnaire à Perpignan, une fille aux tours affriolants dont le déhanché dans les rues de Port-Vendres avait le don d'agrandir les mirettes, de raplatir les gaudrioles et de renvoyer les plus cadors aux sombres fatalismes de l'enfance. L'aplomb de Martine rendait chacun mioche et lui, Élie, il se rendait au moulin car ne pas s'y montrer eût attisé de nouveaux traits caustiques ; l'Hongre y venait pour fuir les brocards, quitte à en essuyer de moindres une fois mêlé à la gaieté.

Les rencontres à La Seule s'espacèrent lorsque, en août, un cargo s'échoua sur un haut-fond non loin du cap Béar, dans l'anse de Sainte-Catherine. Le rafiot de la marine marchande penchait d'un bord, coque noire, cheminée oblique, son bastingage à toucher l'eau, une carcasse envasée valant le déplacement depuis Port-Vendres, les gamins à vélo, cinq kilomètres. Il y avait là du nouveau sur l'horizon, une masse de ferraille coincée dans le paysage, la mer en propagande, mieux que leur retraite au moulin de La Seule, la tentation de toucher à son bord, de fouler le pont quoique la cargaison du rafiot eût été déchargée dans les jours qui suivirent son ancrage. D'une crique de Sainte-Catherine, ils estimaient la distance, avançaient des chiffres, deux cents, trois cents mètres à l'estime, davantage selon certains, une portée fixée à quatre cents mètres depuis qu'une paire de jumelles avait été braquée sur l'étrave, soit le double en comptant le retour, de quoi refroidir les vantardises. Ils étaient douze en ce jour d'août, garçons et filles dont Odile Anglade, douze et leurs bicyclettes couchées dans la lande, douze à s'échanger les jumelles. À force de plastronnades Cazedeval se fit fort d'atteindre le rafiot ; chiche, qui voulait le suivre ? Marcelin n'avait pas son caleçon, Albert ne savait pas nager, André se récusa, le père d'Emilio l'attendait à Port-Vendres. Arnicol ne disait pas non mais on gloussa au défi et, le temps d'ôter sa chemisette, Yvon l'avait traité de pignouf. Puis on vit Cazedeval fendre l'assistance et se jeter à la nage, contre les vaguelettes qu'un vent d'est opposait à ses brasses. Peu de brasses, à peine cent mètres avant de déclarer forfait. De retour à la crique il forçait les grimaces, arguant d'une crampe à l'aine qu'il massait en surjouant une claudication, jurant qu'il s'en était fallu de peu, qu'il avait presque atteint le bateau. Aucun ne démentit. On sortit les goûters sans plus regarder l'épave.

Petit thorax à l'air, Élie mâchait son pain au lait devant la mer. Il balayait le large de son regard en chandelle en lançant quelquefois un œil vers Odile. Elle se tenait non loin avec les sœurs Hardouin. Les rires et le goûter rehaussaient ses pommettes, deux petites pelotes au visage qu'Élie regardait comme des seins à ciel ouvert alors qu'il ne savait rien d'eux, les véritables, ceux d'Odile, ceux qui existent quelque part, sans doute chacun les mêmes rangés côte à côte sous sa blouse. Odile plutôt qu'une autre car elle porte au visage une tache de vin, comme un cocard, avec un petit archipel éclaboussant sa joue. Il lui semblait que ce bariolage la cantonnait en deçà des canons vers lesquels se portaient ceux de son âge, que personne n'eût voulu s'afficher au cou d'une fille frappée d'une bavure si tape-à-l'œil. D'ailleurs, par vacherie, les garçons l'appelaient l'« Eucharistie », à cause de cette flaque rouge sur le visage. Ainsi personne ne la guignait, c'est ce qu'Élie en déduisait. Il voyait dans cette tache la permission d'approcher les grandes intrigues à couvert d'un défaut. L'escrimeur estimait qu'à l'équité des charmes restreints, cette disposition faciale compensait un peu de ses propres fadeurs, qu'elle rachetait une part de son introversion, comme s'il y avait décote de ses disgrâces, une ristourne, et même, peut-être, un actif à son crédit. Élie devant la mer achevait son goûter en s'offrant des œillades sur les tavelures d'Odile, un doigt se chatouillant l'acné, en plein nez, irritante comme le thermostat de sa libido, songeant à la promesse de son prochain système pileux sous sa lèvre rococo. Il attaqua un second pain au lait, perdu dans le vocabulaire dont se bercent les autres, le lexique rebattu de la petite confrérie touchant les choses languides. « Embrasser », ce devrait être les bras mais c'est avec la bouche, la langue, et « baiser », ce n'est déjà plus la bouche, comme si les mots étaient poussés d'un cran, comme si le glossaire érotique avait toujours une case d'avance sur ce qu'Élie en comprenait. La bouche, la bouche des filles et des garçons au moment du baiser et ces questions : à quelle distance désavaler sa langue avant d'embrasser, ce qu'entre elles font les langues une fois dedans, quels mouvements, quelle place pour tournicoter, peut-on déglutir juste avant, sécréter pendant ? « Rouler une pelle », « tourner un patin », « tâter les roploplos », bien des formules échappaient à ses représentations. Cazedeval n'était jamais à court de ces images dont Élie jugeait bon de ricaner ; par exemple, à propos d'une fille passant dans la rue : « Celle-là, je lui tamponnerais bien la gaufrette », et de rire en se cachant le nez. Ou de la mercière de Port-Vendres, madame Massin, divorcée, heureuse et sémillante en ses seins étoffés, « ... ma parole la croupière, elle doit s'y connaître, en voilà une qui sait que le pieu est dans le pieu », et tout le monde de gouailler. Mais plus déconcertant, il est des mots élémentaires derrière lesquels se niche un second sens. « Sortir », « sortir avec une fille », il l'a fait avec Odile, ils se sont promenés au jardin communal de Port-Vendres, tout un après-midi mais *sortir,* ce n'est pas ça semble-t-il. Alors quoi ? On savait qu'Emilio était sorti avec Nicole Hallé, ce qu'ils firent ?

Yvon sonna le départ de Saint-Catherine. Et comme chaque fois, on se rendit des coups de coude au moment d'enfourcher les engins, le vélo d'Arnicol étant la cible de railleries éculées. Sa bicyclette était d'un bleu pastel, il la tenait de sa sœur lorsqu'elle avait onze ans, cadre coupé. Dessus Élie faisait rire, la grande silhouette de l'escrimeur juchée sur un vélo de fille, les genoux au guidon, deux longues jambes sur le petit pédalier. Élie quitta la crique avec un dernier œil sur le rafiot basculé. La carcasse ne semblait pas si loin. Y nager la prochaine fois, devant tous, Odile et Cazedeval.

Le soir à Port-Vendres Élie crut bon de raconter à sa sœur les hauts faits de la journée, l'épopée dans les criques, le bateau enquillé, le bel après-midi avec ses « meilleurs copains ». Martine n'écoutait pas. Elle lisait un article sur Joan Crawford, sa carrière d'actrice, *La Prison du cœur, Après nous le déluge,* Hollywood, *La Reine du hold-up,* Élie en reste, sa lèvre ourlée. Alors il évoqua Cazedeval, son esbroufe, sa piètre tentative en direction du bateau, les simagrées de sa crampe, et sur un ton plus bas, « ... moi, si j'avais voulu, j'aurais pu y aller ». Martine demeurait muette aux gamineries d'un autre âge, muette mais pas sourde car elle aussi nourrissait son cercle d'amis friands de commérages, au point que les jours suivants, tout ce que Port-Vendres comptait de jeunesse – adolescents et galopins – débitait les forfanteries d'Yvon selon le rapport d'Alef, en forçant le trait, comme il s'était vanté de s'être approché du rafiot, son piteux record, ses racontars, un exploit de petit baigneur qui revint aux oreilles de l'intéressé. Martine au reste donnait ses sources à qui voulait l'entendre, citant son frère comme rapporteur des potins.

Élie n'avait mesuré ni la portée de ses bavardages ni la rapidité avec laquelle ils furent colportés, jusqu'à Collioure. Ça se chuchotait entre toutes les pipelettes de Port-Vendres. L'école allait reprendre, désormais moins d'une semaine accrochée au tableau des vacances. C'est André qui fut chargé d'attirer l'Hongre au traquenard, André Ripoche qui courait le plus vite – « lui, ses pieds n'ont pas le temps », disait Yvon – afin d'acculer Arnicol en cas de dérobade. Il lui fit miroiter du nouveau à La Seule – « On ne t'y voit plus ! » –, il s'y préparait une flambée épatante décidée pour midi, lard et sardines, les filles en seraient, Odile, et les deux garçons prirent la direction du moulin comme une seule épaule.

La Seule dès l'entrée couvait un trop-plein de silence ; pas de brasero, ni lard ni sardines, seulement des bras croisés et pas de filles non plus. Ripoche ayant joué sa partie alla s'adosser contre la porte qu'on avait pris soin de fermer. Rien ne bougea jusqu'à ce qu'Albert Crespel et Emilio Gattaz serrent Élie d'un peu près en le poussant devant un tabouret avec, en face, Cazedeval à l'accueil, plein de politesses ampoulées. Il lui demanda de s'asseoir, de bien écouter ; ce serait très simple, il devrait monter à l'étage, il n'aurait qu'une phrase à prononcer, pas longue, une petite phrase qu'Yvon lui fit répéter, une fois puis deux, davantage, « mieux que ça, avec le ton… », jusqu'à huit fois. À l'étage, on entendait des rires étouffés entre des chuchotements. La phrase dut être dite encore une fois, puis Cazedeval avec sa mine beurrée de malice s'adressa aux témoins : « C'est bon, on va le préparer. » Alors ça a commencé, les trois temps du cérémonial, avec aussitôt une clé de bras dans le dos, la main d'Élie ramenée sur l'omoplate, à la douleur. Pour le premier temps, Albert l'affubla d'un soutien-gorge, à même son maillot, avec des fichus fourrés en boule dans le corset pour rendre un semblant de volume. Albert Crespel ne cherchait pas à faire bien gros, à remplir les alvéoles, il suffisait d'une triste évocation mammaire, les chiffons dépassant de la lingerie, un modèle grège, celui d'une femme bustée. Au moindre geste la main d'Élie montait d'un petit cran supplémentaire, au-delà de ce que peut un bras. Le deuxième temps revenait à Yvon Cazedeval. Il lui crocheta le menton, forçant sa tête en arrière afin de disposer du plein visage qu'il gratifia d'aimables taloches. Il lui badigeonna les lèvres avec un bâton de mascara, du vif, du gras très coquelicot, débordant à dessein sur la lippe, jusque sous le nez, s'excusant d'un écart en travers de la joue – « Ah ! il a bougé ». Les autres estimaient le tableau comme font les experts, un doigt plié sous le nez. Le comble du travestissement tenait à ces deux simples touches, le rouge à lèvres et le soutien-gorge, deux notes outrancières, parodiques, comme si un complet déguisement eût été moins cruel. On lui tenait toujours le bras. Une fois de mieux Cazedeval lui demanda de répéter la petite phrase, s'il s'en souvenait. Elle fut redite et davantage dans des geignements qui valaient son recommencement. « Moins vite, marque les pauses. Plus fort et mieux que ça, allez ! et tu souris, tu regardes quand on te parle. » Pour le troisième temps, le plus élaboré, Marcelin Sandron avait préparé les ballons dans un coin de La Seule. Il les rendit à Yvon Cazedeval, des baudruches remplies d'un mélange gazeux. Cette fois Emilio tirait la tête d'Arnicol à lui rompre les cervicales tandis qu'Yvon libérait les valves à hauteur de naseaux, par pincées, des giclées d'hélium à la suite qu'inhalait l'Hongre. C'est alors qu'il fallut faire vite, à la dernière baudruche, qu'Arnicol se précipite à l'étage pour débiter sa petite phrase.

Quelques-uns de la bande savaient par jeu, par expérience et par bêtise que l'hélium est trois fois moins dense que l'air, que son inhalation change la fréquence des cordes vocales si bien qu'on parle sous l'emprise d'harmoniques fluettes, nasillardes, étrangement pointues. L'effet ne dure pas, quelques minutes avant que la voix reprenne son timbre ordinaire, assez pour qu'Élie accoutré en mignonne grimpe au premier, qu'il se présente aux adolescentes, les filles ivres de rire, Odile la plus hilare frappée de sa tache de vin, l'Hongre avili débitant comme il put les mots suraigus : « … les filles, je peux jouer avec vous ? »

•

La voix revenue, Élie quitta La Seule sous les bourrades. Il prit le chemin des criques jusqu'à Sainte-Catherine. Dans l'eau à fleur de vagues, le lointain n'est pas le même, les distances paraissent grandies, un clapotis vaut une montagne si bien que le bateau renversé lui semblait reculer. Le tuba dans la bouche lui faisait comme une muselière, il avait la lèvre gauchie par l'embout et son souffle lui revenait amplifié aux tympans, pareil à une anamorphose de la respiration, comme sous un masque d'escrime. Le masque lui pompait les yeux bien que l'eau y entrât, l'obligeant à s'arrêter de moment en moment ; il le vidait, replaçait la ventouse sur sa face et l'allure reprenait, tête dessous, le geste des bras, ses propres suffocations renchéries par la tuyauterie du tuba. Élie nageait le pouls confiant, les mouvements étaient les bons, réguliers, le ciseau des jambes et les mains en chevron, loin devant, les mains louchées lorsqu'elles revenaient le long du corps, une synchronisation en équilibre sur les premières atteintes de la peur. Le fond ne cessait de se creuser, net de tout rocher, un fond de sable uni sur lequel la lumière touchait encore, de plus en plus faiblement. Lorsqu'il fut entièrement dérobé, Élie ramena sa tête hors de l'eau mais ne plus voir le fond redoublait ses craintes, comme si la masse du dessous sapait ses brasses, qu'il pataugeait. Alors plutôt qu'un retour à si peu près, il remit sa tête dans le noir. À nouveau, le sable se découvrit, teinte ardoise, puis beige, orangée avec des reflets moirés de jaune et des rayonnements venus danser sur le haut-fond. Le gouffre s'amenuisait sous son ventre, gros d'une quinzaine de mètres, cédant au bleu avec autour d'Élie du hachis d'algues, des particules marines, des polypes en suspension qui tournoyaient dans les poches d'air au passage de ses mains. La profondeur baissa encore jusqu'à ce qu'il revît la livrée du sable, le modelé des veines entre elles, autant de petites dunes parcourues de frissons lumineux, dix mètres d'eau à peine comme s'il avait pied quand, soudain, il fut happé par le vertige d'une aile recouvrant le haut-fond. C'était l'ombre avancée de la coque qui nappait la vue, le profil de l'étrave marquant la fin de l'épreuve ; sinistre, elle grandissait comme un avertissement, une douve de noir étendue sur le fond qu'il lui faudrait franchir. Élie la regardait sans plus avancer, seules ses jambes battaient une brasse immobile. Il avait la tête sous l'eau, les yeux exorbités par la vitre du masque avec des mèches de cheveux coincées sous le cerclage, d'autres flottant autour. Le tuba rendait le bruit d'une purge, comme une échographie du souffle ponctuée de borborygmes affolés. Alors Élie comme il le put doubla ce qu'il restait de nage, ses paumes administrant des claques à la surface, la gorge encombrée – morves et sel –, le corps livré à cette ombre d'acier avant qu'une de ses mains agrippât la filière.

Le bateau versait tant qu'il enjamba la lisse à peu de gestes. Reprendre haleine. Il s'assit seul à bord, les jambes au bastingage, ses talons sur la tôle avec sous les cuisses des lignes de rivets lui imprimant la peau. La vue bornée par le soleil, Élie regardait l'anse de Sainte-Catherine entre les filins du garde-corps. Lèvre basse, souffle heurté, il songeait aux promesses de bientôt, un vélo neuf dès la rentrée avec un cadre droit, un guidon de course ; les cours d'escrime, de minime il passerait cadet, puis junior, sa voix allait prendre, un peu de moustache lui viendrait. L'escrime et demain l'école. Il y avait au loin le phare du cap Béar et la cheminée du rafiot à sa main, annelée de bandes rouges ; il y avait sa tignasse qui pissait, nourrissant une flaque sur le pont, il y avait ses dix doigts au-dedans des genoux, des gouttes au bout des ongles et les rivets comme des petits casques entrés sous ses jambes. Personne pour le voir. Alors il y eut les premiers reniflements, ceux de pleurnicher, le ventre dur avec le dos qui se met à secouer, les épaules avec, le trot du hoquet et des petits spasmes irrépressibles qu'il enfouissait dans ses paumes. La sismographie de pleurer, Élie jetant son fardeau loin de Saint-Catherine, Élie sur la margelle d'acier où il était loisible de sangloter.

Le détail et la totalité

Pour Gérard Bobillier

Il est roux, il vient de rentrer. L'appartement est au premier. Dans le petit séjour deux fenêtres ouvrent sur rue, renflées à trois pans. Sans s'y pencher on distingue le calot d'un feu rouge. Une ligne de bus emprunte cette rue de Bromley, dans le Grand Londres, et quand le feu est au rouge, qu'un bus à impériale marque l'arrêt, les vibrations du diesel passent de la carlingue aux vitres, elles vrombissent. On dirait des fenêtres qu'elles montent la garde, dressées aux autobus. Le locataire n'a pas à ouvrir les rideaux ; quand vient le tremblement, il sait que le feu est au rouge, et comme les autobus passent aux heures régulières, de vingt en vingt minutes, il a idée de l'heure, au moteur. La pièce contiguë fait chambre et bureau – il n'y en a pas d'autres. Elle donne sur cour. Lorsque son unique fenêtre est ouverte, que la venue d'un bus entre en conjonction avec le feu marqué au rouge, elle aussi vibre dans le chambranle, comme un dialogue de fenêtres d'une pièce à l'autre. George est roux, né à Bedford, minutieux, préposé à la British Library, adepte de listes. Il en tient. Des listes rigoureuses copiées sur des carnets de même format, feuilles bistres, remplies au recto, couvertures titrées. Il en alimente sans cesse, d'absurdes et de nobles s'il en est. Des listes de tout, à jour et sans jamais de rature, la liste des livres lus, en entier ou pas, mais alors suit la date, le numéro de la page où s'est arrêté George et les raisons de l'abandon en quelques mots. Il y a la liste des arrêts de bus, des stations de métro, celles où il est monté, descendu, venu de quelle ligne, les stations simplement traversées, les correspondances marquées d'un astérisque, les terminus soulignés de deux traits, 207 stations au nombre ; c'est une liste heureuse, qui augmente, de plein poumon, elle plaît à George. Voici la courte liste de ses traversées en bateau, sur la Tamise, une fois le Channel, une fois l'Irlande, le nom des bateaux, les temps de traversée, la liste des villes où il s'est rendu, celles d'Angleterre et d'ailleurs, assez peu, combien de fois chacune, s'il y a dormi, les hôtels, les menus, la liste des comtés, la liste des modèles automobiles, ceux qu'il a conduits, ceux dont il fut simplement passager, jusqu'à l'aberration, banquette avant ou banquette arrière. La liste des rues de Londres où ses pas l'ont porté avec report sur une carte, celle des cinémas, les jours et l'heure de la séance, celle des films – nationalité, noir et blanc, muet, réalisateur, année… –, celle des actrices consignées sur un registre à part (quinze bâtonnets pour Liz Taylor, dix pour Grace Kelly, sept pour Anne Baxter, etc.), le répertoire des restaurants, des gares, des cimetières, théâtres, musées, le relevé des églises distinct des cathédrales, une nomenclature indépendante pour les basiliques, la marque des whiskies auxquels il a goûté, les millésimes, provenances, les lieux où il passa Noël, ses adresses depuis sa naissance, des inventaires croisés, des listes brèves, d'autres interminables, des listes en devenir, d'autres complètes, des listes impartiales, subjectives, des listes agrégées ou distendues, toutes précises, toutes stériles, à vertige, des listes intimes – ses fréquentations, ses caries, ses bobos – et, depuis deux ans déjà, la liste des listes sur un carnet particulier. Naissantes ou exhaustives, elles donnent la couleur des jours, tapissent toutes ensemble le quotidien de George, dallent ses semaines. Ces listes occupent, elles comblent, elles ratifient l'épaisseur d'une existence. Elles vivent.

Voici encore la liste des disques, date et lieu d'achat, durée de chaque mouvement. George est bon mélomane, porté sur Scarlatti, Schönberg, Monteverdi notablement. Ce qu'il voudrait ces derniers temps, c'est une grande séquence consacrée à Beethoven, lui ou un autre, les sonates, avec une règle d'écoute, stricte, compulsive. Les écouter à sa manière, les trente-deux sonates pour piano, Beethoven selon son mode obsessionnel, toutes, dans l'ordre des *opus,* l'intégrale à la chaîne jouée par le même interprète, Serkin (Rudolf Serkin), mais avec l'absurde pureté qu'il s'est fixée, c'est-à-dire une névrose. Les sonates raisonnées avec déraison : les écouter de la première à la dernière sans qu'aucune autre musique s'interposât dans la séquence, ne serait-ce qu'une phrase mélodique étrangère au grand projet, une note. Or, les trente-deux, c'est long. George aurait pu s'enfermer pour deux jours, écouter les trente-deux à la suite mais non, pas de la sorte. Il y mêle le risque, une griserie, du moins un peu de piquant, il veut que la totalité se fonde aux heures comme elles vont, qu'elle s'emboîte dans la chronique des journées ordinaires. Aussi s'y est-il repris plusieurs fois, après échecs. Parvenu à la douzième sonate, il lui arriva d'entendre une rengaine dans la gare de King's Cross, de quoi recommencer du début. George encore, entre la seizième et la dix-septième sonate, c'est arrivé à l'épicerie de Ringer's Road, patatras, une radio diffusait *Over the Rainbow,* Art Tatum, un enregistrement de 1952, il lui fallut reprendre au commencement. Un coup raté le mois dernier, huitième sonate, il s'endormit au milieu, à refaire. Encore une fois, vingt-sixième sonate à bout de programme, un dimanche, vers midi, quand il entendit un chant liturgique sorti des murs de St Pancras Old Church, vlan ! retour à la case départ, première, deuxième, troisième sonate, Beethoven en yoyo, « la treizième revient, c'est encore la première », à redouter de sortir, à maudire la radio des voisins.

Appariteur à la British Library, George en réfère à miss Dundey, conservatrice au département des périodiques. Souvent, elle sifflote. Mais si mal que les airs affadis passés entre ses dents ne remettent pas en cause la programmation des sonates, du moins George en a décidé. Le métier de miss Dundey est assis, le sien debout. À peine s'il entrevoit les lecteurs venus rendre leurs fiches au bureau de la conservatrice. Elle les vise après avoir vérifié leur carte d'inscription, sourit beaucoup, les dépose dans une corbeille tressée de fils en laiton. Lui, George, passe et revient. Il circule, arpente les parquets, redouble de navettes aux réserves, des voyages sans désemparer, retour à pas muets sous la verrière, dans la grande salle où se penchent des lecteurs à la lampe ; il s'avance au bureau de miss Dundey, tourne la pile des fiches afin que la dernière se retrouve en dessous, en compte douze, les consulte, les classe selon le plus court cheminement qu'il devra effectuer dans les rayonnages puis s'en va parcourir le dédale des réserves. Le tout sans une parole entre George et sa supérieure, plus jeune de cinq ans. Il lui suffit d'un coup d'œil sur les fiches, plus que souvent il décèle une erreur de cote mais n'en dit rien à la conservatrice car à chacun son travail. Le lecteur en sera quitte pour l'attente, une demi-heure avant la tournée suivante, la fiche sera rendue aux mains de miss Dundey barrée d'un double trait, frappée des trois initiales, W. C. M. – *wrong classification mark* –, erreur de cote. Dundey n'a pas ses dons.

La conservatrice et le préposé n'ont en commun que la roulette. Miss Dundey siège sur un fauteuil pivotant, en noyer, dont chaque pied repose sur une roulette, quatre roulettes. Elles favorisent ses déplacements latéraux sans que Dundey n'ait à jouer du fessier, à la rectiligne de la table devant laquelle elle officie dans le silence de la British Library. George a ses propres roulettes, celles du chariot manié à bras. Une différence entre eux tient à leur nombre, quatre au fauteuil de miss Dundey, trois pour le préparateur. Soit deux à l'arrière du chariot et une à l'avant, utile à la direction, comme on voit sur les routes d'Angleterre, le modèle à trois roues des Reliant Robin. Les volumes sont chargés à l'arrière du panier si bien que la roulette avant ne porte pas quand le véhicule est à demi-plein, elle toupille au-dessus du plancher. L'engin fait son bruit, il grince, pas lui mais les quatre pans d'osier qui l'entourent, à quoi répond le mort-bois du parquet de l'institut. L'osier a pris le pli des piles de livres rangés contre ses flancs, on le voit ventru. Le chariot se conduit avec une barre de direction dotée de trois baquets verticaux, en bois, à la dimension des fiches. Dans le premier baquet sont les bulletins à traiter, dans l'autre les recalés, dans le dernier les bordereaux cochés. En quatorze ans de service George allie un savoir de manutention (négocier un angle, placer ses mains à l'approche d'un virage selon la répartition des charges), de mémoire (déduire d'une cote l'année de la revue, la thématique, son classement) et de logique spatiale ; il a la connaissance circulatoire, une haute mathématique des travées, une prescience des arrêts, il connaît la valeur d'un détour, la subtilité d'un crochet, l'inintérêt d'un raccourci. À cet endroit particulier de la British, son chariot accomplit un écart inutile, c'est pour deux lattes entre elles, il les connaît, elles couinent au passage des roues quand sa fonction l'oblige à une haute économie de silence. Il peut s'imposer des déviations insensées pour mieux boucler son tour. George va ses chemins dans le quadrillage, répond à des combinaisons de trajectoires connues de lui seul, des élucubrations de parcours conçues par l'habitude, des lubies de pilotage, une liberté maniaque de l'itinéraire au fond des divisions, entre les grands volants des racks mobiles, dans les allées parallèles avec, sous les yeux, à chaque voyage, douze fois la signature de miss Dundey inscrite sur les fiches tandis que la roulette s'affole à l'avant du chariot.

George a des expertises que la conservatrice n'a pas, une mnémotechnie, il fait jeu de mémoriser la racine et la clé des douze cotes inscrites à l'instant d'entamer une nouvelle ronde. D'emblée les chiffres lui permettent de concevoir le plus juste trajet, le plus noble à ses yeux, les sinuosités, les arrangements linéaires puis, une fois rendu à la section, sans vérifier la fiche, il tire la revue. C'est bon à tous les coups, cotes conformes. Voici l'instant où George se décroche le stylo de l'oreille et, le capuchon entre les dents, émarge, appose sa griffe contre la signature de miss Dundey en prenant soin que les jambages ne se touchent pas, chaque paraphe dans sa fenêtre. Ce qu'il n'aime pas, c'est lorsque le paraphe de Dundey, premier au sien, empiète sur sa case ; alors il signe plus petit en prenant soin de ne pas dépasser du cadre.

L'affaire en vérité touche au double, celle des circuits, de la mémorisation, du balisage et des lacis au cœur de la British Library. George n'entame pas une tournée à vide, le chariot part chargé des périodiques que les lecteurs ont rendus aux mains de la conservatrice avant restitution de leur carte de lecteur. George baigne dans sa méthodologie, le par-cœur à l'aller, le par-cœur au retour. En plus des cotes et des cheminements, il sait que miss Dundey en ses approximations n'a pas la faculté de retenir le nom des habitués alors que sa fonction l'engage à leur parler. Lui ne les aborde pas, sa qualité de magasinier l'en dispense et pourtant, il serait capable d'après les fiches de citer le nom des lecteurs endurcis, une bonne vingtaine en tête, le nom, la place où ils s'assoient et le sujet de leur recherche.

Retour de mission, George décharge les revues sur un comptoir adjacent au bureau de Dundey, chaque lot isolé avec, dessus, le double de la fiche en papier carbone, leurs deux signatures côte à côte. Quant aux fiches mères, il les remet à la conservatrice avec de rares commentaires à voix tue, petites confessions administratives à pleine économie de mots et de timbre, tout un conciliabule chuchoté. Il lui signale les W. C. M., irréfutables, rarement les C. I. U. – *currently in use,* « en consultation », quand la revue est déjà empruntée, ce qu'il savait au moment d'entreprendre son périple au cœur des détours et tant pis pour le lecteur. Pour le reste, ils sont muets, du moins lui, Dundey sifflote entre ses dents, et bien mal, des refrains idiots. Les moissons de fiches seront conservées un an dans des meubles à tiroirs coulissants, classées par date d'emprunt, sortie et rentrée, elles s'accumulent, en ordre, pour les cas de litiges découverts après coup : page manquante, pages annotées, gribouillées, exemplaire défectueux. Les fiches après une année passée dans ces stérilisateurs bureaucratiques sont détruites. C'est la tâche de George. Il les enfourne par liasse dans une déchiqueteuse à manivelle, toutes cotes lacérées entre des tourniquets à ruban d'acier. L'opération le soulage, elle le gratifie ; quand le papier se voit débité en lanières, George recouvre tout son droit à l'oubli.

Il est roux, elle brune et leurs vêtements diffèrent. L'appariteur porte une blouse invariable, bleu-gris, tombée jusqu'à mi-jambe, garnie d'un col, de deux poches à rabat cousues à hauteur des mains, une moindre sur la poitrine. Elle est fournie par la British, il en change de six en six mois, elle est en coton. Hors la blouse, ce que l'on voit de personnel en sa tenue tient à deux détails. Pour l'un, ses chaussures, les mêmes en toute saison, il se plie à des modèles crêpés afin d'assourdir ses foulées sur le parquet ; pour l'autre, le bulbe de sa cravate entre les pans du col, du bordeaux, certains verts, des rayures enflées par le nœud, une touche de Vasarely à la glotte. Il porte au doigt une particularité, George travaille comme ça : sans cesse il est à séparer des papiers, de fines feuilles de carbone brochées aux bulletins de consultation, elles se décollent mal, elles font front, les bordereaux se froissent, ça perd du temps. Alors en plus de la blouse il a l'index droit chaperonné d'un caoutchouc, rouge, élimé, une capote sur la première phalange hérissée de picots pour séparer les feuilles. Au contact, les picots se couchent, le papier adhère, il se soulève, les liasses se désaccouplent, c'est sans salive. Huit heures de service avec cette carotte professionnelle à l'index quand miss Dundey se fait les ongles, tous les dix, du groseille à ses journées, des doigts d'écrevisse à l'accueil des fiches, du rouge carmin dans le silence de l'institut. Dundey a la liberté de l'habit. Elle porte des tailleurs. Du tergal en pied-de-poule, du jersey à motifs, du serge, couleurs hideuses au goût de George. Assise, ses genoux se découvrent, debout ils ont disparu. De l'ourlet aux chaussures, les jambes de Dundey se moulent, cintrées de nylon bruni, chaque jour portant des bas. Il y a entre elle et George la hiérarchie des roulettes mais autrement, lui est en blouse, elle a pour elle cette demi-nudité de la jambe couverte d'un voile synthétique. Lorsqu'il revient des sous-sols, porteur de fiches, le préposé n'ose mettre les yeux plus bas que l'ourlet, ou alors malgré lui, lorsque miss Dundey se tient jambes croisées, là où les cuisses jambonnent entre elles avant de se perdre sous la jupe.

George éprouve un penchant impérieux pour ces franges d'ombrage. Le nylon a cette faculté de niveler toute chose, les creux, les rondes-bosses, le relief, une chimie d'heureuses pâleurs. Leur émulsion lisse le grain, elle ragrée les carnations. Les collants sont des mues, leur fable tient à ça : à lui seul un bas n'est capable de rien, aucun poids, aucune épaisseur, aucun modelé, il n'a dirait-on ni début ni fin, aucun centre, or, il se met à exister par la jambe. Il invente la jambe et, au moment où la jambe lui donne vie, elle-même n'existe plus, voilée, devenue le mirage d'une jambe par le flasque pouvoir d'une dépouille. Ils éclipsent et révèlent, c'est leur magie. Ils ont la morbidité des suaires et la vertu des masques mortuaires retirés d'un visage : un moulage blême, un objet comme un autre qui nous rappelle à la présence du défunt. Mieux, voici les idées de George : les bas guillotinent, ils coupent la femme en deux, à mi-corps, ils la privent de tête. Ils la réduisent à l'état de jambe, comme par sortilège, quelques microns de polyamide capables d'annuler la personne et d'aviver des sujets de désir. L'appariteur voit dans les bas des oripeaux dotés d'une puissance dormante ; revêtue de ces nappes d'élastomère, miss Dundey n'incarne à ses yeux aucune femme en particulier et toutes à la fois. George en connaît les marques, toutes de gammes anglaises, « Fleur of England », « Else », « Wear Underwear », « Majestic Panties ». Il a calculé, son emploi l'oblige à parcourir sept kilomètres de travées en une journée, une distance qu'il rapporte à la mesure des bas ; George sait qu'il faut quinze kilomètres de fil en nylon pour produire une seule paire de collants, un peu moins pour les bas, sans la taille, douze kilomètres seulement sans compter les guipures, les broderies et passements. Il pense comme ça : deux jours de travail équivalent à une paire de bas. Ces infimes pellicules ont le don d'attiser les humeurs du toucher, d'exacerber une illusion de peau. L'archiviste les regarde comme un exutoire, il aime les bas, leur vue supplée à la caresse, elle l'exonère. La couche en microfibre dispense du geste, maintient un écart, relance, peau pour peau.

George en détaille les textures, mailles fines, mailles lâches, dessins des coutures, effet granulé, perlé, résillé… Aux consistances se mêle le principal : le spectre, les teintes fantasques. De toute la gamme, George porte son idéal sur les bas couleur de chair, non pas noirs, blancs, mais crème, chenues, ton sur ton, les bas beurrés. Beiges, ils ont le pouvoir suggestif de réduire un écart, de mettre la peau à portée de main, pour ainsi dire. La teinte grège simule, pastiche l'épiderme, accuse l'illusion cutanée. Cette grossière confusion des glacis synthétiques avive ses disettes érotiques quand, aussi, George verse dans le fétichisme des surpiquages, des raccords de polymère, des renforts, des attaches, tout ce qui trahit le bas. Rien de plus affriolant qu'une membrane imitant l'ombre de la peau sur une jambe et, dans le même temps, rien de plus rassurant que des bas parcourus d'un flagrant trait de couture à l'arrière de la jambe, longue ligne surfilée dénonçant l'artifice. Il s'en fait une peur.

Dernière rotation avant la relève, l'équipe du soir, les noctambules sous la lampe, quand le silence de la British se double de la nuit. George s'en revint des travées poussant son chariot à trois roues, une dizaine de périodiques répartis dans les angles d'osier. Une fois les fiches visées, une fois sa blouse pendue au cintre, il alla rendre à miss Dundey ses courtoisies d'usage, celles que l'on doit à son supérieur quand la journée prend fin. Il dut attendre, de faction sur le côté, tant qu'elle s'entretenait avec une lectrice. Sur la grande table s'ouvrait un livre qu'il reconnut, l'œil de biais, le livre dans lequel se plongeait la conservatrice à ses moments perdus, *Men and Women* de Robert Browning, le poète assommant, les vieux vers d'une dramaturgie éculée, des stances interminables au symbolisme insipide. S'il connaissait Browning, *Men and Women,* une œuvre épinglée dans la liste des livres abandonnés avec comme seul commentaire : « *Derisory and grotesque. Page 162, stop, 13th February 1971, Saturday.* » L'échange durait, la lectrice insistait, il était question d'un numéro spécial de la revue *Botanicum* consacré aux bégonias. Dundey ne savait pas, lui oui, mais rien dans son emploi d'appariteur ne l'obligeait à s'en mêler alors qu'il se tenait en retrait, comme en civil sans plus sa blouse, en veston. Il avait fait ses heures et, au reste, il lui plaisait de voir sa chef embarrassée de questions dont il tenait les réponses. Debout George observait miss Dundey de trois quarts, le petit losange de peau inscrit entre les deux derniers boutons du chemisier, vers la nuque, le col en hirondelle, les mollets carafés de collants blonds, ses levées de fessier quand la conservatrice jouait des roulettes à la recherche du numéro hors série, les bégonias, passant d'un registre à l'autre avec une bonne foi inutile. George goûtait la scène tout en songeant à Beethoven, il énumérait les ridicules de la conservatrice, son chignon dérisoire, sa jupe plissée, désuète avant l'âge, ses chaussures à talons carrés, sa démarche appuyée quand elle traversait le hall de la British Library, sa courte connaissance des cotes, son écriture puérile, des lettres aux gros yeux, ses barres de T plus longues qu'il ne faut, sa lenteur graphique, le temps qu'elle mettait à compléter une fiche et, surtout, cette manière qu'elle avait de pencher la tête à droite à gauche lorsqu'elle écrivait, comme s'il y eut là un exercice des plus scabreux, jusqu'à sa manière de tenir un crayon, la main enveloppée, sa façon d'appuyer sur la pointe. Le goût de Dundey pour les vers surannés, Robert Browning, son parfum pompier au matin, ses ongles peints, ses recherches, ses lunettes bêtement rondes. Ses yeux derrière sont à peine un cran au-dessus de la fadeur. Décidément sa supérieure lui semblait vaine, de toilette et d'esprit. La lectrice s'en fut bredouille, en mal de bégonias, et Dundey de se plonger dans les inepties de *Men and Women* après qu'il l'eut saluée.

Le chargé des sous-sols quitta l'institut à l'horaire, quand tombe le soir d'octobre. Il pressait le pas, tout à sa cause majeure, les grandes complétudes, Beethoven, la fin des sonates. Hier son tourne-disque l'avait mené au bout de la vingt-septième sans aucune autre ingérence musicale. N'importe le thème, ses préférences, ce qu'il en retire, les noms, *La Tempête,* l'*Appassionata* ou *À Thérèse,* seules valent les sonates dans l'ordre. Plus que cinq sonates avant la fin du cycle, l'affaire d'une soirée. George prit le bus quitte à faire un long détour ; le métro est sournois, on s'expose aux chanteurs ambulants. De la British Library au pied de son immeuble, il entendit des conversations entrecoupées, des coups de klaxon, le canevas des moteurs, des éclats d'enfants, l'ordinaire d'une sourdine urbaine mais pas de mélodie subreptice, rien qui ne ruinât ses plans. Chez lui à Westmoreland Road, l'appartement fit ses bruits, le parquet, la vibration des carreaux au passage des bus, le tintement des assiettes au moment du couvert, l'eau du robinet, le ronron du gaz et la friture d'une côtelette qu'il avala en écoutant la vingt-huitième sonate en *la* majeur, aucune embûche. Le volume était bas, l'enceinte solidaire servait de couvercle à l'appareil, tournée vers la table sur laquelle il s'offrit un crumpet en dessert. Quatrième mouvement, l'*allegro* prit fin. Au loin une sirène d'ambulance, la chasse d'eau d'un voisin puis, la vingt-neuvième sonate portant le nom d'*Hammerklavier,* l'appréhension de George. Il le sait, son disque défaille au *scherzo,* face A, il connaît la rayure, une brèche dans les 175 mesures du deuxième mouvement, la même, elle l'attend, c'est à la minute quatorze dans une remontée des aigus. Le saphir ne passe pas, il répète la musique, bloqué dans le microsillon. Il faut sauter le passage d'une pichenaude mais alors le grand cycle serait incomplet, quelques secondes prélevées à Beethoven, rien ne vaudrait. George sait s'y prendre, il pose sur la tête de lecture une pièce d'un penny, dix grammes et le diamant s'accroche au sillon. Deuxième mouvement, *Hammerklavier,* l'écluse franchie, plus rien dès lors ne pourrait détraquer le grand dessein des sonates en entier.

George s'offrit un brandy au commencement de la trentième sonate. Il écoutait à peine, curieux de Browning, *Men and Women,* son édition tirée de sa bibliothèque, des vers en longueur. Certains lui plurent, quelques rimes agréables enveloppées d'un lyrisme pâteux. Il lisait aux parages de la page soixante, là où en était miss Dundey, savoir au juste ce que cette femme en tailleur et collants éprouvait des stances. Il s'immisçait dans la lecture d'une autre, froidement, avec des sourires, des relâchements, des questions. La trentième finit comme un voisin vidait ses ordures.

Encore deux sonates. Aux premières mesures de la 31, *moderato, molto espressivo,* l'archiviste sortit des rayonnages un numéro particulier. Il va souvent à cet endroit, aux revues égrillardes, l'anthologie des imagiers érotiques, tout un choix de magazines licencieux, classés. Sur la centaine, les numéros ont en commun de ne présenter que des sujets esseulés, en proie d'eux-mêmes, des femmes autonomes, affranchies de partenaires, capables seules – George répugne aux scénarios de couples. Héroïne solitaire d'une quarantaine de magazines répertoriés dans ses carnets, Kitty Foxx tient à elle seule la vedette d'une série publiée par Hustler, éditeur californien, magnat de la luxure. Le nom lui plaît d'abord car il est faux, duplice ; Kitty est un diminutif, Foxx un augmentatif. Tour à tour châtelaine, fermière, infirmière, aiguilleuse du ciel, pneumologue, magistrate en toque, architecte, maître-nageuse, douanière et fleuriste, chercheuse d'or dans le Montana, menuisière, Kitty Foxx connaît tous les métiers du monde. Elle change de panoplie selon ses professions, s'en dépouille de page en page, vêtue d'un seul atour quand l'épopée prend fin : des bas surmontés du porte-jarretelles qui fait des loggias de dentelles à la taille. L'intrigue tourne en rond, la trame est indigente, sulfureuse à peu, les péripéties sont les mêmes de revue en revue. Kitty Foxx fait de son mieux, s'applique à son métier avant d'y déroger, ses caprices prennent le dessus, elle cède à ses fringales, seule, comme si le monde n'existait plus. C'est ainsi qu'on la retrouve dans une reconstitution du bureau ovale, une grande salle vide avec des tentures, dernière au Pentagone, le visage crispé, elle prend sur elle le devenir planétaire, à peu près nue, une main plaquée à l'intime, l'autre sur le bouton atomique. Foxx encore, numéro 21, vigilante, maître d'œuvre d'un chantier sans aucun ouvrier, tous partis, un décor de bennes et de grues, des câbles et du ciment, souriante et nouée devant le malaxeur à mortier, casquée et pour le reste, des talons aiguilles imprimant le béton frais. La série ne propose aucun texte, seulement quelques mentions légales en fin de magazine et le nom de Kitty Foxx gaufré sur la couverture, avec mille reflets scintillants autour des deux *x* accolés.

George apprécie ces revues car elles se *consomment,* au propre, de bout en bout. Dedans, sur chaque image, l'actrice américaine a le corps dissimulé ici et là de carrés gris, de cercles noirs, de rectangles et d'étoiles que l'on peut gratter du bout de l'ongle. Les épisodes ne varient pas, tout commence pareil. Vétérinaire ou dactylo, elle se dévêt dans le premier tiers du magazine. Elle a son temps, le lecteur ne partage pas le même, il efface les caches, dénude des carrés ; il ajoure, Foxx ajourne, deux tempos contradictoires. Aux premières pages en dépouillant les carrés gris, l'œil ne découvre pas mieux que des triangles de lingerie, toute nudité retardée dans un double effet de strip-tease participatif, avec les doigts. Il y va des jeux de hasard, ce que l'ongle va découvrir ? Aux premières pages il ne dévoile pas mieux qu'un trousseau subsidiaire de lingerie, s'obstine, efface la couche opaque jusque dans les recoins. Après six ou sept pages l'intimité de Kitty Foxx est encore incomplète, les yeux retombent sur des dessous, des guêpières, des corsets dilatoires, des atermoiements salaces, tout un levain érotique, à croire que l'actrice ne sera jamais totalement dénudée. Autant de petits paravents découverts un à un, avec les ongles, jusqu'à la fin quand l'actrice moins que nue se travaille aux endroits, les jambes voilées et sa paire d'escarpins lustrés comme des rasoirs. La narration photographique tient aussi à l'expression du visage, elle passe d'une certaine indifférence à de sérieuses pâmoisons, jusqu'au comble. George pouvait consacrer trois ou quatre séances avant le complet dépouillement d'un même magazine, comptable des pages, grignotant les carrés. Économe, il s'interdit l'image d'après tant que les cases ne sont pas entièrement débarrassées de leur pellicule. D'un revers de main il époussette, chasse les pelures de vernis, petits rogatons pornographiques qui ajoutent au voyeurisme. Les collections d'Hustler savent jouer d'une double frustration : d'une part, l'alléchant ralenti retarde le suspens, de l'autre, le procédé interdit de revenir en arrière, de déflorer une seconde fois l'image. C'est pourquoi George au fil des ans racheta des numéros, les mieux réussis, Kitty Foxx ébéniste, apicultrice, reporter de guerre, Kitty Foxx à l'âge des cavernes... certains plusieurs fois. Entre tous, il affectionne le numéro 17, déjà épluché, celui qu'il ouvrit au premier mouvement de la trente et unième sonate, Beethoven, *la* bémol.

Le numéro 17 n'avance aucune fantasmagorie de métier. Femme d'intérieur, Kitty Foxx évolue dans un cadre bourgeois, trente-deux pages pour une espèce de rodéo sur canapé. Ce qui méduse George tient aux détails distribués en arrière-plan, dans les marges. Ainsi, dès la première image on remarque une pendule Empire dont la marche des aiguilles supplée au récit. Il est 3 h 20 en début de magazine – Kitty Foxx encore toute vêtue –, un peu moins de 3 h 55 sur la dernière photographie, soit trente-cinq minutes de bout en bout. Trente-cinq minutes se dit George, ce serait le temps qu'ont les femmes pour se rendre heureuses – ça lui semble long. La grande aiguille avance d'image en image ; plus elle va, plus on décèle une anxiété sur le visage de l'actrice, Kitty Foxx passant par tous les paliers de l'affabulation. Au rond du cadran répond un accroc jambe droite, tout en haut, là où finit le bas, avant les haubans du porte-jarretelles. L'accident de nylon s'élargit de case en case, il donne une mesure du temps, c'est un indice rassurant comme l'est la pendule. Son diamètre varie, l'échancrure bâille selon les gesticulations, elle grandit à proportion des affres qu'éprouve Kitty Foxx, de ses grimaces, de l'invraisemblable confort qu'elle s'offre en travers du sofa. L'horloge et l'accroc sur la jambe sont des gages de vérité rapportés sur une comédie factice, sciemment introduits par les besoins obliques des constructions obscènes. Cuisse droite les mailles s'effilochent à mesure, l'auréole grandit, c'est un dérivatif auquel se raccrocher, il conforte la lucidité et relance le quiproquo, il aide au doute dont George est travaillé : ce qu'il faut voir d'une jambe, le détail ou la totalité ? La partie ou le tout. Trente et unième sonate, *allegro molto*.

Chez Kitty Foxx c'est un salon cossu. George en connaît le standing. L'horloge sur le buffet, l'âtre, des quenouilles en cristal tombées d'un lustre accaparant, les rideaux grenat, à gauche une commode rustique garnie de bibelots, tous les mêmes – une collection de chiens de faïence aux pupilles dilatées, une animosité dans le regard. Deux tableaux champêtres flanquent une tête de daim trônant dans un écusson de velours, une bête aux yeux de verre sortie du mur comme d'un sous-bois. Des livres à dos de basane s'alignent dans une niche, qu'on dirait faux. Le sofa est au centre, comme une table d'opération à la pornographie. Kitty Foxx s'accroche de tous ses ongles à l'accotoir quand ses pieds batifolent à l'autre bout, ils flirtent avec un guéridon recouvert d'un napperon dont les angles pendent au vide, terminés de pompons. Le guéridon porte un vase et son bouquet, des tulipes, cinq tulipes. Elles jouxtent un bocal, l'une d'elles fane vers l'eau. Sur la première image on distingue trois poissons rouges dans le bocal. Ils tournent en rond de page en page autour d'une algue synthétique, indifférents aux simagrées de Kitty Foxx. Elle se dénude, retarde, s'essaie à des poses alambiquées en façon d'échauffement sous le regard exorbité des neuf pékinois – neuf en tout, avec des yeux de revanche, George les a comptés. Et ça commence. Page vingt et un, l'actrice plonge une main dans le récipient. Sous l'eau ses ongles peints semblent effarants, comme aux collages dadaïstes. Page vingt-deux, elle est à quatre pattes en travers du canapé, la mine grave, appliquée, soucieuse, elle tire par la queue l'un des poissons du bocal. La bestiole s'affole, suspendue entre les ongles, le corps en virgule, l'œil jaune. George surveille la pendule, le chenil des neuf pékinois sur la commode, Beethoven en bruit de fond. L'accroc du bas s'est agrandi, au mur la tête de daim n'a pas bougé. Un coussin du sofa est tombé sur le sol, grenat, il gît au centre de l'image comme une redevance érotique. Page vingt-trois, Foxx a changé d'allure, le poisson est maintenant approché, loin derrière, en bout de divan, pardessus sa croupe offerte en levrette, cueilli entre les doigts avec un franc partage des couleurs : l'incarnat des ongles, la livrée orangée du petit poisson ventru. Comme elle est mise, à genoux, le dos en toboggan, Kitty Foxx vous regarde péniblement. On voit chuter ses seins à la perpendiculaire du sofa avec entre eux une espèce de croix de Malte qu'elle porte au cou, le pendentif et les mamelons emportés vers le bas, soumis aux mêmes réalités de la physique, de quoi donner raison aux parodies.

Ensuite il faut tourner la page. Voici la vingt-quatre, un plein format. Le poisson frétille, cela se voit à sa silhouette arquée, sa tête va cogner le flanc de la main et on remarque des gouttelettes sur le dos de l'actrice, jusque sur le nylon, du même côté, même jambe. George puise à l'image, son œil va du petit poisson à la bibliothèque, de là au daim, aux bûches, au bout du canapé où les talons de Kitty s'impriment sur la bourre du dossier, à le percer, à craindre pour le tissu. En vis-à-vis, page vingt-cinq, pincé à bout de doigts, l'œil ahuri, le poisson lutte au postérieur, promené dans la raie car Kitty Foxx a lâché l'accotoir. Sa main libre disjoint les fesses portées en obusier, elle leur donne une aise exagérée.

Page vingt-six et vingt-sept, un autre coussin est tombé du sofa, la pose a changé, l'actrice est assise, face à l'objectif, les jambes en victoire avec l'attirail des jarretelles, les talons pointant le lustre en cristal, la bestiole appliquée sur le bas-ventre, tenue entre ses doigts, une friture mandarine gigotant sur le trigone d'un pubis noirâtre. L'attention de George passe de l'invraisemblable drame aux doubles rideaux, à la rancune des neuf petits cerbères en céladon, au bocal dans lequel les deux congénères ne se doutent de rien, insouciants de leur frère d'infortune asphyxié à l'encolure d'un pubis. Et l'on change de page. Les vingt-huit et vingt-neuf montrent une mosaïque de gros plans sur laquelle se joue une bataille entre la main de Kitty Foxx et le pauvre spécimen de la famille des cyprins dorés. Il est pressé sur la broussaille, frotté dans la cannelure, vivace, il se débat entre les doigts poinçonnés de vernis. Les cadrages sont serrés, le décor a disparu, plus d'horloge à laquelle rattraper son regard. Les prises de vue n'épargnent rien, le poisson gobe à vide, nageoires sur vibrisses, écailles contre muqueuses, la vulve frictionnée par les ouïes, le frifri d'un alevin frotté entre les lèvres avec comme seuls repères, à gauche, à droite, la lisière des bas et, au milieu, la croix de Malte s'invitant dans l'image. George s'est souvent demandé combien de temps un poisson-acteur pouvait demeurer à l'air libre avant l'asphyxie, si des trois habitants du bocal c'était toujours le même figurant ou un autre tiré de l'aquarium pour les besoins de la mise en scène. Page trente, on touche au dénouement, le champ est plus large, on revoit le décor, le mobilier, le lustre, les neuf petits eunuques sur la commode. L'échancrure du bas s'est encore élargie. Kitty Foxx est toute pantelante, elle s'asticote le bas-ventre, elle semble suffoquer alors que le petit poisson s'agite au sol, contre son talon, ça se voit. Page trente et un, fin d'apnée, l'actrice est jambes croisées, elle a sur le visage l'expression des radieux surmenages, il est moins de 3 h 55 sur la pendule, tous les poissons sont rentrés au bocal.

L'avant-dernière sonate prit fin sur cette histoire, la corrida des poissons rouges, Kitty Foxx au canapé. Dehors, un chat s'éraillait le gosier dans Westmoreland Road, une bête en proie à d'horribles graillements, comme s'il avalait un sabre. À la fenêtre, derrière les rideaux, l'immeuble d'en face renvoyait dans une parfaite synchronisation les sautes de lumière d'un même film, à chaque changement de plan, dix téléviseurs en phase cathodique à quoi répondaient les fantaisies d'un néon, l'enseigne d'une blanchisserie de nuit qu'on aurait dite saoule, à contre-temps des dix téléviseurs. Le dernier bus à impériale rappela les vitres à leur existence, il y eut un rot d'évier vers le deuxième étage. Ailleurs, un voisin toussait. Ultime vinyle, George enclencha la trente-deuxième sonate, opus III, *maestoso* à l'attaque, certain qu'aucune force ne pourrait s'opposer désormais à la tenue du cycle essentiel, les sonates à la lettre. Vint l'*arietta*. Sur un carnet vierge sorti de ses réserves, le célibataire inaugura une nouvelle liste étiquetée «*My Favourite Women*», au pluriel. Sur la première page, en tête, il écrivit le nom d'Elenor Dundey, et jusqu'à ce que miss Dundey soit mutée à Sheffield, cinq ans plus tard, mariée, la liste en resta là. Une ligne.

Cet ouvrage a été achevé d'imprimer en janvier 2024
dans les ateliers de Normandie Roto Impression s.a.s.
61250 Lonrai
N° d'imprimeur : 2305763
Dépôt légal : mars 2024

Imprimé en France